本辑《经济社会学研究》的出版得到中国人民大学"双一流"引导专项资金的支持

《经济社会学研究》学术指导委员会

（按拼音排序）

经济社会学研究　第四辑
2017 年 5 月出版

目　　录

经济社会学研究　第四辑

第 1~20 页

货币权利与社会变迁：一个西方
思想简史的考察

王水雄[*]

摘　要： 稀缺资源在可分割性以及可分配性上的社会观念，与社会运行、发展、调整和变迁之间，存在着相互影响的关系。货币权利是这个逻辑链条中的重要一环。围绕货币权利（通过货币取利权等银行业务相关权利，以及通货职能等），不同时代的思想家，基于货币材质、社会结构、生活状况、公平观念的不同，有着不尽相同的看法。部分"货币权利受限"的看法落实到了社会制度和社会观念层面，对人类社会的发展产生了巨大影响。对与货币权利相关的思想简史的考察，将有助于人们理解当今时代货币体系的由来，把握未来社会发展的方向。

关键词： 货币权利　货币材质　社会变迁　西方思想简史

稀缺资源在可分割性以及可分配性上的社会观念差异，可能体现在人际相互作用理论范式（至少包括冲突论、交换论、互动论）的取向上，后者又会反过来对前者产生影响。当更恰当地将生产要素这样的基本性稀缺资源视作"基于物的、人的行使一定实在行为的权利"而不仅仅是物本身时，稀缺资源（基于法律和其他制度安排来实现）的可分配性，或者更基本的，它们的可分割性，也就大大增加了。而稀缺资源是否可分割，特别是与之相关的社会观念认为其是否可分割，通常意味着人际

---

* 王水雄，社会学博士，中国人民大学社会学理论与方法研究中心副教授，电子邮箱：xiongshui@ruc.edu.cn。

相互作用的理论取向将会是导向交换，还是导向冲突，抑或是更具一般性的互动或博弈。

货币作为"群体承诺标识物"（王水雄，2007），是一种非常独特的物，兼具经济属性和社会属性。一方面，它背后的"群体承诺"是社会性的，其价值受人际相互作用的影响极大，围绕着这一"群体承诺"，相关权利需要受到也理应受到一系列的约束和限制；另一方面货币作为价值尺度和交换媒介，则是经济性的，它在物理上又具有（同时也需要具有）非常强的可分割性，让人们产生仿佛"可以完全拥有它"的"货币幻觉"。正是因为存在这样的矛盾，思想家们对货币权利的看法，往往在不同的社会条件之下也会有所不同。

对西方经济思想史的考察将有助于我们围绕权利约束主题，看清货币权利与社会变迁的关系问题，为金融社会学的研究提供背景性框架。

一 货币权利的约束条件

稀缺资源的可分割性对考察人类社会而言是极为重要的一个线索。如果稀缺资源在技术层面、制度层面和社会认知层面上都被当作不可分割的，各利益相关方"要么全得，要么全无"，就可能陷入零和博弈，最后各方就可能会倾向于通过斗争或冲突来解决问题。而如果稀缺资源被认为是可分割的，而且各方都努力通过技术和制度等手段来实现之，也就可能避免斗争或冲突，转而更有效地进行协作和合作。将稀缺资源视作"基于物的人的权利"，而不是物本身，将有助于引入谈判过程和制度安排，进而把人们的互动行为引导到协作甚至是合作的层面上来。

基于"物"的人的权利的可分割性，至少受到三个方面的影响：一是作为可分割对象的物本身的物理属性；二是各利益相关方对"物"也包括对"人"的认知、欲望、情感、能力、相互依赖性等；三是分割技术与制度环境。

一杯水和一座房子在权利上的可分割性通常是不一样的，一杯水一旦被 A 喝掉了，还说"B 对它拥有某种权利"便了无意义；一座房子则可以在所有权、使用权、经营权等方面形成分割。货币，就其属性而言，通常被看作具有较高可分割性的"物"。"老婆与车概不外借"，表明各利益相关方对权利"对象"的情感，会影响相关权利的可分割性。在分割技术和制度环境的成熟度有限时，对企业的经营权和所有权进行有效分割就是相当困难的。

在影响权利分割性的三个方面中，各利益相关方的认知、欲望、情感、能力、相互依赖性等（其中特别是相互依赖性）居于主导地位。它受其他两个方面的影响，反过来又影响着其他两个方面。相互依赖性意味着，各利益相关方是否能存活下去、生活得更好或躲避大型灾难有赖于维持其他各方存活并继续与之往来的意愿。相互依赖性越高，对物及其权利的可分割性要求也就越高；反之，相互依赖性越低，对物及其权利的可分割性要求也就越低。这影响了人们对"权利"的分割技术与制度的创设，如此一来，也会对与权利相关的"物本身"在物理上的可分割性产生影响。

货币是一种非常特殊的"物"：一方面它可以被视作一种普通的物，另一方面又可以被视作分割性技术与制度环境。

从"普通的物"这个方面来看，货币权利的可分割性受其材质的影响。比如，就此而言，金银的可分割性相对贝壳就要更高一些。马克思在《资本论》中就特别强调了金银的可分割性。[①] 货币权利当然也受到各利益相关方认知、欲望、情感、能力、相互依赖性等的影响。只是，货币的主要承担者——金银的随意分割与合并能力作为一种便捷的财富存储方式，作为一种"分割性技术与制度"，反过来令人际相互依赖性以及人们的认知与情感等发生了巨大变化。

从"分割性技术与制度"的方面来看，正如马克思所述，货币是价值尺度也是流通手段，它能够增加其他"物"的权利的可分割性。但是"价值尺度"与"流通手段"无疑需要以"群体承诺"为基础。在这种意义上，作为"群体承诺标识物"的货币，它的权利及其可分割性问题也就成了亟须探讨的议题。可以断言，相对其他"普通物"而言，"基于货币的、人的行使一定实在行为的权利"更敏感地受到人际相互依赖性的影响。

二　共同生存与货币权利：《旧约全书》及古希腊

成书于公元前一千多年的《旧约全书》在西方思想史中有着非常重

---

① 马克思指出："一种物质只有分成的每一份都是均质的，才能成为价值的适当的表现形式，或抽象的因而等同的人类劳动的化身。另一方面，因为价值量的差别纯粹是量的差别，所以货币商品必须只能有纯粹量的差别，就是说，必须能够随意分割，又能够随意把它的各部分合并起来。金和银就天然具有这种属性。"（马克思，2013：40）

正义的；用货币来换取连本带利偿还的承诺却被亚里士多德认为是最不自然的：有息借贷是从货币流通本身获得赢利的，这违背了货币作为交换媒介（目的在于方便交易）的自然性质（亚里士多德，2003：97）。

亚里士多德比较了财产公有和财产私有，认为财产私有相对更有优势。但他同时指出，人们总是想要多而又多的东西，他们的欲望是无限的、永不满足的，无论是废除私有财产，还是把财产均分，在亚里士多德看来，都不能真正解决问题。亚里士多德认为，需要依靠教育和适宜的制度，才能让人们知道如何正确地使用财产。亚里士多德的福利国家是这样的：在这里，人们与其朋友分享对财产的使用，并留出其中一些用于公民共享，这样，通过共享物质资料的办法使幸福普及（斯皮格尔，1999）。

从对货币权利的极端约束来看，古希腊思想家中犬儒主义的奠基人狄奥根尼的主张极为彻底：在他的第 50 封书信中提到，"爱钱是万恶之源"（斯皮格尔，1999：29）。他以桶为家，弃绝文明和生活设施。他主张要想达到免于匮乏的目的，不是通过生产商品，而是通过抑制欲望和放弃占有财产。狄奥根尼选择格言"使通货贬值"作为他的座右铭（斯皮格尔，1999：30），这表示他建议重估一切价值，人应该训练自己以达于一种境界：对于物质的快乐真正不动心，甚至从鄙视这种快乐中得到更大的快乐。

三 生产发展与货币权利：中世纪的转变

在《新约全书》中，耶稣的说教中毫不重视经济问题，相关的证据可从葡萄园工人的寓言（《新约全书·马太福音》20：1～16）中找到：葡萄园中干活时间无论长短，所得的报酬都是一样的。其在山顶布道中，甚至对财富和追求财富采取敌视和否定的态度（《新约全书·马太福音》6：19～30）：财宝据说不是积攒在地上，而是在天上。不必关心生活的必需品；天父养活天上的飞鸟和野地里的百合花（《新约全书·路加福音》12：21～29）。"一个人不能侍奉两个主。……你们不能又侍奉上帝，又侍奉玛门（玛门是财利的意思）。"（《新约全书·马太福音》6：24）"倚靠钱财的人进上帝的国是何等的难啊。骆驼穿过针的眼，比财主进上帝的国还容易呢。"（《新约全书·马可福音》10：24～25）这样的货币权利思想，对整个社会财富的增长而言，显然是不利的。

人们不得不在这个现实世界中生活，也就不得不对他们的所处的政治经济制度环境做出安排，以容纳世俗职业。更为紧迫的是，早期的入侵者在巩固了在西欧和中欧的统治以后，他们不得不面对无休止的新来者的侵扰。在这些斗争中，骑兵作为战争中的决定性因素取得了某种优势，但是装备一个骑兵，需要相当大的花费，它相当于大约20头牛或10个农场主的农业设施的花费。为了"赞助"新型的战争，军事的和其他的相关义务被加在了土地所有者身上。

现实条件带来了相关思想的转变。传教使徒保罗的教导中认可了对生产活动的需要："若有人不肯做工，就不可吃饭。"圣·托马斯对高利贷的原则重新做了解释，他以从罗马法中得出的概念为基础，在可消费和不可消费的商品之间做出了区分。对于不可消费的商品——比如房子或农场——的出租，获取租金是正常的；对可消费的商品，比如粮食或酒，如果商品的出借者要求的回报比他出借的多，他就是要求得到不存在的东西，即超出和超过它们的用处的回报，他这样做就违反了正义（斯皮格尔，1999）。

在中世纪的末期，两位著名的宗教改革家马丁·路德和约翰·加尔文在高利贷问题上，总体上都是较为保守的。路德基本赞成中世纪基督教传统的经济思想的内容，反对高利贷，认为连"利息"这个"外在的名称"也不能使用。加尔文对此的态度比路德更加温和一些，他认为原则上应该允许利息存在，但这一规则的执行需要受到很多资格限制（斯皮格尔，1999：67~69）。

有关货币权利，一个非常重要的方面就是行为者对货币的追求和占有的权利；此外，更高级别的货币权利乃是放贷并从放贷中取利的权利。思想家们是怎么对待占有和追求货币，特别是怎么对待放贷取利，在一定程度上表明了这些思想家们是怎么对待货币权利的。由上文不难看到，对于放贷取利问题，最关键要看借钱的人用这些钱去做什么。如果是用来满足基本的生存需要，放贷取利的权利在中世纪的思想家看来，似乎就应该受到约束。这在根本上意味着放贷取利的权利受到人际相互依赖性的影响。换句话说，在周围的人特别是自己的同胞都很贫穷的时候，基于货币来取利的权利就被认为需要受到约束。

四　国家主体与货币权利：数量论 vs. 重商主义

当涉及铸币问题时，国家主体就成了货币权利考察中不容忽视的重要一极。中世纪的货币——铸币常常名不副实。公众把贵金属交给国库，转而接受实际上金属含量较少的铸币，并按所谓"法定值"强制执行其面值（只是当铸币用于海外购物时，其面值就难以保证了）。这种用较少金属进行贬值式铸币的国家行为，古已有之。所以经常会出现这样的情况：货币这个尺度的差别，不是借款人或出借人所造成的，而是货币本身造成的。

14世纪，奥雷斯姆在《论货币的起源、性质、规律和演变》一书中，注意到了货币中的"群体价值承诺"问题。奥雷斯姆认为，制造货币的原料既不应该太稀缺，也不应该太充裕。正如，如果没有明显的必要性，法律不可改变一样，除非在非常必要的条件下或者为了整个社会的显而易见的利益，一定不可对货币制度加以改变。君主从货币更改中取得的利润是社会的损失。用不断更改的办法，他能不知不觉地从他的臣民那里抽走几乎所有的财富（Jörg Guido Hülsmann，2004）。

一个王国如果允许它的君主从他的臣民那里抽取全部财富，就不能存在下去。财富的这种集中，会像完全平等一样有害。在奥雷斯姆看来，一般来说在社会的一切领域，财产和权利的不平等是不便利的和不合理的，但是，过于平等同样会毁坏和破坏国家的和谐。从这里我们可以看到一种思想的萌芽：货币管理机构要交托给独立的货币当局，而不是交给行政机构。奥雷斯姆把货币贬值的权力赋予社会而不是君主，他以深切的怀疑来看待权力的不适当的集中（斯皮格尔，1999）。

中世纪以后，随着英国和法国等民族国家在欧洲的兴起，政府机构非人际关系化的援助开始成为救济穷人和残疾人的主要来源。一个比较典型的例子是1601年《伊丽莎白济贫法》，它承认公共部门有义务关照穷人。国家主体在公共事务和社会救济领域的强化，使得货币权利在理论探讨上发生了方向性的巨大变化。

16世纪对高利贷的争论，带来了货币利息观念与政策的变化。英国人托马斯·威尔逊主张反对高利贷的《论高利贷》出版于1572年。不过，"当时，英格兰对这一事项的立法已经开始摇摆。有时允许利息高到10%，而有时又宣布它为非法。在几经反复之后，1571年通过了一项妥协的议案，使得利息上升到10%为合法化，但是在诉诸法院之前不可实施"（斯皮格尔，1999：71）。

法国的杜慕林与威尔逊持相反观点，1546年杜慕林在巴黎出版了他的《论契约与高利贷》，所攻击的正是"禁止高利贷的教条"。他认为贷款利率不应由神授之法律来禁止，主张由公共当局来管理利率（斯皮格尔，1999：71）。约翰·海尔斯虽然并未直接介入高利贷的讨论，却从其他的路径，表达了对高利贷的支持。他描述了经济激励机制的运作，强调它加速了经济资源的运用从较少营利性领域到较多营利性领域的转变。他认为，一种转移支付如果从公共政策视角来看是理想的，那么通过诱惑性的手段而不是强制性的手段，就会更加有效地完成它（斯皮格尔，1999：71）。海尔斯还指出，尽管钱财驱使人们去造成各类危害，然而只有少数人断绝与钱财的关系才是值得赞扬的，"没有必要让联邦之内所有的人都这样做，尽管私下里某些男人保持童贞是值得赞扬的，但是，并非所有男人都应该如此"（斯皮格尔，1999：72）。

货币数量理论的出现，使得获取利息作为货币权利变得更具有合法性。随着新大陆的发现，无穷无尽的金银财宝流入西班牙并扩散到整个欧洲。由此，对物价升高的成因有了更多的解释——不仅仅是奥雷斯姆所谓的铸币中贵金属含量降低的问题，同时还涉及货币数量增多的问题。哥白尼很早就指出，"货币通常会在它变得过多时贬值"（斯皮格尔，1999：76）。而纳瓦鲁斯也说过，"所有商品若面临强烈需求而供给短缺则会变得更贵。货币，既然它可以出售、讨价还价，或者依某种形式的契约相互交易，也就是商品，因而当它面临强烈需求而供给短缺时也会变得更贵"（斯皮格尔，1999：77）。简·博丁则指出，物价升高有五个原因："黄金和白银的丰裕充足、垄断、由于出口和浪费造成的商品的稀缺、国王和贵族的奢侈品消费，以及铸币的贬值。"（斯皮格尔，1999：79）他还进一步指出：金银的丰裕充足，为价格上涨的"主要的并且几乎是唯一的原因"，为了防止货币的竞争性贬值，他建议："各国加入一个国际协定，规定面值与实际值相符的货币的专一发行。"（斯皮格尔，1999：79）

进入17、18世纪后，此前备受怀疑、遭到轻蔑的商业和赚钱，在欧洲开始变得流行起来。商业家取得了评判自己商业行为的权利。新的评判尺度是：在现世取得权力和财富，比在来世灵魂得救，开始有了更重的分量。

随着英格兰和不列颠帝国的崛起，重商主义思想兴盛起来。它的中心理论是"贸易差额"。其主要内容（如弗朗西斯·培根在1616年所指出的那样）是："应使有利可图的贸易的基础置于国内产品的出口在价值上高于国外产品的进口，这样我们才能断定王国的资财在增加，因为贸易差额必须用货币或金块支付。"（斯皮格尔，1999：86）又比如，马林斯强调："正如一个家庭，如果它所购买的超过了它所收入的，它的财富就会减少，一个国家如果其对外购买的超过向外国销售的，也会如此。"（参见斯皮格尔，1999：88）

值得注意的是，和货币数量论者一样，马林斯也注意到外汇率的影响，认为外汇率的升高"导致我们的货币运输出去，造成稀缺，这降低了我们国内商品的价格，而大海彼岸外国商品的价格却沿着相反的方向在提高。我们的货币同其他各国的货币同时并存，造成货币过多，于是外国商品的价格抬高了"（参见斯皮格尔，1999：89）。不过，尽管已经很接近，马林斯却并未阐述相关的硬币自动流动理论，即因"出超"而带入硬币的国家物价将上升，而因"入超"输出硬币的国家则物价下跌；于是，随之而来的是出超国因物价上升而由"出超"变成"入超"，另一国则相反；这样，造成硬币回流。硬币回流的相关理论最早是由大卫·休谟（1711～1776）发展出来的。

五　纸币、利率与管制问题：自由主义及其反动

纸币，按照歌德的说法是靡菲斯特的发明，它在中世纪并未得到使用。在欧洲，纸币直到17世纪末才出现。

与同时代的其他作家不同，17世纪的威廉·配第对贸易顺差没有多少热忱。他不把货币比作血液，而是比作"国家身体上的脂肪，太少会使它生病，同样地，太多会经常影响它的灵活性"。"用于驱动一国贸易必要的货币有特定的限度或比例"，不只是过小的数量会有损于贸易，过大的数量也会。在后一场合，剩余部分可以放在国王的金库里冻结起来。而如果没有足够的货币，建立银行是有帮助的。它"使我们的铸币产生几乎双倍的效果"。"如果货币太多，就应被熔化铸成银条；或者作为商品出口，或者有息贷出。"（斯皮格尔，1999：113）

从16世纪开始就已经是接近于自由确定利息了。禁止利息已经不在问题之列，所需要讨论的是：是否及如何对利率设置最高限额（斯皮格尔，1999：132）。蔡尔德比较倾向于降低利率，认为低利率能消除一切或几乎一切社会弊病。在1668年的《贸易与商业利息简论》中，他主张将年利率限定在4%～6%或更小的范围。反对的观点认为，利息降低是一国富裕的结果，而不是原因。作为一个让步，蔡尔德承认，"同一个东西可能既是原因也是结果"（斯皮格尔，1999：132～134）。

对于有关利息的法律限定问题，洛克的看法是，尽管高利率对商业是个障碍，但货币的调节是需要通过它的价格来进行的，应该尽可能避免用立法来调节市场利率。对利率的最高额进行限制会导致对贷款流动的垄断，且使得资金闲置、贸易萎缩。如果要有一个法定利率，则最好是使之接近于当前货币稀缺状况所保证的自然利率。显然，洛克将利息解释为货币的价格（斯皮格尔，1999：136）。

关于货币的性质与功能，洛克认为有两个方面，一个是作为"计数器"，一个是作为"约定"——这与我们所谓"群体承诺"的说法很接近。这后一方面导致洛克对纸币保持谨慎的态度，转而更强调金属货币对于"约定"（即对商品的索取权）的意义。比如，对于当时国际交易中为何使用金属货币，洛克提供的解释就是"认可理论"：人类认可黄金和白银具有普遍的价值；以这种普遍的认可为基础，黄金和白银成了共同的约定。就国内交易而言，洛克认为任何数量的货币都是足够的；但是对于国际贸易，就不仅仅是需要"更多金银"，同时还需要"在比例上比世界的其他地方或我们的邻居更多"（斯皮格尔，1999：136~140）。

休谟则认为，贵重金属的绝对数量是无关紧要的。重要的是金属货币的逐渐增长，以及它们在全国范围内的彻底调节与流动。利率主要反映的是真实资本的供给与需求状况，而这种状况又受到"人们的行为方式与风俗习惯"的影响（斯皮格尔，1999：182）。不是寻求欢快的地主阶级，也不是乞丐般的农民，而是对获取利润具有"冲动"的商人和制造商阶级，让资本获得积累，促使利润率乃至利息率降低（斯皮格尔，1999：182）。休谟提出了通胀有益论，认为在货币供应增长与物价的最终上涨之间存在时滞，在此期间，货币供应量的增加能带来诸多好处，其中包括"因一轮又一轮的支出的额外扩张而导致的收入与就业的扩张"（斯皮格尔，1999：183）。休谟的结论是：货币供给的增长将不仅带来价格的上升，也会带来生产的扩张。这已经很接近凯恩斯的观点了。

詹姆斯·斯图亚特（1712~1780）表明"符号货币"（包括银行券、银行信用、钞票、债券、商业票据等）的引入刺激了人们手中资产的变化，也导致财富分配的变化。符号货币的引入，增加了以不可耗尽的财产去交换可耗尽财产的机会，于是一些有用但又无法流通的财产（这些财产看上去像是不平等的主要原因）有了一个可充分流通的等价物。这意味着财产的"符号货币化"是一个消融不平等的重要手段。在笔者看来，"符号货币化"其实也可能是增加不平等（当然在这种"不平等"

生活。在欧洲社会形态离农业社会越来越远之时，多种多样的公共政策乃至社会主义思想盛行起来，这也带动了思想家们对货币性质及相关权利的深层次思考。

作为黑格尔的前驱，费希特（1762～1814）鼓吹自给自足，为了这个目的，以及保证有效地进行国内控制和稳定货币价值，国家必须调节国际经济关系。黑格尔（1770～1831）倾向于对国家权威臣服的观点，成为强调发展社会控制和公共政策的社会思想和政治计划的一个预兆。

埃德蒙·伯克（1729～1797）呼吁恢复中世纪的治理模式，在这一治理模式中，公民通过基尔特似的社会和经济团体来实行自己的政治权利。德国的浪漫主义受此影响，开展了对成长中的资本主义的批判，"强调了无产阶级化的工人的不安全感和他们在组织中的异化"（斯皮格尔，1999：359）。作为"经济浪漫主义"的代表人物，亚当·缪勒（1779～1829）认为自由企业和竞争产生无秩序，强调自给自足的独立国家的重要性，他倾向于将货币界定为国家的创造物，将纸币置于类似金属货币的位置。

德国历史主义经济学首领古斯塔夫·冯·施穆勒（1838～1917）支持国家通过社会政策来安抚劳动阶级的方案，并于1872年建立了支持这个方案的"社会政策学会"。其无原则的干预主义令他获得了"讲坛社会主义者"的绰号。施穆勒的同事阿道夫·瓦格纳（1835～1917）更是将自己称为"国家社会主义者"，赞成公有财产的扩张、再分配的税收政策等。在当时，讲坛社会主义者遭受多方面的攻击是显而易见的，他们"为普鲁士国家的砧和革命运动的锤所包围"（斯皮格尔，1999：368）。

社会主义思想是多种多样的。大多数早期的社会主义者想用不同的制度安排代替竞争性的斗争，但这些安排是什么以及是怎样建立起来的，却是有争论的问题。"许多人认为合作而非竞争是组织社会的正确方法，并建议建立劳动人民的合作社。……还有一些人建议实行货币改革，赋予生产者与他们的生产能力相当的购买力。"（斯皮格尔，1999：377）比如罗伯特·欧文（1771～1858）就强调废除金属本位的货币，用代表劳动时间单位的货币代替它，并附随食物的生产而发行。而约翰·布雷（1809～1897）则建议，由工人及其支持者创建合作社网络，并发行代表劳动时间的货币，在合作社之间的交易中用作交换媒介。此外，皮埃尔·约瑟夫·蒲鲁东（1809～1865）也强调不废除私有权，而是进行货币改革，让整个新社会不存在非劳动的收入。

马克思承认了资本主义社会所创造的成就，但也指出，资本主义社会本身就是靠剥夺劳动者让其不能为自己劳动为前提的（马克思，2013：193），这种社会已经因其创造的巨大的生产力，而使自己暴露于重复出现的过度生产的威胁和周期性经济危机之下。资本主义的生产关系已经限制了生产力的发展，这种生产关系必将被无产阶级打破。马克思认为，群众的贫困和消费受到限制，总是一切真实危机的最终原因。基于此，马克思批评那种"预期信用扩张和收缩"的观点，认为"它只是产业周期阶段性变化的征象"（参见斯皮格尔，1999：408）。

正如斯皮格尔（1999：411）所评论的那样，"马克思的力量在于他的毁灭性的批判"。马克思的批判造成了一种威胁——可能促发的无产阶级革命所带来的威胁。面对此种威胁，资产阶级不得不做了更多的让步和改革。

在马克思以后的社会主义思想中，费边社因其对英国学术脉络及知识分子群体的影响而值得特别强调。其代表人物有萧伯纳（1856～1950）和西德尼·韦布（1859～1947）。萧伯纳从极差地租理论的一般化中，得出这样的结论：经济地租应通过税收和国有化来实现社会化，并用于公共用途（社会保险和公共投资的资本供应）。对韦布夫妇而言，他们将迈向社会主义视作"渐进的必然性"，主张通过议会方法推进，而不是突然造反。对他们而言，迈向社会主义意味着通过"民主体制中为选民负责的政府"所行使的计划和控制，而达到近似的社会正义。

阿尔弗雷德·马歇尔（1842～1924）的国民收入概念影响了其学生约翰·梅纳德·凯恩斯（1883～1946）。两人之间的另一个联系是亚瑟·C. 庇古（1877～1959），他是马歇尔的学生，同时又是凯恩斯的老师。庇古的福利经济学受到对就业和其他社会问题的关心的激发。"尽管是凯恩斯而不是庇古最终发展了总产出的决定理论，庇古的著作还是构成了通向这个理论的道路上的里程碑；这是确实的——尽管凯恩斯在其《通论》中攻击庇古，庇古也对凯恩斯的书做出了敌视的反应！"（斯皮格尔，1999：490）

凯恩斯在《就业、利息和货币通论》（以下简称《通论》）中，不再像在《货币论》中那样，陷于货币的技术性的细节之中，而是将目光转向了研究"什么力量或因素决定整个社会产量和就业量的改变"，在这个问题上，凯恩斯认为，作为经济制度的重要一环，货币扮演着重要的角色。对未来货币权利大小的看法的改变，不仅可以影响就业的方向，而有成就的西方思想家卷入了对该问题的讨论，自由主义者在这个问题上也有不尽相同的看法。金块论之争、通货学派与银行学派之争等都表明，货币权利以及对它的约束因货币材质而有不同的可取形式和相关要求。1844年英格兰的银行特许法案将英格兰银行的银行业务与通货职能分割开来，表明国家对货币管理和组织方式的变革以及创新也显得日益重要。

随着工业社会的发展，随着劳资关系的尖锐对立，多种多样的社会主义思想家出现。由于看到了工业社会现实生活的残酷，他们强调通过合作而非竞争的方式来组织社会，对货币性质和货币权利受约束的理解在他们这里得到了进一步的深化。马克思对商品和金融的批判，形成了对资本主义的巨大威胁，也带来了波及全世界的革命运动，以及资本主义的自我修复性运动。而凯恩斯等人对社会产量和就业总量的研究，则发现了推动自由资本主义继续存活并前行的货币权利动力之源和重要手段（政府的适度干预特别是投资诱导），这样，资本主义国家也就能够基于此种修复性手段，在一定程度上重拾信心。

参考文献

阿克洛夫、席勒，2016，《动物精神：人类心理如何驱动经济、影响全球资本市场》，中信出版集团。

柏拉图，2001，《法律篇》，张智仁、何勤华译，孙增霖校，上海人民出版社。

柏拉图，2016，《理想国》，谢善元译，上海译文出版社。

凯恩斯，2009，《就业、利息和货币通论》，高鸿业译，商务印书馆。

马克思，2013，《资本论》，刘炳瑛选读，华夏出版社。

斯密，1994，《国民财富的性质和原因的研究》，郭大力、王亚南译，商务印书馆。

斯皮格尔，1999，《经济思想的成长》，晏智杰、刘宇飞、王长青等译，中国社会科学出版社。

图克，1996，《通货原理研究》，张胜纪译，朱泱校，商务印书馆。

王水雄，2007，《金融工具、信用能力分化与社会不平等》，《人大复印资料·社会学》第4期。

亚里士多德，2003，《尼各马科伦理学》，苗力田译，中国人民大学出版社。

Baeck, Louis. 1994. *The Mediterranean Tradition in Economic Thought.* London and New York：Routledge.

Jörg Guido Hülsmann, 2004, "Nicholas Oresme and the First Monetary Treatise," Mises Institute：https://mises. org/library/nicholas-oresme-and-first-monetary-treatise.

货币权利问题值得进一步追问

——对王水雄论文的评论

王茂福[*]

　　这篇文章基于西方思想史的脉络，考察货币权利的可分割性及货币权利的社会约束问题（也可以说探讨了西方货币权利思想的变迁）。货币权利是一个具有重要学术价值和实际价值的问题。货币权利是货币经济学、货币社会学中的重要话题。货币权利影响着人际相互作用，如合作、交换、冲突。货币权利借助谈判过程和制度安排，把人们的互动行为引导到协作、合作甚至是交换的层面中来。甚至，货币权利/权力关乎当今国际经济大战——这里完全赞同作者的提法：货币权利问题成了"亟须探讨的议题"。

　　文章从稀缺资源的可分割性以及稀缺资源权利的可分割性说起，从稀缺资源权利的初步主张演绎出货币权利的主张。当然，也潜在地从权利制度的主张演绎出了货币权利的主张。换句话说，稀缺资源权利和权利制度的思想正是本文的知识前提、基本假设。"物"权利特别是稀缺资源的权利的可分割性至少受到三个方面的影响：一是作为可分割对象的物本身的物理属性；二是各利益相关方对"物"也包括对"人"的认知、欲望、情感、能力、相互依赖性等；三是分割技术与制度环境。作者由此询问，货币权利是否也受到以上三个方面的约束呢？答案是肯定的。

　　依我对文章的领会，货币权利的约束就是货币权利受其制约的那些社会条件。不同历史时期，货币权利的状况（包括分割、演变、确认等）受到不同社会条件的左右。历史上，货币权利呈现一定差别的逻辑，货

---

　　* 王茂福，经济学博士，华中科技大学社会学系教授，电子邮箱：wangmaofu@ hust. edu. cn。

币权利的确认、确立或突出了共同生存逻辑，或突出了生产发展的逻辑，或体现了国家主体的逻辑，又或者体现了世界进程勃兴的逻辑。

我承认货币权利的可分割性。可是货币权利到底可以分割出哪些权利呢？从物的权利制度知识背景出发，无疑会询问货币权利包括占有权、使用权、受益权、转让权等吗？货币权利与铸币权力、货币贬值权力存有什么关系？对西方货币思想简史进行检视以后，作者应该有这样一个结尾性的梳理。只可惜，文章的结尾在这一点上做得还不够。

文章提及西方思想简史、西方经济思想史，不妨采用"西方货币思想简史"的提法。英文文献中关于货币的社会学、人类学著述不少。建议作者不妨进一步阅读相关文献（Cox，Hans-walter Schmidt-hannisa，2008；Bloch and Parry，1989；Zelizer，1997；Nodd，1995；Simmel，2011；Ingham，2005），或许会有意想不到的收获。

参考文献

Bloch，Maurice & Jonathan Parry，eds. 1989. *Money and the Morality of Exchange*. Cambridge：Cambridge University Press.

Cox，Fiona，Hans-walter，& Schmidt-hannisa，eds. 2008. *Money and Culture*. Frankfurt am Main：Peter Lang AG.

Ingham，G.，eds. 2005. *Concepts of Money*：*Interdisciplinary Perspectives From Economics*，*Sociology and Social Science*. Edward Elgar Publishing.

Nodd，Nigel. 1995. *Sociology of Money*：*Economics*，*Reason and Contemporary Society*. Cambridge，UK：Polity Press.

Simmel，G. 2011. *The Philosophy of Money*. London：Routledge.

Zelizer，V. 1997. *The Social Meaning of Money*：*Pin Money*，*Paychecks*，*Poor Relief*，*and Other Currencies*. Princeton：Princeton University Press.

经济社会学研究　第四辑

第 21~55 页

© SSAP, 2017

全球化的转型与挑战[*]

——金融社会学的考察

翟本瑞[**]

摘　要：全球化带来全球产业结构的全面调整，20 世纪 70 年代以来，因为信贷极度扩大、过度杠杆操作、美国消费者超前消费，加上人口红利尚未用完，全球出现持续蓬勃的发展，金融资本主义也因而全面扩张，成为主导全球经济与社会发展的基本要素。然而，过去世代和当前世代预支了未来世代的可支配所得，借来的繁荣到了 2008 年金融风暴前夕，终于无法再持续下去。全球总和需求缺乏、去杠杆化、去全球化、监管强化构成了"新常态"的基调。养老基金等金融资本希望解决延长寿命后老年人口退休生活问题，但因为提拨不足、主权债务危机，以及人口老化和少子化的结构性问题，世界未来都将面对"世代斗争"的严重问题。

关键词：资本主义　马克思　养老退休基金　金融社会学世代斗争

一　传统资本主义发展

马克思指出，生产模式被生产力发展所决定，不同历史阶段的阶级

---

* 本文曾发表于《社会发展研究》2014 年第 2 期；收入本书时做了修改。

** 翟本瑞，台湾逢甲大学合经系教授，电子邮箱：jaiben@gmail.com。

关系则是被生产力和生产模式的辩证关系所决定。资本主义建立在生产工具私有化的基础之上，在马尔萨斯人口论及李嘉图工资铁律学说，以及古典经济学强调自由放任的理论基础上，资产阶级恣意对无产阶级加以剥削。在欧洲社会封建制度崩解后，随着产业革命而来的生产工具私有化，造成了前所未有的阶级对立；而私有财产制，使得少数资本家能够垄断生产工具，控制着构成社会主体的无产阶级的生存条件。

面对马克思主义的批评，欧洲社会一方面利用累进税率、社会福利制度，以及其他相关法规来节制私人资本的过度膨胀，在制度层面进行改革，以减少社会的冲突和对立；另一方面则是在思想和理论系统中，再次为资本主义发展找到正面、积极的合法地位。熊彼特（J. Schumpeter）认为企业家精神（entrepreneurship）是在传统经济生产投入三要素（土地、劳动、资本）之外，最主要的经济发展动力。企业家能够得到更多的收益，并不是来自剥削劳工，而是来自创造价值与财富的合理报酬。资本家虽然获得高额利润，但同时也承担竞争时所面对的一切风险，唯有能够在经营、管理、生产技术、市场条件等压力下予以不断地创新、改革的企业家，才能在竞争激烈的资本主义社会中生存下来，全社会亦因他们的创新、改革而获利。韦伯（M. Weber）则是从欧洲社会经济史的研究及理论考察上，认识到现代资本主义发展乃是西方合理化过程中的一环，代表着一种合理的生活态度，是西方精神文明的产物。

"二战"后，世界被划分为资本主义和社会主义两大阵营。以欧美为主的资本主义世界经济快速成长，通过累进税率及社会福利制度，以国家政策来达到社会财富重新分配的目的，并规范基本工资和最长工时；由工会与资方协商解决剥削，以及分配不均的问题。通过这些保障，无产阶级革命始终无法有效地在经济高度发展的地区产生，反倒是在经济后进地区早熟性地发生。于是，资本主义高度发展反而成为防止社会主义产生的最有效良方，罗斯陶（W. W. Rostow）的《经济发展论：一个非共产主义的宣言》代表了这种乐观看法。于是，经济发展成为一套公式，只要依循各个步骤就可以达成经济发展的目的。资本主义只有一种，就是欧美发达经济体所代表的那种。

然而，随着拉丁美洲及其他后进地区无法有效达到经济增长目标的情况出现，学界开始质疑这套视资本主义为唯一增长模式的看法。

布罗代尔（F. Braudel）在三册的《文明与资本主义》中，分析16～18世纪资本主义的崛起与发展。他将经济活动分为三层：最底下的是不进入市场交换系统的经济活动（"物质生活"）；在这上面的是具有通透性、自由竞争、依市场法则运作、日常规律化、专业化等特性的"市场经济"；以及具有非通透性、不平等、控制、非专业化、长程贸易等的特性的更高层经济活动——"资本主义"。相对于在固定的游戏规则中，依市场法则赚取通透利润的"市场经济"，"资本主义"代表着一种能够设定规则、创造市场、控制分配和在不通透情境中运筹帷幄的能力；是一种哪里有高利润就往哪里钻，充分掌握资金和信息，将资源投入高风险、高利润领域的做法，而这种做法往往意味着非专业化和控制。在布罗代尔看来，资本主义从其产生以来就未尝改变其本质，它基于对国际资源及机会的剥削来扩张自己；资本家从不专业化，而是游走于高利润的部门之间，基于合法或实际上的垄断，在不透明的经济活动中掌握对自己最有利的条件，并以最高利润的部门为其依存空间（Braudel，1977：111 – 112；1984：662）。

于是，历史上的资本主义也就是这种将资金投入各不同领域，追寻一般人没有能力掌握的利润，而获取高利润的做法。在现代欧美资本主义社会中最典型的做法为：利用资金、技术、营销管道，以及在生产、商业和金融系统中的控制能力，创造出超过市场上透明利润的商业经营。而这通常是被大财团、大的跨国公司所垄断，升斗小民很难了解其间的操作模式。布罗代尔呼应马克思对资本主义所持的立场，视垄断与累积为资本主义发展的秘诀，差别在于，布罗代尔认识到资本主义的本质就在于不平等性以及垄断，在资本主义充分发展后，已经不是任何人能够片面地加以调整的了。无论是工业资本主义、商业资本主义还是金融资本主义，操纵与控制都是大资本家获利的主要手段。

华勒斯坦（I. Wallerstein）赞同布罗代尔的看法，主张从 16 世纪开始，全球各不同地区依据在中心、半边陲、边陲的地理区位，被纳入"资本主义世界体系"的分工系统之中，占据着不同的位置，具有不同的命运。没有哪一个社会能够摆脱世界体系的影响，也没有哪一个社会能够不参与资本主义的运作。各社会唯一能做的只是认清世界体系支配不同地区命运的事实，并尽量地利用整体体系中的变化，来改变自己所处的地位：从边陲提升为半边陲，或是从半边陲逐渐升级进而具备作为中心的能力。各地区经济发展固然需要持续的努力，但更重要的仍然是它在整体资本主义世界经济体系中的比重和区位调整。这时，阶级斗争就不只是限于马克思所谈的不同阶级之间，而是半边陲/边陲处于被中心剥融操作。

1976 年彼得·杜拉克出版《看不见的革命》（*The Unseen Revolution*）一书，探讨养老基金所代表的金融机构投资者，已经成为美国大企业具有支配地位的拥有者，也成为美国"唯一"的资本家了。自从 1952 年通用汽车公司设立第一个现代养老基金开始，资本主义就已产生本质的变化。通过养金基金掌握大企业股票，成为生产工具拥有者，美国社会已经变形为一个真正的"社会主义国家"。当时，通用汽车总裁威尔逊（Charles Wilson）所提出的关于养老金投资的四项基本原则[①]最后被写入 1974 年美国《退休金改革法案》（Pension Reform Act），主导美国退休金制度的发展。通过这些原则，保障退休金能在分摊风险的前提下，得到稳定合理的收益，保障退休人员晚年的生活。养老基金的设置，让劳工实质掌握企业，将资本家与劳工间的传统对立关系加以转换，劳工阶级与资本家共同拥有企业，形成了资本主义命运共同体，扭转了资本主义必然崩解的命运。

时至今日，养老基金已经成为发达国家针对社会福利规划最重要的制度。然而，威尔逊没有想到，当年通用汽车所推出的制度安排，经过 50 年的复利增值，到 2009 年时通用汽车每年居然要支付 70 亿美元的养老金费用给退休劳工，每个月将近 6 亿美元的开销，已经成为通用汽车庞大的财务负担。伴随人口结构改变，以及平均余命增加，养老金准备如果在过去未能足额提拨，经过复利累积，终将造成无法承担的债务。

整体而言，全球金融体系的最大机构投资者是投资基金，其次则是保险基金和养老基金，至于社会保险基金、主权财富基金、私募基金和对冲基金所占比重仍然不是很大。发达国家人口结构日益老化，退休养老的问题日益严重，2001～2007 年，企业养老基金发展迅速，增加了将近70%，平均每年增长 9% 以上，而新兴市场国家的养老需求增加速度更快，面对未来人口结构老化的压力，养老基金也会成为稳定社会的重要制度设计。全球金融体系发展趋势下，"养老金因素"在机构投资者持有的金融资产里所占比例越来越高。

一般来说，全球机构投资者资产总额里，大约有 60% 是为养老因素

[①] 这四项基本原则为：（1）将员工的养老基金作为"投资基金"进行独立而专业的管理；（2）员工养老基金只能最低限度地投资于他们所在的企业，或者完全不能进行这种投资；（3）对任何一家企业的投资在比例上绝对不能超过该企业资本总额的 5%；（4）对任何一家企业的投资在比例上绝对不能超过养老基金总资产的 10%（詹文明，2009：3）。

考虑而建立的，而美国又占了其中的 60%。1993~2007 年，各国养老金平均投资报酬率动辄高达 10%，许多退休制度更建立在高报酬的回报率基础之上。然而，2008 年金融危机时，全球各种养老资产损失超过 20%（达到 5.5 兆美元），各单位开始意识到过去对退休制度所建立的推估，可能有高估之嫌。2009 年全球总生产毛额为 58.133 兆美元，全球养老金资产规模为 28 兆美元，每年平均增加 4.7%，到 2020 年时将增加为 46 兆美元。目前亚洲、中欧与东欧的规模都还很小，但随着人口逐渐老化所产生的迫切需求，到 2020 年时将会达到相当于目前英国（约 2.8 兆美元）的规模（郑秉文，2009，2010）。养老基金已经成为解决老年化人口问题必要的安排。

事实上，金融风暴造成规模缩水还不是养老基金目前所面临的最大挑战，过去基于稳定且高速成长的经济、较短平均余命，以及尚未老化的人口结构所采取的估算，对"未来提领"一事有着过度乐观的期待，直到金融风暴发生，大家才意识到潜在的危机。而各国政府因选举考虑放宽对退休制度、社会保障和医疗保险的承诺，随着人口老化以及工作人口的减少，都将成为未来财务上的重大隐忧，养老金的财务缺口比起政府负债及财政缺口还来得更为严重。依据华盛顿卡托研究所（Cato Institute）经济学家 Jagadeesh Gokhale 的研究，纳入养老金支付后，希腊政府的实际债务不再只是官方所宣称的 115%，而是 GDP 的 875%。同样的，如果纳入已承诺的养老金考虑，法国政府债务水平将从 GDP 的 76% 上升到 549%，德国将从 72% 上升到 418%，英国从 53% 上升到 442%，波兰从 50% 上升到 1550%，至于美国则是从 84% 上升到 500%（Gokhale，2009）。由于平均余命增加，延后法定退休年龄已成为全球未来的必然趋势，否则设计再精良的养老基金也会面临破产的命运。

在过去，许多单位习惯用未实现预测投资收益来估算养老金债务，这些对未来债务低估所造成的潜在风险，在金融危机和经济衰退时表露无遗。以美国为例，过去各州政府对公务员养老福利做了过多的承诺，超过 2300 万公务人员领取高额福利，让美国养老金已经出现超过 2 兆美元的亏空。有的学者甚至认为 2 兆估算太过保守，实际亏空可能高达 3 兆美元。各州政府即使通过增加货物税和所得税，并消减财政预算（甚至社会福利支出），未来也不足以支应庞大的养老金赤字。Joshua Rauh 和 Robert Novy-Marx 两位教授研究占美国 300 万地方政府雇员 2/3 的 50 个主要市县养老基金，发现其财务缺口高达 5740 亿美元，一些大城市的养老金资产甚至到 2020 年就将面临破产窘境。斯坦福大学公共政策研究项目进行计算机仿真分析，发现加州公职退休金、教师退休金及加州大学退休金等三大退休金提拨不足，现在就必须溢注 2000 亿～3500 亿美元（相当于加州政府每年财政预算的 4 倍），否则等到 16 年后大约 260 万届龄人员要申请退休时，会发现账户里已经没有钱了（斯坦福大学公共政策研究项目，2010）。养老基金破产不是没有先例，加州的瓦列霍市政府因无钱支应养老负债而在 2008 年申请破产。许多州为了因应养老基金的不足，采取"提高退休年龄、削减养老受益规则、提高员工养老金缴纳比例、遏制退休前一年快速加薪、将公职人员的养老计划转为成本较低的企业定期缴纳方式进行改革"等措施，希望能够改善既存问题（钟边，2010）。然而，问题不是一天造成的，时至今日，即使很谨慎地处理，也不见得能解决未来退休金不足的困境。

养老基金存在的意义，在于购买力能够有效储存，并在未来具有实质提领的能力。这些都预设着养老基金应该核实提拨、有效管理，且能复利增值，让每个人都能在未来领取到自己应享的福利。如果将未来因素纳入考虑，现有账项资不抵债——除非破产，否则不足以弥补缺口，就要依赖未来世代偿还。未来，所有退休制度的可支配余额都将承受缩水的压力，据统计，英国当前私人退休金比起三年前平均要减少 30%（Batty，2011）。是谁偷走了退休金账户中的钱？有什么特别的问题造成不同时期退休能够领取的金额大不相同？简单说来，提拨不足，越早退休能够领取的金额越多，总有一天，各个国家养老金制度会面临破产的命运。

若果真如此，未来数十年，我们将面临真实的"世代斗争"（翟本瑞，2010：95～140）。过去世代及当前世代，预支了未来世代的养老金，如果处理不好，过去几十年间发达国家所发展出来的退休金制度，就有可能成为人类历史上最大的庞兹骗局（Ponzis cheme）。

养老因素左右着全球金融市场的发展，为了面对日益严峻的退休金提领压力，各养老基金的投资策略会更加积极。可以预见的是，随着养老金规模扩增，全球金融领域势必面临全新挑战。

三 金融资本主义的发展

博兰尼在《大转型：我们时代的政治与经济起源》一书中指出，1815～1914 年，欧洲的百年和平让强大的社会群体通过市场将土地、劳力与资金转化为"虚构商品",而与已经在市场上交易的商品大相径庭。经过这个转换过程,社会被纳入经济体系中,所有不同市场彼此关联在一起,共同形成一个"大市场",人类社会逐渐成为经济体系的附属物。加上1880~1914年金本位制度实施,稳定的汇率推动了第一次全球化的发展。经过两次世界大战的动荡,1944年布雷顿森林体系(Bretton Woods)建立,再度提供全球一个以美元为金本位的制度基础。稳定的汇率关系,让全球经济在"二战"后得到复苏。直到1971年美国放弃金本位制度前,全球是在美元黄金本位制下,建立起国际贸易的稳定基础。

在华勒斯坦资本主义世界体系中,"中心-半边陲-边陲"的国际分工架构,在这个阶段全面开展。战败的德国与日本在重建过程中浴火重生,"亚洲四小龙"顺势奋起,世界各国逐一被纳入资本主义世界体系架构之中,全球化得到推进。1971年美国虽然放弃金本位制,但20多年美国霸权的建立,让美元成为全球唯一的国际货币,提供国际贸易交换基础,至今仍没有其他货币可以取代美元的地位。20世纪70年代末期以来,科技发展、金融商品创新、后进国家(尤其是中国)的崛起、欧美跨国企业完成全球运筹体系,让各国生产力大幅提高,全球迈入低通胀的稳健成长阶段。1973~2007年,全球贸易每年平均成长率高达11%,贸易总额占GDP比重由22%劲扬至42%,跨国资本流动总额对全球GDP的比值从5%蹿升至21%[①]。全球贸易与金融操作,主要还是以美元为交易中介,美国可说是全球化的最大受益国。

由于各国货币背后并无黄金或实体资产的十足保障,金融体系的价值完全建立在主观操作之上,各国相信与美元的汇率兑换关系具有实质的客观基础,忽略了这些被视为理所当然而接受的假设,在各国不断增加货币供给总额后,只能借主观信心支持来保障。

近30年来,人类经济体系中的货币总量及信用总量大幅成长,无论是增长速度还是存量规模,都已远远超过人类真实经济或真实财富的增加速度和规模。1970年,美元还奉行金本位制,具有实质资产的对应,当时美国货币交易中与物质生产和流通有关的货币交易占有80%。但金本位制取消后,美元大量发行,到1990年初期,美国与生产流通有关的货币交易比重只剩下20%,到1997年甚至只剩下0.7%。1985~2000

---

① 《濒战的世界:全球化的代价?》,《台湾工商时报》2010年11月1日,http://news.ch-inatimes.com/world/0,5246,11050401x122010110100194,00.html。

年，美国的物质生产只增加了 50%，但是货币却增长了 3 倍，换句话说，货币增长率比物质生产增长率多了 6 倍。

20 世纪 80 年代以来，世界平均年经济增长率约为 3%，国际贸易年增长率则在 5% 左右，然而国际资本流动的年增长率却在 25% 左右，全球股票总值增加了 2.5 倍。就全球而言，1997 年国际货币交易额高达 600 兆美元，其中与生产流通有关的货币交易只占了 1%。成思危依据国际货币基金组织和世界银行的数据计算出，1997 年底全球虚拟经济总量为 140 兆美元；2000 年底为 160 兆美元（其中金融衍生商品岁末余额约 95 兆美元，股票市值 36 兆美元，债券市值 29 兆美元），相当于全球 GNP 总和（30 兆美元）的 5 倍。全球虚拟资本每天流量约为 2 兆美元，大约是全球每天平均贸易额的 50 倍。全球的货币存量已经相当于全球 GDP 年总值的 60 倍（成思危，2003；王建等，2006；巴曙松，2009）。

到 2007 年底，全球股票市值 62.7 兆美元，债券余额 78.9 兆美元，1000 大银行总资产规模 96.4 兆美元，金融衍生商品的名义价值高达 674 兆美元。四者合计，全球金融资产的名义价值是实体经济的 16.4 倍，比起 1998 年的 6.2 倍膨胀了许多（汪巍，2010）。1970～2007 年，全球基础货币存量从不过数百亿美元的规模，到超过 5 兆美元；全球信用总量从不过数千亿美元，到超越 400 兆美元；全球外汇交易和衍生金融产品交易量从微乎其微，到每天交易规模超过 3 兆美元，全年超过 800 兆美元（其中与商品生产和流通有关的部分只占 1%）；全球债务规模也从不过千亿美元，膨胀到数十兆美元（向松祚，2007）。然而，同一时间，全球实体经济或财富的增长速度以实际 GDP 计算，每年平均不到 5%，显示实体经济与虚拟经济之间已经没有实际的对应关系，全球货币体系也失去了基本约束，甚至美元作为国际汇兑主要货币发行过度泛滥，已无法客观反映各国货币的真实价值。金融资产总量的增长速度，远远超过真实物质财富增长速度。世界资本主义经济的主体已经从物质生产部门转移到非物质生产部门，"虚拟资本主义"或"金融社会"已经成为当前世界的构成基础。

《布雷顿森林协议》将西欧主要货币与美元挂钩，而美元又与黄金挂钩，构成了稳定的汇率关系，构成了世界经济秩序。然而，1971 年尼克松取消美元与黄金的挂钩后，各国货币就失去了一个客观而稳定的兑换关系。外汇成为一种新的资产类别，而不同币值间的波动更能够创造利得或造成损失，汇率变动对国际贸易而言，影响甚大。过去十年间，外汇逐渐成为新的战场，汇市投资者（不是政府）通过银行或大型对冲基金进行投资操作，甚至大举进行套利交易，造成不同币别的汇率剧烈波动，进而从中获利。而他们所持有的货币总量也达到了不切实际的水平，时至今日，每天大概有 3.2 兆美元的资金在各种货币之间转换，成为全球最不可估量的风险（奥瑟兹，2010b）。这些资金的流动没有章法，只看最短期利润，快速进出不同市场，尤其是在高倍数的财务杠杆操作下，找寻不同市场间的利差套利，以求取最大利益。

投资会自行寻找标的，从 2002 年起，资源产品特别是国际能源和金属价格，就成为过剩资金投入的场域，在全球商品期货交易市场中，期货合同数量在 2002～2005 年增加了 3 倍，同一时期，商品期货的场外交易规模也大幅攀升。国际清算银行的统计数据显示，2006 年全球商品期货交易合同存量已达到 6.4 兆美元，约为 1998 年的 14 倍。然而，这些金融资本在商品期货的交易规模远远大于这些资源商品的实际生产量。例如，2005 年时，黄金、铜、铝的场内交易额已经是当年这些金属生产总量的约 30 倍；2004 年 4 月，外汇和利率期票的每日场外净交易量已经达到 2.32 兆美元，比起 2001 年 4 月的 1.34 兆美元增加了 73%。

2004 年 6 月底，全球金融衍生商品场外交易合同存量的市值达到 6.39 兆美元，这些合同相应基础产品的名义价值更高达 220.07 兆美元，约为当年全球 GDP 总量的 5 倍（吕鸿，2007）。

而 2006 年第四季全球衍生品交易额为 431 兆美元，到了 2008 年底，全球金融衍生工具总市值估算超过 681 兆美元，但全球 GDP 总额却还不到 60 兆美元。通过信用扩张，虚拟经济可以无限放大许多机构的资产，这些资产反过来又可以继续扩张其信贷，整个投资杠杆因而被放大到二三十倍（吴惠林，2008）。[①] 正如这些虚拟资产通过金融操作程序被放大、创造出来一般，如果 30 倍的投资杠杆收缩了 3%，整个投资本金也就因此凭空消失。如果缺少有效监管，未来恐怕仍会爆发严重的金融风暴。

华尔街五大投资银行：高盛集团、摩根士丹利、美林、雷曼兄弟和贝尔斯登，受惠于 1933 年"银行法"（Glass-Steagall Act）将投资银行业务和商业银行业务严格地划分开，可以独占金融投资业务。直到 1998 年该法案废止前，投资银行主导华尔街长达 75 年，独享美国金融投资业务

---

① 依国际清算银行（Bank for International Settlements）估计，衍生性金融商品名目本金余额（outstanding derivatives）高达 592 兆美元，为全球国内生产毛额的 10 倍之多（黄文正，2009）。

的所有利益，创造出美国金融市场前所未有的大笔财富。2004 年美国证券交易委员会将投资银行的杠杆率从 10 ~ 15 倍的限制放宽，让投资银行的杠杆操作比率在 25 倍以上。

投资银行采取超高财务杠杆操作以获取最大利润，诸如雷曼兄弟（30.7 倍）、美林（28 倍）、摩根士丹利（33 倍）、高盛（28 倍）的操作大约是 30 倍，而欧洲主要银行的杠杆比例甚至在 50 倍以上。

金融风暴时，比利时富通银行（Fortis）杠杆操作达 33 倍，其负债已超过比利时 GDP 的 2 倍；德意志银行（50 倍）负债 2 兆欧元，占德国 GDP 的 80%；英国巴克莱银行集团（Barclays）的财务杠杆操作达 60 倍，负债超过 1.3 兆英镑，超过英国 GDP（陈建宏，2008）。这也是金融风暴来临时，信用收缩的乘数立刻让这些银行应声倒地的原因所在。

2006 年美国的 GDP 约为 13.2 兆美元，其中制造业在实体经济活动中所创造的财富仅占 11%，而信用货币和资产证券的总额约为 90 兆美元，至于金融衍生品的财富总额则达到 518 兆美元。换句话说，信用货币和证券将价值放大了 6.8 倍，而金融衍生品又把资产证券的价值放大了 5.77 倍（张庭宾，2009）。事实上，金融商品通过乘数效应，将实体经济所累积的财富扩大，在信用扩张的情况下，全社会的财富价值被创造出来。过去，银行凭借一定比例的准备金创造出数倍的信用，让货币不仅仅是价值交换的媒介，也不仅仅是未来购买力的储藏所，同时还成为信用创造的工具。到 20 世纪 80 年代，在全球化资金快速流动的基础上，投资银行等金融机构创造出诸多衍生性金融商品，凭借高倍数财务杠杆，让信用创造不局限于传统银行的数倍创造，而是数十倍地扩充。美国金融机构杠杆负债比例达到 GDP 的 130% 以上，华尔街金融服务业全年利润占全美公司利润的 40%，成为带动美国经济成长的领头羊。

然而，过去银行在创造信用之际有一定比例的准备金，且通过金融保险制度来防范因挤兑造成的信用收缩，即使如此，银行被挤兑造成破产的情况仍时有所闻。时至今日，诸如投资银行等机构，创造出诸多高财务杠杆的衍生金融产品，却没有一定的准备金或是保险制度可以确保面对信用收缩时，能够有效处理风险。如果财务杠杆高达 30 倍，只要信用收缩一两个百分点，这些投资银行就将面对无法承受的信用危机，2008 年全球金融风暴就是在这种情况下产生的，而各国为了拯救金融危机所投入的大量资金，只能填补当前的缺口，解决不了信用收缩的量，无法真正解决问题。

　　衍生金融商品成为全新的科学怪人，不受节制地自我膨胀。以引爆金融风暴的次级房贷为例，次级房贷总值不过 0.78 兆美元，本身不是太大的问题。然而，通过证券化的程序，抵押贷款证券化（MBS）发行 1.2 兆美元、担保债务凭证抵押（CDO）规模为 6.4 兆美元、信贷违约掉期（CDS）规模扩大为 68 兆美元，使得次级房贷相关总金融资产达到 85.6 兆美元，相当于 2008 年全球 GDP 的 120%（陶夏新，2010）。2008 年，全球金融衍生商品总量超过 400 兆美元，是美、欧、日等发达国家和地区 GDP 的 10 倍以上（佚名，2009），而次级房贷一项就占到全球衍生金融商品总值的 20%，成为引爆金融危机的导火线，造成全球经济严重失衡。而这也是为什么巴菲特要将衍生金融商品称为"大规模毁灭性商品"的理由所在。

　　　　2006 年，全世界的经济总产出值为 48.6 兆美元左右；全球股市总资本额则为 50.6 兆美元……国内与国际债券总值为 67.9 兆美元……外汇市场每天有 3.1 兆美元转手，全球股市每个月有 5.8 兆美元转手……新的金融活动形式也在不断演进。……2006 年的杠杆收购（leveraged buyout，借钱来支应收购公司所需）总量飙升至 7530 亿美元；"证券化"（securitization）暴增的同时，抵押贷款之类的个人债务在分割后重新组合包装出售，把抵押担保证券（mortgage backed security）、资产担保证券（asset-bascked security）和质押债务凭证（collateralized debt obligation，CDO）的年度发行总额推向 3 兆多美元。衍生性金融商品（derivative）——衍生自利率交换（interest rate swap. IRS）或信用违约交换（credit default swap，CDS）的契约，成长更加快速。到 2006 年底时，所有"场外交易"（over-the-counter，排除在交易所进行的买卖）衍生性商品的名义价值逼近 400 兆美元。……9462 档避险基金，管理资金总额达到 1.5 兆美元……私募股权（private equity partnership）也呈倍数成长。同时，银行设立了一堆称为"管道"（conduit）的管理投资公司和"结构性投资工具"（structured investment vehicle，SIV，金融史上最巧妙的简称），让潜在风险性的高资产不出现在资产负债表上。影子银行体系仿佛已然成型了。（弗格森，2009b：13～14）

　　弗格森在《货币崛起：金融资本如何改变世界历史及其未来之路》一书中，刻画出金融资本在过去数百年间如何改变全球。"金融社会"一词的意义，到了 21 世纪特别显著。货币作为交换中介，逐渐转换角色，成为价值创造的来源，也成为经济成长的主要推动力量。金融从镶嵌在社会体系之中逐渐独立出来，反客为主，成为引领社会发展的动力。

金融资本主义通过虚拟经济的助长，将全球经济活动膨胀到无法控制的地步，这就是这波金融风暴产生的基本成因。导火线是次级房贷市场违约所造成的信用收缩，但真正原因在于超高倍数财务杠杆操作欠缺有效风险管控，以致财务金融操作在追求最大利润的同时，也产生了极大的风险。不爆发在次级房贷领域，也会在其他领域爆发，金融资本主义注定与风险共存，金融资本主义创造了全新的风险图貌。

风险与金融社会发展并存，萧条与繁荣往往成为难兄难弟，相随共存。全球化的结果，让国际金融整合成庞大的金融体系，股票、期货、基金、受益凭证、选择权、诸多衍生商品等所有价值储存的处所、交换的中介，都成为金融商品的不同形式。全球主要证券市场、房地产市场、外汇及其衍生品市场、商品期货市场、黄金市场的波动，呈现强烈的相关性，而股指、黄金、石油、美元（美元指数）等全球金融商品也出现周期的同步性，彼此构成了风险链条。

约翰·奥瑟兹在 2007 年 3 月初，上证综合指数暴跌 9% 时，发现日元兑美元汇率的分时图与标准普尔 500 指数走势图居然一模一样，意识到这两个市场已经反常地结合在一起。事实上，不只是外汇市场、股票市场，包括期货市场、大宗商品市场、信贷市场、衍生金融商品等所有金融投资领域——拜全球化之赐，已经紧密地结合成一个庞大而又彼此关联的金融体系。

本来，这些不同市场各自独立，由不同人及不同资金，依不同需求而操作的个别市场，结合成一体，代表着全球金融市场已经发生了本质性的改变。事实上，当前金融社会里，这些相互纠缠的市场是由同一批投资者驱动，使用同一批投机资金操作的，当然会产生内在联动关系。

不同市场本来应该毫无相同之处，各自独立，一旦汇率变动可以由标普指数变动来解释，大宗商品价值与美元联动，日元汇率随美国基准利率变动，这意味着不同的市场都没有得到有效的定价。于是，未得到有效定价的市场，在庞大资金同方向操作之下，产生了可怕的共振效果，强度瞬间爆发，致使全球贸易条件受到扭曲。

可怕的是，对投资者来说，当所有市场一致变动时，就会无处避险，风险根本无从管理，一旦市场同时崩盘，风暴来临，所有投资都在瞬间缩水。例如，全球养老基金的资产，在 2008 年 10 月一周内就缩水 20%，影响不可谓不大。本来,这种大灾难发生后,人的恐惧心理会将投机活动从金融体系中彻底清除,维持至少一代人之久。但是,当前金融体系都是机构投资人,他们拿别人的钱投资,胆子特别大,投资者的贪婪,让决策不再受到恐惧的节制。截至 2009 年底,离金融风暴还不满一年,高风险资产又出现了强劲复苏,各金融市场之间的联系甚至比 2007 年初风暴之前还要紧密。投资"机构化",加上金融市场不断将所有市场整合成一个庞大体系(可称为"市场的可怕崛起"),操控了全球经济各不同领域,市场的崛起,助长了泡沫的形成和潜在的风暴。简言之,2007~2009 年的金融灾难,并未根除任何导致市场变得相互纠缠、过度膨胀且危及全球经济的根本因素。这场灾难来得快,反弹也很快,反而宣告金融体系已经独立于人类理性行为之外,成为自主的投机场域(奥瑟兹,2010a)。

新兴市场股票、货币、信用、大宗商品,过去在各自的围墙内运转的投资商品,遵循各自的规则。如今,通过金融市场整合成相互可交换的金融资产,造成全球价格体系的错误定价,也造成实体经济和虚拟经济资源间的错置。机构投资者因为拿别人的钱操作,遵循固定规则,在所有机构投资者同方向同步操作的情况下,只要业绩不比别人差,就不受责难。投资"机构化",用别人的钱、短期绩效趋向"孤注一掷"的投资、依据相同指标(MSCI、高盛、美林指数及市场分析)同向操作、抽取佣金、高倍数财务杠杆、欠缺监管、决策过程中充满自信、贪婪不再受到恐惧的节制,这些都助长了各式各样的泡沫。新的全球金融风险图貌形成,于是,我们看到近年来,金融风暴发生的周期越来越短、频率越来越高、强度越来越大,只要大量资金同时流入特定市场,就会造成该市场的泡沫。吊诡的是,金融社会的高度发展,反而促成了风暴的常态化,随时随地都可能引发金融危机。

时至今日,所有交易都是通过计算机程序操作,完全是匿名且不接触其他交易者的。古典经济学理论中的完全竞争市场,只有到了当代,通过程序交易才能达成,所有的游戏规则,都只能依循市场规则和程序设计。通过高科技计算机程序设计,让机构投资人能够操作高频交易(high-frequency trade)及资金暗池(dark pools of liquidity),[1] 彻底改变了

---

① "高频交易"是指大型投资机构利用高速计算机,在极短时间内判断有价值的信息,从而比市场其他投资者更早一步进行大量、不停的买卖;"资金暗池"指在股票交易所之外的交易平台,投资者可以在此平台匿名进行大宗股票交易,交易完成后价格才会公开,由于可以隐藏意图,且较不受监管,深受机构投资者青睐。

传统金融体系的游戏规则以及过去投资人的想法。当前金融市场操作所需要的人才，是数学分析师而非经济学家，前纳斯达克股票交易所副董事长兼总裁、电子经纪公司（Pipeline Trading Systems）现任董事长伯克利（Al Berkeley）就指出："这是场高科技的数学游戏，他们利用统计学进行精确估计，预测未来 3~5 秒某只股票是否会有流动性、将发生在哪里，以及要如何才能在不被别人发现且不着痕迹的情况下完成交易。"目前美国股票市场有 60% 的交易是通过高频交易进行的，最好的程序交易员一年可以赚进上千万美元的利润（Wahba and Chasan，2009）。

任何商品或是数字，只要能量化为可操作的金融商品，就可以成为市场交易的对象。甚至，聪明的华尔街投资银行能将大宗物资、股市指数、气候异常、天灾、主权债务危机、财政危机、风险指数、全球金融风暴等，转换成为金融商品来交易。美其名曰控制风险，却不知道整个制度自身已经成为制造风险的最大来源。当全球金融资产全部紧密结合成同一庞大系统，而大部分资金都同方向、极短期、巨量操作时，危机就隐藏其间。于是，只要操作过度，风暴在任何时间、任何场域都可能爆发。而全面性股灾、汇率大幅涨跌的发生频率也越来越高，强度更是一次比一次强。

金融社会高度发展促使风暴常态化，人类为了创造财富、规避风险所发展出的诸多金融商品，反过来成为金融社会的内在矛盾。金融社会崛起的同时，也揭示了人类社会迈向无法管控的系统风险的新阶段。

四 新常态取代预支未来的美好过去

如果从 20 世纪 70 年代初期开始定期、定额投资股市，就 MSCI World Index 的合理年度报酬率来说是 5.22%，扣除掉相关费用约 1% 后，整体而言，全球复合投资报酬率不超过 4.5%。那么，过去许多金融投资场域可以提供高于 5% 的投资报酬率，理由何在？暂且不论是否从其他人的损失中来获利，金融风暴之前全球维持着高成长的 25 年繁荣，这些成长可说是借来的。索罗斯在北大及复旦大学的演讲中指出，这 25 年全球经济发展的主要推动力量有二：

　　　　信贷的极度扩大、过度杠杆操作；
　　　　美国消费者超前消费。（索罗斯，2009）

事实上，我们还可以再加上一项同样相关的关键性因素：

人口红利尚未用完。

前文讨论到养老基金时提到，在人口红利用完后，发达国家都将面临新一波的养老难题。虽然许多学者都已意识到其间问题，但这些问题尚未濒临全面引爆的临界点，在面对金融风暴、失业率攀升时，未来的问题没有立即造成危机，很容易被轻忽。然而，借来的，总有一天要还回去的。

就美国消费者超前消费这点而言，美国人口占全球人口不到5%，却消费了全球超过的25%的资源，GDP产值也大约为全球的25%。然而，美国的繁荣是建立在金融市场的获利，以及鼓励大量消费的结果之上的。当前美国政府面临贸易赤字及财政赤字的双重压力，美国民众的储蓄率在全球也是敬陪末席。在顶峰时期，美国曾吸收世界其他地方过剩储蓄的70%，全球资金供美国人投资、消费。而过度消费的结果是，美国金融业债务总额从1981年占国内生产总值的22%，飙升至2008年第三季的117%；美国国内家庭债务占GDP的比率从1997年的66%，上升至2007年的100%。2011年11月16日，美国国债已经超过15兆美元，逼近几个月前才刚调升举债上限的15.194兆美元，以此增加速度，未来美国国家预算几乎无法编列，平均每个美国人要为国家承担5万美元的债务。美国不但国家举债，民间更是借钱扩张。整体而言，美国债务总额已经从1980年的略高于160%，达到目前占GDP的350%（其中85%为私营部门债务）的历史顶峰（沃尔夫，2009）。

过去25年，美国过度消费，造就新兴国家的贸易盈余。然而，新兴国家的贸易盈余，通过投资管道（包括美国国债、公司债、股票等）又流回美国。事实上，全球经济繁荣来自美国借钱而中国存钱所形成的中美两国共生关系，弗格森（2009a）称之为"中美经济共生体"（Chimerica）。然而，由于预期美国金融市场投资报酬率不及新兴国家，资金总流动又转回新兴市场，获得资金的是美国银行及大公司（不论是通过民间借贷、政府抒困还是保留盈余），庞大存款最后通过大得不能倒的银行或基金，又再度转回新兴国家市场。在全球化的分工架构中，亚洲廉价商品大量进入美国，美国再通过国债及各种管道，向全球借得资金投入金融商品中，牟取高额利润。于是，所有投资好处都被国际投资客所分享，潜在问题却留给政府及纳税人来承担。美国明明是全球最大的债务国家，但凭借资金流转而投资新兴国家，赚取较高投资报酬率，享受金融操作的利益。这个模式在过去 25 年屡试不爽，但过度操作造成美国财富分配极度不平均，贫富差距拉大，国家债台高筑，信用扩张到了极限，达到不可持续的临界点，终于爆发了金融风暴。

金融风暴之前，认定经济系统会自我修复的理性市场假设一直都相当有效，但风暴之后，大家才意识到无法长久持续。过去，景气总是依一定规律而循环，股票市场、房地产市场平均报酬率超过 10%，只要借取低利率资金投资，利差复利累积仍可得到可观收益。获利、繁荣、更高的生活水平，人们乐观地认为经济会一直以高速增长，各国政府纷纷举债建设，期待以较低成本换取高经济增长的效益，而发达国家的民众也习惯依赖廉价贷款购买资产以提高生活水平。过去 25 年，一种举债发展的观念深入人心，认为有信用的债务也是一种资产，而偿还债务是很轻松的事，无论是个人债务还是政府债务，遇到问题时都可以借由举债来解决。这种做法几十年来都没产生问题，一方面，借贷转换成投资，提高了生产率；另一方面，科技革新更有效地提升了人民生活水平。同时，全球债务大膨胀的时代，也是全球人口快速增长的时代，先前欠下的债务，会被更多的人口承担，因此，债务的负担似乎都不需要操心。但是，当技术革新不能无限制提升、人口增长不再，而新兴国家的复合需求增长有限，发达国家又早已透支其消费能力时，全球需求不足将造成未来经济成长的停滞（格罗斯，2010b；Gross，2009）。

2008 年爆发全球金融海啸，所有金融操作知识、专家分析、投资经验全都失效，华尔街过去 50 年金融发展的经验也失效。大家都想知道，海啸过后，春天是否重现？这是否只是另一场海啸之前的宁静？相对于过去 25 年旧有常态模式，太平洋投资管理公司（PIMCO）的格罗斯（Gross）及埃尔埃利安（Mohamed El-Erian）在 2008 年提出"新常态"一词，说明全球金融体系的结构改变。

金融风暴之后，不合理的消费、不可持续的私人负债带动经济增长的时代已经过去，全球经济减速已经成为事实，而各国政府除了要解决经济危机及高失业率的问题外，也都面临举债上限的难题。举债提升生活水平的做法不再有效，如果民间消费不足，而各国政府不再依赖举债成长，那么，全球经济增长动力顿时失速，成长亦将趋缓。发达国家经济增长缓慢，新兴国家消费水平低迷，新兴经济体与已开发经济体成长速度显著不同成为新的常态模式，去杠杆化（delivering）、去全球化（de-globalisation）、监管强化（reregulation）构成了"新常态"的基调。于是，信用收缩的结果促使全球消费减少、储蓄增加，整体而言，全球性总需求缺乏、各国都没有能力或不希望消费，较低的经济成长时代来临。再加上婴儿潮世代逐渐到达退休年龄，老化人口没有工作收入、投资行为比较保守，消费能力亦会减低。在可预见的未来，全球经济增长减半、投资组合（包括债券和股票）回报率会比过去来得低，这种苦日子将会维持相当时日。

1971～2007年的高速发展与繁荣景象，是通过预支未来世代的消费能力所达成的。资本主义制度在两个向度与大部分传统社会价值相违，其一是在资产负债表中，鼓励负债以增加资产，其二则是在总体经济模型中，鼓励提高消费以增加国民生产毛额。这两项简单说来就是"鼓励消费、增加负债"，借以扩充经济总量，以表现出蓬勃的交易。"消费、消费、再消费，借贷、借贷、再借贷"，广告大量宣传的结果是，金融市场运作反而成为主导社会行为的巨兽，无论从个人、企业、国家，还是全球的格局来看，金融资本主义无所不在。

于是，在金融资本主义的不断扩张下，大部分民众都变成中产阶级，通过薪资所得的累积以及信用的扩张，形成金融资产以创造财富，享受金融资本主义的好处。资本主义社会的稳定，是建立在每个人都可以成为中产阶级的事实基础之上的，成为中产阶级是建立在经济持续扩张的历史发展之上的。每个人都可以累积财富并创造信用，信贷因而极度扩大，借钱以超高杠杆操作，赚取利润成为"旧常态"获利基础。借钱不还，借新债、还旧债的做法，还没滥用到极限前仍然可以不断地故技重施。然而，当美国消费者超消费、美国政府国债达到法定上限时，大家知道已经触碰到历史的转折点。信贷尚未破产，唯一的基础只剩下还没用完的人口红利，但在婴儿潮世代开始退休之际，预支未来世代资产的做法，也已面临无法回避的困境。

世界各主要国家，都面临过去经济发展经验的不可持续性。以下略举各国所面临的难题。

（1）美国的困境：高达312%的负债收益比让希腊已经陷于危险困境，而根据摩根士丹利的报告，美国的债务收入比是358%，比希腊更高。据美国国会预算办公室估计，联邦债务支付的利息占联邦税务收入的比例将由目前的9%增加到2020年的20%，2030年的30%以及2040年的58%（弗格森，2011）。联邦债务到2012年时将超过GDP 100%，光是为了周转预算赤字及债务展期，就需要借款将近2兆美元，而联邦政府承保的机构债务，光是房利美（Fannie Mae）和房地美（Freddie Mac）就高达约 5 兆美元（占 GDP 37%），合计约 8 兆美元贷款，都将在 2012 年到期，如果因市场资金及信心不足而无法取得新贷款，美国可能会暴发违约及破产潮。而各州债务还没算在美国政府的总债务当中，美国财政基本上已经不可能再达到预算平衡，利率亦将逐步攀升，严重伤害经济成长。没有破产的唯一理由在于美元仍是全球唯一强势货币，仍享有不断印钞票的特权。但是，对于滥用此一优势的结果，人们不禁要问："全球最大债务国还能维持世界头号强国的地位多久？"

（2）欧洲五国（葡萄牙、意大利、爱尔兰、希腊、西班牙）主权债务危机难以解决。爱尔兰、希腊、意大利、葡萄牙风暴已现，如果西班牙再出事，欧元区风暴将一发不可收拾。事实上，欧洲主权债务不论是破产还是减记债务，都将造成法国及德国等大型银行的破产，严重冲击到全欧洲及美国的金融体系，其规模远远超过雷曼兄弟破产的影响。鲁宾尼就直接指出，欧元区终将面临解体的结局，目前所有援救行动，都只是延缓解体的速度。

（3）日本公共负债高居世界第一（229%）。2010 年时日本国债发行额已超过税收，预算已经永远不可能平衡，2011 年底，债务余额甚至将破 1000 兆日元。虽然日本国债 93% 为国内金融机构和民众所持有，暂时还没有违约的问题，但日本全国民众拥有 1400 兆金融资产，未来不足以支应国债所需，一旦需要对外借款，可以预见公债利率亦将大幅飙升，国家财政无法负担高额利率支出，届时日本政府亦将面临破产命运。

（4）中国经济的困境在于信贷泡沫而不只是地产市场的需求不足。摩根士丹利亚洲区董事长 Roach Stephen 指出，2009 年全球需求不足以造成出口减缓，中国经济成长的 95% 来自刺激性投资和银行贷款，金融成为经济成长的领头羊。然而，信贷扩张的结果是，到 2009 年底，中国地方政府债务浮现，中央政府、地方政府、中国银行、一般民众总共背负了高达 20 兆元负债。罗格夫（Rogoff Kenneth）指出，未来信贷投放过多将造成诸如房地产泡沫等经济风暴，中国的经济成长 10 年内恐将减速。根据世界能源机构预测，到 2035 年，中国将使用全球能源的 1/5。中国消耗的粗钢是欧盟、美国和日本加起来的 2 倍（弗格森，2011）。而中国举债建设全球最庞大的高速公路网和高速铁路网，其收入可能不易清偿债务。简言之，中国经济面临超额贷款的不可持续性，以及高速增长的不可持续性风险。

尤其是当全球人口突破 70 亿人后，未来 40 年会增加到 90 亿人口，粮食、原物料以及石油、天然气等生产都将赶不上人口增长，物价亦将持续上涨。在这同时，生态环境已然被破坏，"±2℃"的难题无法解决，气候与环境灾难将成为常态化。全球化带来的不只是生产与消费的全球化，更是灾难与困境的全球化。

当美国、欧盟、日本、中国经济都出现问题时，全球经济还能维持过去高增长的模式吗？许多学者甚至主张，国际应该发展出一套国家财政破产的机制，以解决未来可能产生的问题。在可预见的将来，低经济增长将会成为常态。①

如果今天的领导人向人民告知实情，向他们详细描述经济最可能发生的黯淡前景……大部分领导人会在选举中受到声称掌握万能之计的竞争对手的猛烈抨击。欧洲和美国被娇惯坏了的选民还能承受多少坏消息呢？我怀疑没有多少（黑斯廷斯，2011）。因欧债危机下台的政治领袖包括爱尔兰前总理考恩（2011 年 3 月）、葡萄牙前总理苏格拉底（2011 年 3 月）、斯洛伐克前总理拉蒂科娃（2012 年 3 月）、希腊前总理帕潘德里欧（2011 年 11 月）、西班牙前总理萨帕特罗（2011 年 11 月）、意大利前总理贝鲁斯柯尼（2011 年 11 月）。以日本为例，面对失落的经济，20 年间换了 14 任首相，民众不耐烦立竿见影的改革，但是，还没了解国政细节就被替换，哪一个首相能够真正解决过去所累积的债务问题呢？各政党为了选举什么改革都不可能做。今天各国领导人或政党如果向人民告知实情，详细描述经济可能发生的黯淡前景，那就不用选了。可以预见的是，各国将面临政党不断轮替，但又无法真正解决问题的困境。选民根本无法理解未来将要面对什么样的变革，以及需要付出多大代价来面对它。就在政党争相笼络选民的同时，所有改革最后的契机正一点一点流失，人们终将为未来付出惨痛的代价。

五 朝四暮三的成长

2 + 2 = 4，世上没有不劳而获这回事。

2 + 2 = 4，但你不可能长期压抑人心。（格罗斯，2010a）

---

① 据世界大型企业联合会（Conference Board）2011 年 11 月 8 日发布的预测，2012 年全球 GDP 总值将增加 3.2%，2013 年 6 月则为 3.5%，但 2017 年 2 月，年平均增长速度将降为 2.7%（Madigan，2011）。

资源有限，人类经济体系长期合理报酬率如果是5%，多出来的收益与成长，除了技术进步的推动，就只能是借来的。若非从分配不均的穷人身上压榨，就是向子孙预支来的。总数是不变的，你多得意味着有人少得；你多得，意味着未来后代要还回去的。这些超额支出，是不可持续的，总有一天要算总账的，关键是什么时候到来。

欧美发达国家沉醉于金融资本主义所带来的高报酬与高收益，遂将辛苦经营的制造业转移到新兴国家。于是，伴随全球化所带来的国际竞争，欧美国家制造业中低技术工人丧失了竞争力，工作机会转移到金融服务领域。这在高成长、高报酬的景气阶段，问题不大。然而，一旦金融服务业获利衰减，甚至大量裁员时，各国面对失业问题时将束手无策。当信用紧缩时，原先认为房价会持续高涨的情况不再，价值缩水、贷款清偿的压力，都让失业问题雪上加霜。

过去，社会财富分配约略呈现常态分配，中产阶级成为社会的中坚，成为社会稳定的维系力量。然而近年来，世界各地财富分配愈趋不平均，富者愈富，贫者愈贫，中产阶级逐渐消失，M型社会形成，金融资产阶级与金融无产阶级间的对立更加鲜明。如果再将世代斗争（翟本瑞，2010：95~140）纳入考虑，全球金融体系将会面临更为严峻的考验。金融业本身势必出现最深层次的转变。过去，人们认为复杂的现代金融体系能够把风险转移给最有能力管理风险的人，结果恰好相反，现代金融体系反倒把风险转移给最没有能力面对风险的人。借着剥削一般民众以及政府资金，金融资产阶级累积财富速度更将加快。未来，不能参与金融游戏的人，其资产与财富也将在金融社会中缩水，成为最大输家。

发达国家债台高筑、失业率高、消费能力减弱，而新兴国家金融体系尚不成熟、国内总和消费力仍然不足。2009年，为了解救金融风暴所造成的流动不足，全球"国退民进"，G20各国共同采取凯因斯式的财政刺激方案，合计投入大约1.4兆美元挽救经济。然而，这种"搭直升机撒钱"救经济的做法，不但没能鼓励消费者花钱，而且没有厚植未来的竞争力，徒然扩大了各国财政赤字，全球主权债务危机因而浮现，希腊危机更惊醒了各国的美梦。为了避免成为"下一个希腊"，风暴稍减各国就开始缩减财政支出，2010年起可说是全球财政紧缩的年代，G20希望能在2013年前将赤字削减一半。

原本遇到景气衰退时，政府可以通过扩大公共支出，借凯因斯理论刺激经济增长，带动复苏，然而，在主权债务过高、民众担心未来景气不再而不敢消费时，凯因斯理论也不再有效，无论货币政策还是财政政策，都有实质限制。这时，消费导向的刺激方案或不考虑未来投资的紧缩政策，都无法实质改善总体经济面，无助于未来经济发展与失业率缩减。很不幸的，南欧诸国以及美国在面对当前困境时，所提出的方案都无助于真正解决问题。欧洲各国和美国应该削减社会福利并对富人增税，才能有效面对衰退的经济，但面对选票，这两项应行政策却都不在考虑之列。鲁宾尼（Nouriel Roubini）在 2011 年 8 月 11 日接受《华尔街日报》专访时表示：在没有过剩产能以及需求不足时，劳动力收入无法转化成资本。目前，全球各国靠大量举债以增加流动性进而救市的做法，只能产生短期效果，但会造成家庭、银行及政府活力的丧失。真正解决问题的办法在于发达经济体投资在人力资本、技能培训及社会安全网，以提高生产力和劳工的竞争力，让一般民众在经济全球化中能够实质受益，否则终将重演 20 世纪 30 年代的噩梦——漫无止境的停滞、萧条、货币及贸易战争、资本管制、金融危机、主权国家破产、大规模社会政治动荡。全球化造成各国技术缺乏劳工的高失业率，以及超级富翁的以钱滚钱，贫富差距已达无法忍受地步，资本主义崩溃论重新受到学界重视（Roubini，2011a）。

全球的群众抗议风起云涌：从中东与北非的茉莉花革命，到以色列与英国的年轻人暴动，再到占领华尔街运动，都在说明全球各地悄悄发生的社会结构困境——不平等现象加剧、物价高涨强化贫困的处境、经济增长迟缓而失业问题严重，造成极度绝望的悲哀情绪。诺贝尔经济奖得主 Joseph Stiglitz 的文章指出，美国"民有、民治、民享"中的"民"，已经变成那少数 1% 的人：最富有的 1% 人拥有全国 40% 的财富（Stiglitz，2011）。占领华尔街运动的抗议群众，自称代表那另外的 99% 人民，要求解决贫富不均的问题。

《牛津英文字典》选出 2011 年度代表词为"squeezed middle"（受挤压的中产阶级），就说明近年来中产阶级薪资冻涨，饱受通货膨胀及各种沉重税负，又无法改变现状的痛苦。英国工党领袖米勒班（Edward Samuel Miliband）在 2010 年 9 月引用过去克林顿所提出的这个词，在经济增长下滑、物价高涨、各国削减公共支出，以及失业率攀升之际，恰如其分地点破了当前的集体焦虑。中产阶级再也无法成为稳定社会的重要支柱，从中东、北非、英国、南欧到美国，抗议社会分配不公的声音逐渐成为运动焦点。全球化的结果，使资本主义内在矛盾逐渐暴露，成为当前所有政权都必须严肃面对的课题。

在金融风暴之前，John Paulson 在 2006 年付给高盛 1500 万美元，请高盛设计出 Abacus 2007 - AC1 的房贷投资组合（portfolio）。高盛在推销此一衍生商品时，刻意隐瞒 Paulson 做空的消息，还暗示 Paulson 投入 2亿美元做多，结果光是德国工商银行及荷兰银行就损失 10 亿美元，Paulson 则从中赚取 10 亿美元收入，等于直接从两大银行搬钱到自家金库中。投资银行获利甚高，但大部分利润是建立在其他人的损失之上，是重新分配的行为。即使全球经济成长减缓，过剩的热钱仍然会在金融场域创造不同的投资标的，并找寻更高的收益，金融肥猫并未受到景气好坏的影响。例如，2009 年是全球萧条的一年，但是，这一年前 25 个顶尖避险基金经理人个人仍能赚进 253 亿美元，平均每人薪资高达 10 亿美元（Herbst-Bayliss，2010）。又如，全美第二大银行摩根大通（J. P. Morgan Chase & Co.）做空自己，对自己债券的利差做了对冲，当投资人认为摩根大通违约概率升高而抬高收益率时，摩根大通就因而赚钱。结果做空自己的交易获得了 19 亿美元的收入。同样的，摩根士丹利（Morgan Stanley）也通过做空自己的债券，减弱了金融危机期间及后来的亏损（Weidner，2011）。这就是华尔街，连自身亏损也能成为获利来源，创造出诸多衍生性金融商品，将风险分散并转嫁到没有能力处理风险的人们身上，金融业反倒成为金融风险的制造者。

华尔街代表着金融界渴望从人们的欲念中，创造出获利的机制。英国央行执行董事长霍丹（Andrew Haldane）坦承 20 世纪金融业的"有害发展"都来自银行"打破资本负债表枷锁"的渴望，人们希望可以不只是从资产获利，更能靠借贷过日子，而且还可以靠"卖债"来赚钱。于是，华尔街所代表的美国银行业发明了诸多衍生性商品，让他们瞬间暴富，更鼓励世人大胆加入赚钱的游戏。然而，这些"有毒资产"逐渐渗透到各金融体系中，美国人民也成了受害者。华尔街快速赚钱，让美国人投入高利润的金钱游戏，并将辛苦、获利较低的制造业外包到亚洲地区，专心由华尔街吸收全球资金，将借得的资金通过各种工具，重新投资到新兴市场以赚取资本利得（文翔一、吴挺锋，2011：109～111）。

事实上，金融衍生商品本身并不创造财富，也不创造价值，纯粹是将所有风险对冲，并利用财务杠杆获利。华尔街"创造"财富的秘诀，只是将其他人的资金或是未来的债务，转进自己的口袋中。一切合法，却比传统资本主义更有效地剥削没有能力反抗的群众。而被剥削者甚至无法意识到自己已被剥削的事实。

从 20 世纪 80 年代开始，金融资本主义不断通过扩张信贷来获利。在很长一段时间，信贷扩张成为金融资本主义发展的本质要素，不断扩大结果，金融资本主义已然渗透到日常生活各不同领域。由于效果非常显著，信贷扩张已经成为获利的保证，时间一久，金融家遂忘记信贷只是财富创造的中介，不能取代财富创造自身。甚至到了 2007 年金融风暴前夕，信贷扩张已达极限，景气翻转后，政府货币和财政政策工具都无法扭转局势。

金融风暴后，美国量化宽松以救世，效果相当有限。继先前救世投入超过 1 兆美元仍然无效，2010 年美国 QE2 再投入 6000 亿美元救市，以及 1 兆美元减税和转移支付，希望刺激消费和民间投资，以减少失业率并振兴疲弱的经济。然而，这么多资金投入，整体而言也只为第四季度带来 3% 的经济增长，到了 2011 年第一季度经济增长率又跌落到不足 1%，效果相当有限。金融风暴后，各国为了提振经济增长，希望通过本国货币的贬值以增加出口。这种货币政策如果只有少数国家实行，可能会有一定效果。然而，当所有国家都希望本国货币贬值以改善经常账的做法，却演变为巴西财长 Guido Mantega 口中的"货币战争"后，结果只造成了汇率波动，影响经济的稳定性，没有国家因而实质得利。

欧洲金融稳定基金（European Financial Stabilization Facility，EFSF）的 4400 亿欧元，虽然可以解决希腊主权债务危机，但只要意大利或西班牙任一国家国债违约，EFSF 的"战争基金"就将很快用尽，无法解决即将爆发的欧债危机。为了避免国家破产，债务减记已是势在必行，但减记的债务，将由以法国及德国银行为代表的欧美金融体系所埋单，大得不能倒的金融机构在面临破产危机时，不管国家是否出面拯救，后果都将要由全民埋单。

欧洲的问题还不只是主权债务的问题。长期以来，为世人所称道的社会福利在面对人口老化以及少子化后，"生之者寡、食之者众"的困境出现，赤字福利国家制度无法长期维持，终将拖垮国家财政，成为各国难以解决的难题。

无论"朝三暮四"还是"朝四暮三"，都只是玩弄文字游戏，总资产没有改变，唯一不同的是，什么时候消费，以及由谁来消费。过去，大家目光焦点放在当前所得分配的问题上，但是，真正严重的问题在于当所有人都希望先吃四根香蕉时，后代子孙可吃的香蕉已经被前人偷偷吃掉了。20 世纪 80 年代至今，30 年来持续高速增长的经验，我们以为是技术进步、网络普及，以及金融资本主义发展的结果，却不知在全球化发展的同时，各国主权债务飙升、民间信用扩张、社会福利承诺增加、退休准备严重不足，建立在平均寿命有限、人口红利丰沛、后进地区可持续剥削、信用仍可持续扩张、政府货币与财政政策总是有效的假设条件下，政治人物承诺的支出名目越来越多，债台高筑的结果是，终有一天必须面对债务偿还的压力。于是，名义上的承诺能够实现的唯一基础在于实质内容缩水，所有债务若非减记或是赖账，就都将面临破产的压力。提前享受、预支未来、债留子孙，已经成为当前最鲜明的写照。

六 结语

全球化为各国带来了机会与成长，然而，这些表面的繁荣景象是建立在信用扩张及持续成长的条件下，全球化促成产业外移，同时也加剧了就业技能工资竞争。诺贝尔经济奖得主斯宾塞（M. Spence）指出，伴随全球化发展，整个世界都将面临三大就业挑战：（1）创造足够的就业机会给进入劳动市场的生力军；（2）让技术与能力符合职缺的需要；（3）分配的挑战。

发达国家和后进国家都面临劳力过剩、失业率攀升的困境，多数人的实际工作与期待不符，即使就业，所得亦严重分配不均。以美国为例，2008 年——金融风暴前的 20 年，就业水平能够维持工资不致下跌，主要得力于非贸易部门制造出就业机会，并且以债务驱动过度消费，同时带动房地产需求所致；政府与医疗部门为美国自 1990 ~ 2008 年创造几乎高达 40% 的净就业增长率，2008 年才中止此一模式。全球各国政府快速扩张，尤其是在公共部门投入所产生的杠杆效应，达到甚至超过永续发展的限制，让全球化所造成的严重就业问题被高度繁荣所掩盖，直到金融风暴才打回原形（斯宾塞，2011：26 ~ 28）。

全球化所造成的结构性难题，无法在短时间全面转变。过去 10 年中，欧洲五国过度的财政赤字使民众储蓄减少、过度消费，造成经常账赤字越来越大，形成外部失衡。鲁宾尼指出，要真正解决只能通过"衰退性通货紧缩"（recessionary deflation），通过财政紧缩政策以及价格调整实现实值贬值，才能降低单位劳动成本，增加生产。然而，改革过程中价格和工资的下降，无法在短期内降低债务的实际价值，政府和私人债务人仍然可能破产。于是，像是意大利这种大到无法拯救的国家，一旦危机产生，强制债务重组只是第一步，接下来的就是退出欧元货币联盟，最后终将导致欧元区的解体（Roubini，2011b）。

面对金融资本主义的内在矛盾，时至今日，任何改革都为时已晚，需要真正有魄力的政治家，才能有效面对问题。然而改革是痛苦的，30年的沉疴，不会是一两年就能解决的。民众在高失业率、高物价、低经济成长的压力下，很难留给政治家改革的时间与空间。

于是，在不耐烦成效有限的情况下，政局动荡、更迭轮替将成为经济发达国家的常态。而新手上路的摸索期，又让稳定且持续的政策变得可遇而不可期。无知又无助的选民，只能享受朝四暮三的欢愉，受历史命运的宰制。

如今全球人口已经突破70亿人，每年仍然以8000万人的速度增加，环境、能源及粮食供给，都成为未来的难题。人类在地球上进化历时几百万年，却只用了几十年就超过地球可承载的限度。正如同"债务达上限、信用却扩张"的全球金融秩序考验一般，环境已超限，人口却持续增加，少子化与人口老化，让问题的严重性暴露无遗。

欧美发达国家失业率攀升，然而，年轻人的失业率更高于平均值甚多。这批受了更好教育、学有专精的年轻人，只因婴儿潮世代的挥霍，便被剥夺了他们未来的所得与工作机会。资源分配不公的差距日益扩大，金融资本主义让社会资源与财富更加集中在少数人手中。

面对全球化的转型与挑战，金融资本主义的内在矛盾逐渐显露。迄今的人类历史，皆是一部阶级斗争史。谁能想见，传统的阶级斗争已经随着时空改变，转换成世代间的矛盾与斗争，一场老人与未来的年轻人的斗争。而年轻人，在他们意识到问题所在时，命运已经被前人所决定。未来的年轻人，在还没踏入社会之前，就已经被剥夺四成未来收益。未来的年轻人，是人类有史以来受过最好教育的一群人，但是在"新常态"低经济成长与高物价、高通胀的压力下，就业机会受到限缩，若非成为"啃老族"，就往往会面临高不成低不就的生活困境，加上中产阶级逐渐消失，在贫富差距日益扩大的情况下，终将累积对社会不满的情绪。从北非、中东、英国、南欧到美国，这些不满情绪用不同方式表达他们的抗议。

每一社会运动都有抗议的对象，大家将焦点放在北非的反极权运动、中东的民主化要求、英国的移民工作机会、南欧的失业问题、美国肥猫的贪婪，却没能认识到这是结构性的问题，也是历史共业。所有这些不满，真正罪魁祸首是过去 30 年所有政客与一般民众的共犯结构，大家共同预支未来，将当前年轻世代以及未来世代可支用所得及信用挥霍殆尽，留下难以承担的债务。

除非一笔勾销，一切重来，否则年轻世代再怎么努力，终身所得已被剥夺四成，努力与奋斗还有什么意义？但是，一笔勾销，代表对老年人的社会福利支出、养老金承诺，以及手中拥有的各国国债全部抹去，在老年人口成为社会主要阶层之际，所有缩减福利的做法都将无法通过民主程序达到。讨好选民可以得到政权，却解决不了各种债务及信用的问题；严肃面对问题推动改革的政权都将难以获得选民的支持，政权更替，新的政治家还没熟悉相关事务，就面临下台压力；讨好选民的结果让问题更形复杂，任何可以真正解决问题的方法，还没提出前就注定无法通过议会审议。

不知不觉中，我们已经错过可以解决问题的最后机会。在"全球化"包装下，我们总认为明天会更好，却不知道，过去 30 年全球化扩张的结果，已经将资本主义内在矛盾能量逐渐累积。于是，河水暴涨、堤防松动，溃堤压力持续升高，未来几十年内，拆东墙补西墙的做法无法解决问题。面对未来金融资本主义的发展，在全球化格局下，我们要有心理准备。

参考文献

奥瑟兹，2010a，《可怕的市场崛起》，《金融时报》5 月 6 日，http://www.ftchinese.com/story/001032789。

奥瑟兹，2010b，《长线观点：警惕汇率战的双重风险》，《金融时报》10 月 11 日，http://www.ftchinese.com/story/001034946。

巴曙松，2008，《美元贬值：历史会继续还是会转折?》，载安迪森·维金《美元的衰落》，刘寅龙译，机械工业出版社。

彼得·杜拉克，1994，《后资本主义社会》，傅振焜译，台北：时报文化。

陈建宏，2008，《金融海啸之前因与后果》，12 月 20 日，http://www.fin.kuas.edu.tw/download.php? filename = 24_f6be55ed.ppt&dir = news&title = 金融海啸之前因与后果。

陈介玄，2002，《金融社会与道德范畴之发展：以华人社会为例》，载《第三届社会科学理论与本土化研讨会论文集》，嘉义：南华大学社会学研究所。

陈介玄，2005，《制度变迁与产业发展：从工业到金融体制之转型》，台中：文笙国际金融出版公司。

成思危，2003，《存量、流量、增量与股市相对规模——顺答米阿仑先生的质疑》，4 月 25 日，http://www.peopledaily.com.cn/GB/guandian/29/173/20030425/979762.html。

弗格森，2009a，《"世界金融史观"（六）——中美经济联姻（中文版）》，http://www.youtube.com/watch? v = ttecfSs4xno。

弗格森，2009b，《货币崛起：金融资本如何改变世界历史及其未来之路》，杜默译，台北：麦田出版社。

弗格森，2011，《从西方学者的视野看中国的崛起——哈佛大学尼尔·弗格森教授的文章〈绕中国而行〉（完整版）》，http://blog.sina.com.cn/s/blog_6ad60f5c0100qv1j.html。

格罗斯，2010a，《忘掉信用评经机构吧》，《Value》，6 月，http://www.valuegood.com/neirong/201006/002.htm。

格罗斯，2010b，《"新常态"的真正含义》，《上海证券报》，7 月 12 日，http://www5.cnfol.com/big5/fund.cnfol.com/100712/105，1489，8003247，00.shtml。

黑斯廷斯，2011，《骗子带领我们走入经济不景气》，《FT 中文网》8 月 24 日，http://big5.ftchinese.com/story/001040293。

黄文正，2009，《墨比尔斯示警：金融监管差，下波危机 7 年内爆发》，《中国时报》7 月 16 日，http://news.chinatimes.com/2007Cti/2007Cti-News/2007Cti-News-Content/0，4521，50401217 + 112009071600185，00.html。

吕鸿，2007，《真正的"泡沫"源头在西方，而非中国》，人民网，5 月 29 日，http://world.people.com.cn/BIG5/41217/5793583.html。

Madigan Kathleen，2011，《未来 14 年世界面临低水平增长》，http://cn.wsj.com/big5/20111109/rte074805.asp? source = newsletter。

曼威·柯司特，2000，《网络社会之崛起》，夏铸九等译，台北：唐山出版社。

斯宾塞，2011，《全球救失业陷 3 大挑战》，《商业周刊》第 1253 期。

斯坦福大学公共政策研究项目，2010，《美国市政养老金缺口日益增加》，http://www.cnpension.net/yljkx/2010 - 11 - 11/news1289456775d1190711.html；http://gate.tycool.com：82/gate/big5/www.tycool.com/2010/04/06/00015.html。

索罗斯，2009，《超级泡沫的破裂》，经济观察网，6 月 23 日，http://www.eeo.com.cn/observer/shijiao/2009/06/23/141198.shtml。

陶夏新，2010，《虚拟经济应与实体经济协调发展：国际金融危机的启示》，理论网，2 月 26 日，http://www.cntheory.com/news/guonjj/2010/226/10226119234187HKH6754AH1D735B9.html。

汪巍，2010，《后危机时期全球金融格局变化趋势》，《中国青年报》9 月 5 日，http://big5.ce.cn/gate/big5/intl.ce.cn/sjjj/qy/201009/05/t20100905_21790359.shtml。

王建、王湘穗、乔良、李晓宁，2006，《布雷顿森林体系解体催生"虚拟资本主义"》，

1 月 22 日，http://www.cul-studies.com/Article/economics/200601/3359. html。

Weidner，David，2011，《摩根大通通过做空自己获利》，《华尔街日报》10 月 14 日，http://cn.wsj.com/big5/20111014/bog162318.asp〈 〉。

文翔一、吴挺锋，2011，《美国 vs. 美国》，《天下杂志》第 485 期。

沃尔夫，2009，《全球资本主义的未来》，FT 中文网，3 月 9 日，http://caihuanet.com/zhuanlan/meiti/ftchinese/200903/t20090309_565191. shtml。

吴惠林，2008，《毁金融酿海啸别诬利伯维尔场》，《联合报》10 月 11 日，http://www.cier.edu.tw/ct.asp? xItem = 10076&ctNode = 61&mp = 1。

向松祚，2007，《全球经济可能步入高通涨高利率时代》，http://www.slmoon.com/sl-pages/200709/2550593320078200535260. htm。

佚名，2009，《美元跌跌不休全球资金流动转向》，《第一财经日报》11 月 20 日，http://forex.camase.com/n4146c2. aspx。

翟本瑞，1996，《东亚资本主义与台湾经验》，《鹅湖》第 21 卷第 8 期。

翟本瑞，2007，《华人资本主义的概念与意义》，《社会理论学报》第 10 卷第 1 期。

翟本瑞，2010，《世代斗争：台湾面对全球金融风暴的命运》，《社会理论学报》13（1）。

詹文明，2009，《养老金为什么要革命》，载彼得·德鲁克主编《养老金革命》，刘伟译，东方出版社。

张庭宾，2009，《金融危机如何从通缩演变成通胀》，《第一财经日报》5 月 13 日，http://www.chinareviewnews.com/doc/1009/6/7/0/100967010. html? coluid = 7&kindid = 0&docid = 100967010。

郑秉文，2009，《金融危机对世界养老金影响有多大》，《中国证券报》5 月 15 日，http://www.chinareviewnews.com/doc/1009/6/8/8/100968815. html? coluid = 7&kindid = 0&docid = 100968815。

郑秉文，2010，《（国财）退休基金面临投资新风险》，7 月 18 日，http://finance.sina.com/bg/economy/ausdaily/20100718/181899408. html。

钟边，2010，《美国地方政府无钱偿还养老负债申请破产》，中国广播网，3 月 22 日，http://news.sohu.com/20100322/n271011167. shtml。

Batty，David. 2011. "Private pension sworth 30% less than three years ago," 10/8, http://www.guardian.co.uk/money/2011/oct/08/private-pensions-worth-third-less.

Braudel，F. 1977. After thoughtson Material Civilizationand Capitalism. The John Hopkins UP.

Braudel，F. 1984. Civilizationand Capitalism，15 – 18th Century，vol. III：The Perspective of the World. N. Y. ：Harperand Row.

Chandler，D. Alfred. Jr. 1977. The Visible Hand：The Managerial Revolutionin American Business. Cambridge：Harvard UP.

Gokhale，Jagadeesh. 2009. "Measuring the Unfunded Obligations of European Countries,"

NCPA Policy Report No. 319. http://www. cato. org/pubs/articles/gokhale-NCPA-319. pdf.

Gross, Bill. 2009. "BillGross: '2 + 2 = 4' – 2009 is a demarcation point for 'private/public' partnership," 5/5, http://www. opalesque. com/IndustryUpdates/169/Bill_Gross_2986. html.

Herbst-Bayliss, Svea. 2010. "Hedge fund managers set new payout records in 2009," *Reuters*, 4/1. http://www. reuters. com/100401.

Roubini, Nouriel. 2011a. "Roubini Warns of Global Recession Risk" (Video), http://online. wsj. com/video/roubini-warns-of-global-recession-risk/C036B113 – 6D5F – 4524 – A5AF – DF2F3E2F8735. html? mod = WSJ_hpp_mpvidcar_1.

Roubini, Nouriel. 2011b. "Too Big to Fail, Too Big to Save: Thee conomic collapse of Italy will destroy theeuro." Project Syndicate, 11/11, http://www. slate. com/articles/news_and_politics/project_syndicate/2011/11/the_euro_is_doomed_how_the_collapse_of_italy_and_ greece_will_destroy_the_currency. html.

Stiglitz, Joseph. 2011. "Of the 1%, by the 1%, for the 1%." http://www. vanityfair. com/society/features/2011/05/top-one-percent-201105? currentPage = all.

Wahba, Philand Emily Chasan. 2009. "GeekstrumpalphamalesonWallSt," *Reuters*, 12/2, http://www. theglobeandmail. com/globe-investor/investment-ideas/geeks-trump-alpha-males-on-wall-st/article1385550/.

探索金融社会学的研究议题

——对翟本瑞论文的评论

艾 云*

显然，与传统社会相比，金融资本主义的全球扩张极大地改变了人们的经济生活内容，也在很大程度上影响着资源分配，塑造新的社会结构和群体关系。近百年来，全球社会发展的一个重要趋势是"金融社会"的兴起，这一新的资本主义力量给当代社会发展带来了全新挑战，金融社会学也必定日渐重要。我正有兴趣致力于开拓这一新的研究领域，目前对这个领域的研究问题较为生疏，翟本瑞教授《全球化的转型与挑战——金融社会学的考察》一文为我理解金融资本主义的现实图景提供了清晰的思想脉络与丰富的现实情境，也为中国社会背景下的金融社会学研究提供了诸多启示。

该文指出了金融资本主义作为主导全球经济与社会发展的基本要素，金融市场的运作实际是提前支配消费了过去世代和未来世代的可支配所得，由此提出一个基本判断：1971～2007 年的高速发展与繁荣景象，是透过预支未来世代的消费能力所达成的。资本主义制度在两个向度与大部分传统社会价值相违，其一是在资产负债表中，鼓励负债以增加资产；其二则是在总体经济模型中，鼓励提高消费以增加国民生产毛额。这两项简单说来就是"鼓励消费，增加负债"，借以扩充经济总量，以表现出蓬勃的交易。"消费、消费、再消费，借贷、借贷、再借贷"，广告大量宣传的结果是，金融市场运作反而成为主导社会运行的巨兽。无论从个人、企业、国家还是全球的格局来看，金融资本主义无处不在，金融市

---

* 艾云，社会学博士，中国社会科学院社会发展战略研究院副研究员，电子邮箱：aiyunpku@163.com。

场与社会行为和结构深深嵌入和相互影响，在一定程度上形成了金融社会。

随着人口老龄化和少子化等社会结构性问题的突出，未来将面临"世代斗争"的严重问题，现行的金融制度安排深深影响着代际分配及再分配，并可能带来极大的社会风险。该文从金融社会学视角解答了全球性的金融危机、养老制度的困境、国家或政府债务困境、未来的代际冲突等重大且核心的社会结构和变迁问题。显然，无论从社会学角度研究金融市场制度与组织、金融行为等，还是从金融市场角度讨论社会学经典问题，该文必定将推动社会学研究者对作为社会生活重要内容的金融领域开展更为微观且系统的实证研究。在翟本瑞教授的讨论基础之上，我们有必要重视在中国社会背景下的金融社会学研究，下面尝试着提出可能的主题。

第一，社会结构与金融市场结构。新经济社会学研究者特别注重社会关系或社会网络因素对市场交易成本的影响，但从社会学视角研究金融市场的文献并不多见。早期研究中，格力克（Click，1957）以芝加哥商品交易市场为基础，对金融市场进行了深入观察。他在将经济学家讲述的理性客观模式和他对金融市场研究的特殊性进行对比后发现，市场的正式社会系统是构建在完全竞争和理性经济行为的基础之上的。然而，由于源于市场背景普遍存在的不确定性，在金融市场产生了一种非正式社会系统，这种非正式社会系统在一定程度上是补充正式系统的，但大多数情形下是替代正式系统。这种非正式社会系统供给人们一种指导人们行动的稳定社会环境，减少了人们的不确定性。社会学家还关注人们的态度和信仰如何决定了股票、证券和商品选择，经济人的"喜欢"兴趣是如何变为社会人的"普通"兴趣的，以及市场危机的特征等（Rose，1951）。中国金融社会学的研究以基于社会网络的民间金融为主（张翔，2016）。无论是西方社会还是中国社会背景下的金融市场研究，社会学家对社会结构与金融市场结构的互构关系的研究还有大量的领域尚未涉足。

第二，金融市场与社会不平等。社会分层研究作为社会学的核心领域之一，随着金融市场的兴起，金融市场改变了个体的收入结构，金融资产成为人们重要的非劳动收入来源，也成为影响社会分层的重要机制。然而近年来，世界各地财富分配愈趋不平均，富者愈富，贫者愈贫，M型社会形成，中产阶级逐渐消失，金融资产阶级与金融无产阶级间的对立更加鲜明。现代金融体系反倒把风险转移给最没有能力面对风险的人身上，国家力量对金融市场的介入使得金融市场更为复杂，得不到金融资源、不能参与金融游戏的人，其资产与财富也将在金融社会中缩水。大量对金融市场风险抗击能力低的人，最终都将成为最大输家。所以有些人就更加贫穷，有些人就比别人更加富裕。那么，金融市场带来的新的社会不平等及其解决路径还有待进一步探索。

第三，金融风险与社会风险。金融社会高度发展促使风暴常态化，人类为了创造财富、规避风险所发展出的诸多金融商品，反过来成为金融社会的内在矛盾。金融社会崛起的同时，也揭示了人类社会迈向无法管控系统风险的新阶段。除了正规金融机构受各种因素影响而产生的各项风险，民间金融等非正规金融所形成的金融业务及其风险爆发状况也越来越普遍。有些金融风险与国家政府行为息息相关，具有全局性的影响，对人们日常社会生活的影响也是深刻的。

第四，虚拟经济下的金融货币。货币最早作为一般等价物，在当代金融市场的发展，特别是互联网金融兴起的背景下，要回答的一个基础性理论问题是"货币究竟是什么"。货币进入互联网——如比特币，成为一个社会资源提取权的凭证，若这是一种权利，那么和以前的产权研究联系起来，是如何得到社会认可的？可以说，货币本质上是一种得到社会广泛认可的权利。货币是如何得到社会认可、成为普遍的认同的，也有待从社会学视角进行讨论。

第五，关于金融从业人员与金融专家群体。随着信息技术和金融贸易的紧密结合，金融技术革命一方面为大众参与金融活动提供了更加便捷的条件，另一方面金融专家群体正在快速形成，本质上是一种社会分化现象。金融工作者是这个行业的主要推动者，讨论这个群体对金融领域群体关联和金融制度结构的影响与改变等也很有意义。

第六，关于金融行为。金融市场行为作为一种社会现象，总是在特别的社会结构中展开，深深受到网络、制度、文化意义等结构性因素的影响。研究者从社会心理学角度做了许多探索（周长城、殷燕敏，1999）。股民的交易在很大程度上受其他参与者在市场中言行的影响，股民的恐惧、忧虑和贪婪的情感，对经济形势的认知以及他们自身的心理倾向性是影响金融市场行为的主要原因。因此，金融市场的变化不仅仅是"客观"经济现实的函数，同时还取决于投资者的情感、个性、倾向性、主观认知以及投资者自己对经济环境的评价。社会学视角下的金融行为研究（王国伟，2011）有：（1）银行的角色和金融机构与非金融机构之间的权力关系；（2）资本市场中风险资本的投资选择；（3）股票价格形成的社会机制以及金融投机中的集体行动与金融危机；（4）社会结构和制度对金融公司合并行为的影响；（5）资本市场的管制与政府角色。虽然研究者已经做出了许多探索，但是这些研究问题的深入研究还明显不足，与其他经济领域的研究相比还有极大的开发潜力。

显然上述几个研究领域的讨论是粗浅的，需要大量深入、细致和系统性的研究工作。全球市场的迅速发展，经济体系以及各项国家工程都出现金融化的趋势，普通民众也通过股票、基金、个人投资等渠道融入金融市场。不夸张地说，当代社会的基础不是工业社会而是信息社会和金融社会。金融最大的特点之一是高经济风险和连带诱发的高社会风险，这一风险随着金融资本全球化越来越有着深刻的影响。在这个背景下，面对复杂多变的金融市场和社会结构的互相嵌入和重构，金融社会学一方面可以获得丰富的研究素材以推进理论研究进展，另一方面可以面对复杂的金融和社会问题做出社会预测、提出良善的公共政策。

参考文献

王国伟，2011，《经济社会学视野中的金融行为研究》，《学术研究》第 10 期。

张翔，2016，《民间金融合约的信息机制》，社会科学文献出版社。

周长城、殷艳敏，1999，《金融市场的社会学视野》，《社会学研究》第 6 期。

Click, I. O. 1957. *A Social Psychological Study of Futures Trading*. Doctoral Dissertation, University of Chicago.

Rose, A. M. 1951. "Rumor in Stock Market." *The Public Opinion Quarterly*, Vol. 15, No. 3 (Autumn, 1951): 461–486.

经济社会学研究　第四辑

第 56～78 页

© SSAP，2017

危机传导的社会机制[*]

刘世定[**]

摘　要：国际经济危机的蔓延和中国政府对此采取的强有力应对措施是 2008 年中国经济社会生活中的重要事件。以此为背景，本文运用社会学概念和工具，对经济危机传导的社会机制、从经济危机向社会危机传导的社会机制，以及政府应对经济危机的政策措施问题进行了探讨。

关键词：金融危机　危机传导的社会机制　非预期后果

一　引言

2008 年，源自美国的金融危机的影响不断蔓延，一些国家的政府，包括中国政府，采取了一系列应对措施。虽然当时我们对这场危机背景的了解还有待深入，但是有一点是可以肯定的，那就是危机的冲击已经出现。

面对经济危机和我国政府旨在扩大总需求的应对措施（我国政府迅速做出投入 4 万亿人民币以扩大内需的举措），凯恩斯主义似乎正在出现

---

*　本文曾发表于《社会学研究》2009 年第 2 期。本文是上海市教育委员会 E-研究院建设计划项目资助研究的部分成果。

**　刘世定，北京大学中国社会与发展研究中心、上海高校社会学 E-研究院教授，电子邮箱：liushd@ pku. edu. cn。

一场复兴，其分析框架和政策主张，至少在国内已成为主流思路。我们认为，局限在这样一个思路上是不够的。凯恩斯主义的基本学术路径可以说是对危机中出现的经济社会问题的经济学求解，这从他那本著名著作——《就业、利息和货币通论》的名称上也可以看出来。他主要面对的是经济危机中产生的一个重大社会问题——失业，而他用以分析的工具则是总需求、财政、金融等经济学工具。本文试图在另一个学术路径上进行思考，这个学术路径可以说是对危机中出现的经济社会问题的社会学求解。

本文将从危机传导的社会机制的角度进行研究。我们首先运用一些社会学概念工具讨论经济危机的社会传导机制；进而讨论从经济危机传导到社会危机的社会机制；在分析了这些机制之后，我们对当前应对经济危机的政策实施中可能出现的问题进行探讨；最后是一个简短的总结。

二 经济危机传导的社会机制

在宏观金融分析中，对于一项金融冲击如何影响经济行动者的行为从而影响经济总量变化的机制，通常主要关注的环节是：价格信号（包括利率、非货币金融资产价格、汇率等）、直接的信贷活动、资产负债表状况（负债和净资产变动）。无疑，这些都是非常关键的环节，经济危机也正是表现在这些关键环节的连锁反应中。但是必须看到，到目前为止的宏观经济分析中，有一些重要的社会过程尚未引起研究者们的充分重视，尚且缺乏深入的研究。而这些社会过程，或者本身就是危机传导的机制，或者在一定条件下可以转化为危机传导机制，因而为了防范和应对危机，这些社会过程是特别值得加以关注的。

在这里我想指出的是，在社会学的工具箱中，有一些工具对于我们理解和分析经济危机的社会传导机制，是有帮助的。比如，"自我实现预言"、群体规模信号和重要主体信号、非预期后果等，都是有分析潜力的概念。认为社会学在分析经济危机的传导方面毫无依凭，是一个误解。当然，社会学工具箱中现有的工具，并不够用，有的即使有用，但也并不完全适用。这恰恰是社会学在现实需要的激励下发展的契机。其实，回想一下面对经济危机的凯恩斯经济学建立之时，古典和新古典经济学的分析工具是根本不适用的，正是现实问题推动凯恩斯发展出了宏观总量分析工具。① 社会学者不能因现成工具不够用、不适用而放弃理解经济危机这一重要社会现象的责任，也完全不必因此而妄自菲薄。

（一）"自我实现预言"

这是社会学者都熟悉的由罗伯特·默顿提出的一个概念，它指的是：初始时的一个虚假的情境定义，由于引发了新的足以影响情境状态的行动，因而使原来被虚假定义的情境变成了真实的。有意思的是，默顿恰恰是以美国 20 世纪 30 年代大萧条时期一家银行的倒闭为例来说明这一概念的。一家经营状况良好的银行，在某一天偶然聚集了较多的人提款。于是有人据此做出一个判断：这家银行的经营出了问题。这本是一个虚假的情境定义，却在储户中流传开来。结果，大家争先恐后地提款，致使这家银行真的经营不下去了。这个结果，当然不能证明最早认为这家银行经营出了问题的那个人做出了正确的判断，而是预言影响了储户的行动所致（默顿，2001：287～288）。

当然，并不是任何预言在任何条件下总能够自我实现。一个虚假的情境定义，能够在人群中扩散开，并引导人们采取行动，需要具备某些特点。② 首先，这个预言要引起人们足够的关心，通常是人们期待出现或担心出现的；其次，它要和人们掌握的有限信息、人们的某些经验相吻合，否则不足为信；再次，它使许多人没有能力或者不愿花费代价去检验。

从个人行动的社会性角度看，个人的决策总是会受到他人的影响，影响的方式和机制则多种多样。在有的情况下，个人关注他/她的对手，根据预计的对手行为确定自己的行动；在有的情况下，个人受其熟人网络的影响；而有时，人们按照想象中的群体行为模式行动；在变化较为迅速的社会中，人们会把宏观走势作为决策的依据之一……当危机蔓延并可能最终影响到每个人的利益，从而对危机形成广泛的社会关注时，人们的情境定义也更容易联想到危机。这时，"自我实现预言"就可能成

---

① 凯恩斯写道："我将说明：经典学派之前提，只适用于一种特例，而不适用于通常情形；经典学派所假定的情形，是各种可能的均衡位置之极限点，而且这种特例所含属性，恰不是实际经济社会所含有的。结果是理论与事实不符，应用起来非常糟糕。"（凯恩斯，1957：9）

② 在个人行为足以影响事件结果时，个人预言可以通过个人行动实现。这种情况可能为心理学所关心，却不是社会学所关心的，也不是我们在讨论危机传导机制时关心的。我们关注的是预言通过集体行动自我实现这种情况。刘慧国（2007）对通过个人行动和集体行动实现预言做出了区分。

为一种危机传导的机制。①

"自我实现预言"在社会生活中广泛存在，其传导危机的途径也不止一条。默顿所讲的是金融领域中的例子，我们还可以举出一些其他的例子。比如，美国发生金融危机以后，美欧民众购买力下降，对中国出口商品的总需求减少，如果人们预言中国的外向型企业都难逃倒闭之险，于是抓紧断开和这些企业的长期关系——包括本来通过关系合约维系的债权债务联系，那么，真的就会加速这些企业倒闭，原本有可能调整销售市场和获得生存机会的企业也会被一锅烩掉。

从应对危机的角度着眼，在"自我实现预言"有可能传导危机的情况下，需要有"去自我实现预言"的机制发挥作用，这方面需要进行认真研究。有人可能设想通过制造和衰退相反的"预言"，借助"自我实现预言"机制来发挥反危机蔓延的作用，但这类技巧是很难奏效的。前面讲到，不是任何预言都可以引导集体行动来自我实现。在危机已经出现时，制造一个繁荣预言，和人们的经验相去很远，是不足以使人们相信的。② 比如，在楼市升到高位超出人们的承受能力已经出现逆转以后，某些人人为制造楼市价位即将反升的预言，是很难得到群体响应的。"自我实现预言"并非不受其他条件的约束。我们在这里还特别想要说的是，社会科学研究者不要去制造希图"自我实现"的社会预言，那不仅有违科学伦理，而且终将危害科学研究的正常社会功能。

（二）群体规模信号和重要主体信号

在危机传导中，除了价格信号发挥作用之外，还有一些非价格信号也发挥着重要作用。其中群体规模信号和重要主体信号是两类重要的非价格信号。

危机的蔓延常常有一个由缓慢发展到加速扩展的过程，这个转折有时是通过群体规模信号发生作用的。传统经济学假定个人在决策时不受

① 在默顿之后，谢林是接受了"自我实现预言"作为经济危机传导的一种机制这一看法的。他写道："20世纪30年代当人们都认为银行已经处于破产的边缘时，他们都会去银行挤提存款，从而导致他们担忧的银行破产。"（谢林，2005：96）

② 默顿曾写道："我记起当我阅读尼克松总统1971年的预算报告时的矛盾心情，他对经济的乐观预测，用他的话说是'自我实现的预言'。……但总统应该知道，代表公众的重要人物所做的预言要想自我实现，除了其他特定条件外，只有当这种预言获得了广泛的信任后才可能。"（默顿，2001：313）

他人状态的直接影响，这显然不现实，这并不利于展开许多重要问题的讨论。事实上，人们在消费、投资等方面，或大或小地直接受到他人行为以及他关注的其他行动者规模的影响（Becker and Murphy，2000：3）。韦伯早就指出过个人行动的社会性。受到社会学影响的经济学家加里·贝克尔把他人影响引入效用分析，提出了扩展的效用函数概念，为进一步的分析奠定了新的行为基础（贝克尔，2000：15）。托马斯·谢林在讨论受到其他人影响的行为及其宏观后果时，从物理学中借用了"临界密度"概念。谢林运用这个概念描述的是这样一个现象：个人在采取了某种行动的其他人达到一定的数量（或一定比例）之后，将被引发相同的行动，而在一个群体中，当参与某种活动的人达到一定最小数量（或一定比例）时，这种活动会自动持续下去。据此，他建构了一个模型（谢林，2005：74～89）。格兰诺维特受到谢林的启发，利用个人行动"起始值"概念（Threshold）讨论了由序贯个人行动形成的集体行动的特征，建构了一个和谢林相似的模型（Granovetter，1978）。他所谓的个人行动"起始值"就是使个人的行动得以发生的其他人的最低数量（或比例）。奥利弗和马韦尔等人在研究集体行动困境的克服时提出"临界数量"（Critical Mass）概念，用之讨论使后续行动规模迅速扩大的转折点（Oliver, Marwell and Teixeira, 1985；Oliver and Marwell, 1988；Marwell, Oliver and Prahl, 1988；张晓磊，2006）。

上面的那些研究虽然没有直接讨论经济危机的社会传导，但是其中提出的概念工具对于研究危机传导的社会机制是有帮助的。可以看到，诸如临界密度、起始值、临界数量这些概念，都和群体规模信号有关。

群体规模信号在危机传导中会发挥一种独特的力量。当经济衰退出现时，在失业规模、企业倒闭规模达到一定量之前，其影响主要是通过企业财务链条发挥作用，还不足以引起社会成员的普遍关注，人们还会按照常规方式来进行决策。但是，一旦失业、企业倒闭达到一定规模，其影响就不仅通过财务链条扩散，而且会形成一个独立的信号向社会成员发送。人们的预期会因此发生变化，行为方式也会发生变化。投资、消费趋于收缩，而这样的变化，又会推动危机的加速蔓延。

除了群体规模信号以外，经济危机由缓慢到加速的转折，有时也会通过重要主体（如大银行、大企业）垮台发出的信号而发生。在传统经济学的分析模型中，对行动主体的差异性没有给予足够的关注（虽然注意到市场势力有不同，但也只限于供求分析），特别是在完全竞争模型中，这种忽略达到极致。事实上，行动主体在经济体系中的地位是有差异的，而在危机的蔓延中，不同地位的主体卷入危机的经济、社会影响是不同的。有一些主体在经济体系中占据重要的位置，有重大的影响力。它们不仅在交易网、财务链中的地位举足轻重，而且具有象征意义。这类主体的经济运营一旦发生问题，其连锁反应不仅通过交易网和财务链发生，而且还向社会广泛地发出"经济出现问题"的信号。当意识到问题严重的社会成员们降低投资、消费以后，危机得以加速扩散。

面对危机传导中的群体规模信号和重要主体信号，需要有强信号才能适度抵消，在这里，政府的明智而强有力的措施正具有这样的信号功能。中国政府应对东亚金融危机中的作为即是一例。在 20 世纪 90 年代后期发生的东亚金融危机中，东亚各国货币纷纷降值形成潮流，发出强烈的金融危机将进一步深化的信号，许多人预言人民币即将降值，并抛售人民币，似已形成预言自我实现之势，但中国政府毅然宣布人民币不降值，发出强有力的反危机信号，遂使形势逆转。这是反危机史上信号战的一个重要案例。

（三）政府政策的非预期后果

在宏观经济学中流行的看法是，政府是熨平市场经济周期的力量。也就是说，当经济热度升高引发通货膨胀或显现出严重失调隐患时，政府会采取紧缩政策来使经济适度降温；当经济衰退出现时，政府会采取扩张政策来刺激经济回升，抑制经济衰退。这里，政府显然与衰退的加剧无缘。固然，这种分析架构中的"圣人"政府假定受到一些学者的批评。比如，政府行为研究者指出政府官员从其特殊利益出发具有财政扩张倾向，因而使财政支出存在升易降难的刚性。但这种批评也仅是指出政府具有不适当需求扩张的内在动因，而并未关注政府行为助长衰退的可能性。

事实上，政府的政策，撇开判断失误的政策（如经济已经不景气，但政府仍判断为过热，从而采取紧缩政策）不谈，哪怕是试图刺激经济回升的政策，有时也会成为危机传导渠道。我们不能用政府试图实施逆对经济周期风向的政策，就判断政府政策一定会得到逆对周期风向的结果。

这里存在由默顿提出的"非预期结果"问题。[1] 例如，政府的下调利

---

① "非预期结果"这个概念是默顿于 1936 年在《有目的社会行动的非预期结果》一文中提出的。关于此后这一概念的发展和影响，可见默顿《非预期结果及其相关的社会学观点：个人思想录》（默顿，2001：309～331）。

率政策，本是试图通过扩大贷款规模并借助乘数效应刺激经济回升的，但它同时也发射了一个经济处在衰退中的信号。这个信号不仅影响到借贷需求者，而且影响到非借贷需求者。人们会根据衰退信号形成预期，并根据这样的预期做出决策。如果衰退预期带来的消费、投资需求缩减大于利率下调带来的扩张，那么，至少在短期内，这种刺激经济回升的政策加剧了经济衰退效应。

有必要指出，政府的政策应对的问题是多方面的，远远不限于经济周期，而这些政策恰逢经济危机来临时，也可能出现非预期后果。这就产生了政府的应对危机政策和其他政策的协调问题。有时，其他的一些有道理的政策在经济危机来临时会成为强化衰退的力量。例如，一些劳动密集型产业发达地区的政府从长远发展考虑，出台了吸引高技术企业进入，而将劳动密集型企业逐渐挤出的政策。但替代尚未成功，危机的蔓延已经来临。此时，劳动密集型企业内外交困，加剧衰退。

上面仅仅是举出了几个在研究经济危机传导机制时有潜力的概念和工具。深入研究这些机制，并创造更为适用的分析工具，是社会学面对经济危机应当承担的学术任务。

三　从经济危机到社会危机的传导机制

孙立平教授读了笔者在"社会学人类学中国网"上关于危机传导机制的一篇短文（刘世定，2008）后说，不仅要注意经济危机本身的传导（如从金融危机传导到实体经济危机），而且要注意从经济危机向社会危机的传导研究。此言极是。

本部分仍从社会机制的角度考虑经济危机向社会危机的传导。

抽象而言，上面所讲到的经济危机的社会传导机制，也适合于社会危机的传导。例如，谢林讲到"自我实现预言"时举的一些例子——如果人们认为某些政治人物已经得不到多少人支持，那么他们就可能真的得不到什么支持；1960 年法国从阿尔及利亚撤军之后法国殖民者随之退出，居住在一些非洲国家的白人因为相信其他白人都要离开而抛弃自己的房屋和财产离开非洲——也可以看作在社会危机出现后使社会危机进一步传导的机制（谢林，2005：96）。

虽然上面那些机制对于我们研究各类危机的传导都是有帮助的，但是，在研究从经济危机到社会危机的传导时，还必须注意这两类危机衔接中的一些特殊问题。

经济危机导致的社会后果不仅是许许多多人的收入下降和财产缩水，而且通常还可能在较短时间内引起超常的社会分化。这可能导致两个后果：一是维系原有秩序合法性的意识形态被动摇；二是有较强社会活动能力的社会精英和在经济危机中受损的广大民众的新的结合。而这两个后果，正好孕育马克斯·韦伯所说的把社会不平等引向严重社会冲突的两个条件，即合法性撤销和魅力型领袖的出现（特纳，2001：164～167）。

诺思在讨论意识形态时曾指出其具有这样一些特点：它是与个人观察世界时对公正所持的道德、伦理评价交织在一起的，其固有部分是关于社会制度的公平或公正的评判；当经验与思想不相符时，意识形态会发生改变（诺思，1991：55）。诺思对意识形态特征的这一概括是值得注意的。在经济危机中，当经济衰退和社会分化并发而使许多人的绝对收益和相对地位都下降时，人们不可避免地会提出对社会制度、秩序、结构的公正性和合理性的质疑。① 这种质疑大到一定程度，会引起对原有制度、秩序、结构的合法性的撤销，此时便到了社会危机的关头。

经济衰退和社会分化并发症伤及的不仅是下层民众，而且也包括相当数量的社会精英和潜在的社会精英。这两种力量结合起来，加之对原有社会制度、秩序、结构的合法性的撤销，将会推动社会危机的深化。

依据对经济危机是否存在政府干预，从经济危机到社会危机的传导机制可以分成两类：第一类，没有政府干预下的传导机制；第二类，有政府干预下的传导机制。鉴于当时中国政府已经采取了积极干预的应对经济危机政策，我们将特别注意第二类。

在这里，我们认为首先需要避免一个认识上的误区：应对经济危机的扩大总需求措施会使所有受经济危机损害的人受益，因此扩大总需求的政策不会诱发社会危机。我们虽然尚未见到有关这种认识的明确表述，但是出于更好地应对危机的考虑，预先注意避免这种认识是必要的。

应当承认，这种认识不是没有道理。根据宏观经济学中的总供给和总需求分析，在资源未得到充分利用的条件下，通过财政和货币政策扩大总需求，会使均衡国民收入水平提高。这意味着，厂商可以生产并销售更多的产品，得到更多的收入；工人也可以得到更多的就业机会。这

---

① 社会科学工作者可以对公众的公平观念进行科学研究，但是公众的公平观念并不会依照科学程序形成。

看来符合帕累托改进的特征。

但是这种分析忽略了两点。第一，通过需求和生产之间不断的互动，增长的国民收入也许终将惠及所有社会成员，但是，这是通过一个过程才能得以实现的。在这个过程中，人们受益的先后次序将不同，和受益次序相联系，人们的后续发展机会和利益后续扩展的程度也会有差异。第二，即使社会成员在绝对收益方面都同时受益，也还可能存在相对地位的不同变化，而相对地位也影响着人们的效用或满意程度。这一过程所带来的绝对收益和相对地位差异，如果处理得不好，也是可能引发社会矛盾的。这两点忽略，是没有引入社会结构的静态总量分析的缺陷所致。

在《社会学研究》编辑部 2006 年岁末举办的"中国社会学的责任与承担：'社会主义和谐社会'建设的理论与实践"专题座谈会上，笔者提出应该把社会结构分析和经济总量分析结合起来形成"总量 - 结构"宏观政策分析的意见，并写成一篇笔谈文章（刘世定，2007）。在这里，我们想接续这一思路结合经济危机向社会危机的传导问题来加以探讨。

考虑到应对经济危机的扩大需求政策措施在拉动经济总量增长的同时也可能会导致更严重的社会分化，从而产生政策的"非预期后果"——由经济危机传导到社会危机，因此，在总量政策制定和实施的同时，考虑社会结构因素就显得非常重要。社会结构因素可以从不同的角度，以不同的方式和总量政策相结合。比如，我们可以将其具体化为两点：

（1）总量政策实施的社会渠道；

（2）人们在总量扩张政策介入下的利益差异，包括绝对收益差异和相对地位差异。

在最抽象的宏观经济学分析中，逆对经济衰退的扩张性财政政策通过由给定的边际消费倾向决定的乘数对国民总收入发挥作用，扩张性货币政策则通过货币乘数对国民总收入发挥作用，而对于财政政策内部、货币政策内部的政策实施渠道则略而不计。更具体的研究涉及政策实施渠道，如有关货币政策传导机制的研究就很重视货币政策的传导渠道，包括利率渠道、金融资产渠道、信贷渠道及汇率渠道的影响（Mishkin，1995）。但是，总体看来，对政策实施渠道的研究并没有和社会结构、不同社会群体的利益联系起来，或者说，总量政策实施的社会渠道还并没有受到重视。

把投资乘数和货币乘数作为给定的外生变量处理仅仅是一种分析上的便利，而乘数会因政策实施的社会渠道不同而不同，因此，扩大总需求政策的不同社会渠道会影响国民收入总量。由此来看，即使政策目标仅仅是国民收入总量，考虑社会渠道也是必要的。更重要的是，在影响总量的同时，社会渠道还影响社会成员的收益次序、后续发展机会、绝对收益和相对地位变化，影响着社会分化的状态。例如，在政府拉动内需的投放总量一定的前提下，通过公共工程来拉动内需，和通过刺激楼市回升来拉动内需，渠道不同，导致的利益格局也不同，化解或引发矛盾的状况也不同。

事实上，在 2008 年中国政府积极应对国际金融危机的冲击，采取扩张性财政、金融政策拉动内需的实践活动中，社会渠道问题已经引起重视。在一定意义上说，这表明实践已经走在学术研究的前面，并对学术提出了新的要求。在社会迅速变迁的条件下，包括危机传导的社会机制研究在内的"总量－结构"的经济社会宏观分析将有其用武之地。

四 可能的危险：谨防反经济危机措施 成为社会危机的传导渠道

2008 年 9 月之后的两个月中，中央政府出台了一系列应对经济危机的措施，引起了国内外的广泛关注，其中尤以 2008 年 11 月 5 日国务院常务会议研究部署的十项措施①及当时初步匡算至 2010 年底的 4 万亿元投资引起的反响最大。一时间，各地方政府和一些企业"跑部进京"，中央政府门前一片热闹景象。

根据前面对危机传导机制特别是从经济危机传导到社会危机机制的思考，我们认为，由于反经济危机并不必然意味着防止了社会危机，因此，在中央迅速采取大力度应对经济危机措施的过程中，必须谨防反经济危机措施同时成为社会危机的传导渠道。为此，我们在研究了当时政府出台的反经济危机措施后，提出以下三个值得引起警惕的领域。

（一）公共工程"大餐"激化社会矛盾

目前最引起各地政府兴趣的拉动经济增长的措施是加快公共工程建设。而我国的公共工程实施制度，包括正式制度和非正式规则，从发包到施工

---

① 十项措施包括：加快建设保障性安居工程；加快农村基础设施建设；加快铁路、公路和机场等重大基础设施建设；加快医疗卫生、文化教育事业发展；加强生态环境建设；加快自主创新和结构调整；加快地震灾区灾后重建各项工作；提高城乡居民收入；在全国所有地区、所有行业全面实施增值税转型改革，鼓励企业技术改造，减轻企业负担 1200 亿元；加大金融对经济增长的支持力度。

等各个环节，都存在缺陷，这些缺陷已经导致一些社会问题。最引人注目的两大社会问题（一是贪污腐败；二是损害农民利益的征地），大都和公共工程有关。公共工程实施中的制度缺陷并不会因为我们担心经济危机的进一步蔓延而立即消除。在正式的和非正式的制度缺陷没有改变的情况下，拉动内需的公共工程"大餐"有可能会成为社会矛盾激化的导火索。

如果在应对经济危机的过程中，出现了一批发"经济危机财"的蛀虫，同时借着反经济危机的大背景，又出现了大量不考虑农民（这些农民中可能包括相当数量的因经济增长速度减缓而失业回乡的农民工）利益和情绪的"征地事件"，那么，本来是既建设公共工程又拉动内需的好事，有可能会成为激化社会矛盾的导火索。也许经济危机缓解了，却传导成为社会危机，这个危险是必须要考虑的。

为避免这种情况出现，有必要在实施反经济危机措施的同时，努力革除公共工程实施制度中的弊端，加强监管。

（二）保障性安居工程引发社会不公平感

在政府出台的十项措施中，放在第一项的是加快建设保障性安居工程。这本是一个意在利民的工程，但必须考虑可能存在的非预期后果。这里想指出的是，保障性安居工程有可能引发严重的社会不公平问题。

保障性安居工程导致社会不公平问题产生的渠道有二。

第一，保障性安居工程建成后，面对的第一个问题是谁具有享用此保障的资格。这就涉及怎样确定标准、谁来确定标准的问题。确立了标准以后，又涉及如何去分辨享用者的问题。这里显然存在困难，标准模糊、不确定，而确定标准以后不易分辨（且不说负责分辨者从中追求私利）等问题，都是难以避免的。如果获益群体和社会认可的需要保障的群体之间出现较大差异，那么就可能引发社会不公平感。

第二，保障性安居工程推出和商品楼市之间存在一定的替代关系。保障性安居工程推出，会使一部分原来准备购买商品房的人放弃购买，等待享用安居工程房。这会降低对商品楼的需求，使楼市下滑，使现在已经投资房产的人资产缩水。这些利益受损者可能因此而产生对政策变化的不公平感。①

---

①　马克思认为，所谓公平不过是对不同的人使用同一尺度。而使用不同的尺度就会有不同的公平或不公平。所以，马克思拒绝在他的科学著作中和支持的政治纲领中使用"公平"概念。他在《哥达纲领批判》中，把"公平"称为"废话"。不过，现实中的人的行动却可能被"废话"所引导。

这两种不公平感是不一样的，牵涉的也不是同一群体。但不公平感可能使他们在对社会秩序的合法性问题上产生共鸣。

（三）分利集团的寻租活动导致更大的社会分化

应对经济危机强化了政府行为。在政府更强有力地影响资源配置的条件下，寻租活动的增加是不可避免的，分利集团的获益也是不可避免的。由此，在经济危机和反危机过程中将出现两种社会分化。一种是市场经济基础上的经济危机导致的分化，即一些经济、社会地位比较强固的人，从危机中走出来，甚至得到新的发展；而一些比较弱势的人，则受到破产、失业的打击，处于更加不利的境地。另一种是在寻租和分利过程中形成的分化，即寻租成功的获得超常的利益，而无缘寻租的则处在相对地位甚至绝对收益下降的状态中。

如果两种分化叠加起来，使在经济危机中本来占优的群体又在政府反危机措施中通过寻租和分利获得更大利益，那么，危机过去以后留下的将是一个更加严重分化的社会结构。如果没有适当的普惠性的措施，那么，经济危机过去以后，可能潜伏更严重的社会危机。

需要看到，在经济危机的影响来临之前，中国的市场经济就是一个充满寻租和政治分利的市场经济，因此，在这种市场中的占优者，常常也是寻租和政治分利的成功者。在应对危机的政府资源"大餐"出现以后，怎样既保持经济相对稳定的增长，又使社会分化不致进一步加剧，是一个难题。

由于寻租和政治分利的存在，因此即使从纯粹经济效率的角度看，中国这种市场经济的筛选结果也并非"优胜劣汰"。也就是说，留存并得到强势的，不一定是能够更好利用经济资源的，而被淘汰的，也不一定就是没有经济生命力的。倘若再引入其他一些社会指标，那就更不能如此简单判断了。这提示我们，在经济危机和反危机措施实施中，如何防止"劣胜优汰"，是一个需要认真对待的问题。那种认为危机虽然残酷，却是一个自然的"优胜劣汰"机制的看法，实在是太幼稚了。

五　总结

危机的社会传导机制是本文的研究主线。

笔者试图说明，主流经济学对经济危机传导机制的研究是有缺陷的，而社会学视角和某些概念工具的介入，则可以使我们对经济危机的传导获得更深入和更丰富的认识。

从经济危机向社会危机的传导并非必然，但是这种传导倘若发生，是有机制可循的。当我们把经济危机和社会危机联系起来考虑时，就需要一种新的宏观经济社会分析角度，笔者认为，"总量－结构"分析是一条值得探讨的路径。

本文虽然运用了社会学的某些概念工具来分析，但笔者并不认为社会学已经有足够的工具从事经济危机和社会危机研究。在这个方面，还留有许多工作需要做。

本文的某些探讨具有潜在的政策含义，但本文的基调是分析性的，而不是对策性的。

参考文献

贝克尔，2000，《口味的经济分析》，李杰、王晓刚译，首都经济贸易大学出版社。

道格拉斯·C. 诺思，1991，《经济史中的结构与变迁》，陈郁、罗华平等译，上海三联书店。

凯恩斯，1957，《就业、利息和货币通论》，徐毓枏译，三联书店。

刘慧国，2007，《社会预言的自我实现：借助模型的初步探讨》，北京大学校长基金项目论文。

刘世定，2007，《社会学与总量－结构的宏观政策》，《社会学研究》第2期。

刘世定，2008，《危机的传导：何种机制？何等后果？》，http://www.sachina.edu.cn/Htmldata/article/2008/11/1490.html。

罗伯特·K. 默顿，2001，《社会研究与社会政策》，林聚任等译，三联书店。

乔纳森·H. 特纳，2001，《社会学理论的结构》，邱泽奇、张茂元等译，华夏出版社。

托马斯·C. 谢林，2005，《微观动机与宏观行为》，谢静等译，中国人民大学出版社。

张晓磊，2006，《集体行动的数理社会学研究：当代重要文献分析》，北京大学社会学系硕士学位论文。

Becker, Gary S. and Murphy, Kevin M. 2000. *Social Economics: Market Behavior in a Social Environment.* Cambridge: Harvard University Press.

Granovetter, Mark. 1978. "Threshold Models of Collective Behavior." *The American Journal of Sociology* 83 (6): 1420 – 1443.

Marwell, Gerald, Oliver, Pamela E. and Ralph, Prahl. 1988. "Social Networks and Collective Action: A Theory of the Critical Mass. III." *The American Journal of Sociology*, 94 (3): 502 – 534.

Mishkin, Frederic S. 1995. "Symposium on the Monetary Transmission Mechanism. " *Journal of Economic Perspectives* 9 (4): 3 – 10.

Oliver, Pamela E. , Marwell, Gerald and Teixeira, Ruy. 1985. " A Theory of the Critical Mass. I . Interdependence, Group Heterogeneity, and the Production of Collective Action. " *The American Journal of Sociology* 91 (3): 522 – 556.

Oliver, Pamela E. and Marwell, Gerald. 1988. "The Paradox of Group Size in Collective Action: A Theory of the Critical Mass. II. " *American Sociological Review* 53 (1): 1 – 8.

面向重大经济社会现象探寻机制性解释

——对刘世定论文的评论

符 平*

一

经济社会学致力于社会学视角下经济的衍化与运作研究，是当今社会学最为活跃和最富前景的研究领域之一。该领域的国内外成果可谓浩如烟海，但总体而言由两大研究取向构成：其一是经济现象的社会基础，即社会对经济的影响（比如社会制度、社会结构如何塑造经济过程）；其二是社会现象的经济基础，即经济对社会的影响（比如经济制度、产业结构变革的社会后果）。综观国内的经济社会学研究，属于前一取向的成果多，践行后一取向的成果少。刘世定教授的论文《危机传导的社会机制》（以下简称"刘文"）实际上横跨这两大取向，该文首先分析了经济危机何以产生的社会机制，其次探讨了经济危机向社会危机的传导及其后果，充满深邃洞见，应该说无论是对于决策者还是研究者来说都是深受启发的。

刘文探讨的主题是经济危机与社会危机及其相互关系，发表在 2009 年，时值由美国次贷危机引发的国际金融危机呈席卷全球之势，其重要性不言而喻。相较于发表时的重大现实背景，该文的重要价值在我看来于当下也丝毫未减。这不仅仅是因为该文所探讨的一些具体现象和现实问题目前仍然存在，所形成的一些独到观点迄今没有过时，更为重要的是，刘文体现出了经济社会学研究的两种重要意识，值得我们高度重视：一是研究议题上的时代意识，即经济社会学理应积极回应当下时代的现

---

* 符平，社会学博士，华中师范大学社会学院教授，电子邮箱：pfu@mail.ccnu.edu.cn。

实问题，特别是需要对影响较大的经济现象、经济事件和经济制度进行深入探讨；二是分析进路上的机制性解释意识，即通过找出经济和社会现象何以发生的因果联系并通过理论上的抽象来探寻其中的社会机制。这两种意识理当成为提升中国经济社会学乃至一般社会学的学术水准、学理价值和实践意义的起点。

熟悉经济社会学史的人都知道，经济社会学的研究在20世纪早期随着古典社会学家谢幕之后的较长一段时间里是缺席的，以致整个社会学在那段时期所研究的问题大多属于其他学科不感兴趣、不大关注的边边角角的问题。或许也是从那时候开始，"政治学研究国家，经济学研究市场，社会学研究市民社会"的说法开始流传出来，而当时经济社会学也很难从所谓的"剩余社会科学"中发展起来。直至美国的新经济社会学自20世纪80年代兴起，一批社会学者开始从有别于主流经济学理论的社会学路径去分析经济现象，用具有浓厚社会学色彩的理论视角来补充甚至替代正统的经济解释，社会学作为一门"剩余学科"的状况才有了较大改观。

中国的经济社会学伴随着中国社会学自20世纪80年代的恢复重建而发展起来，虽已历经30多年的成长，但由于各种原因面向时代提出问题、关切重大现实问题的研究仍然欠缺（符平，2015）。换言之，经济社会学面向国家和地方重大需求、服务于经济社会发展同时又在理论上有实质性推进的成果并不多见。而这也与社会学的整体现状相似，即对当今社会的重大现实问题与重要发展趋势缺乏应有的回应和关注，同时在社会学理论的推进和建构上也付之阙如。近些年来，多位有影响力的社会学者在不同场合对此有过反省和批判，并表达了某种忧虑。其中最为让人印象深刻的莫过于沈原教授的警句："面对社会转型带来的巨大想象空间，社会学竟然没有能力提出振聋发聩的好问题；面对剧烈变动的社会现实，社会学也竟然缺乏恰当的理论和技术手段加以研究和测量"（沈原，2007：355）。[①] 此批评可能对社会学的"森林"而言是没错，而聚焦具体"树木"却不尽然。

刘文可谓既提出了切中时代脉搏的好问题，同时也有精到的理论分析。作者以国际经济危机的蔓延和中国政府采取强有力的应对措施为背景，从社会学角度对经济危机本身的传导以及从经济危机向社会危机传导过程中的社会机制进行了探讨，同时也探讨了政府应对经济危机的政策措施，显然在当时为人们更全面地理解经济危机问题提供了很有意义

---

① 实际上，相对于不断进步并应用于研究中的丰富技术手段，社会学理论的发展相对滞后很多。

的思考方向，也能为政府应对危机时的战略举措提供决策启发。因此刘文给我们的启迪首先是，研究者有必要在有限的时间精力约束下对研究议题予以认真斟酌，对处于大变迁时代的中国经济社会学者而言，理应抓住前所未有的学术际遇面向重大经济社会现象选择研究课题。

尤为重要的是，刘文所探讨的危机传导的社会机制是对重大经济社会现象的机制性解释的探寻，我认为这不仅对经济社会学的研究路径具有重要意义，而且可以为社会学的其他研究领域乃至一般的社会科学研究提供有用的理论工具和分析思路上的启发。

二

社会学者的任务不仅在于描述和记录这个时代的变迁，也在于尽可能地对变迁的原因、过程与结果进行科学的解读和解释，以在学术知识上形成积累和推进。前文所述经济社会学的两大取向，也可谓经济社会学的雄心所在。换言之，经济社会学者试图做的工作是在经济现象与社会现象之间架起有机的关联，而复杂和精妙之处又皆在于此。这种关联是如何产生的？在具体的现实情景下又如何起作用或发生怎样的变化？近数十年以来，针对林林总总的经济社会现象，社会科学广泛地探索了是什么原因（自变量）影响或导致怎样的结果（因变量）。但这其中实际上还存在一个黑箱，即这样的影响过程是通过何种作用机制产生的，这在多数情况下仍是未知的。

刘文所探讨的危机传导的社会机制，在分析上代表了一个非常重要的探究方向，即对重大经济社会现象探寻机制性解释。尽管解释的目标和策略在社会科学界见仁见智，但研究着眼于导致社会现象产生的社会机制，被当代一些重要的社会学家寄予厚望。尽管社会学者历来擅长结构与制度分析而拙于解析"机制"，但布迪厄还是指出："社会学的任务，就是揭示构成社会宇宙的各种不同的社会世界中那些隐藏最深的结构，同时揭示那些确保这些结构得以再生产或转化的'机制'"（布迪厄、华康德，1998：6）。甚至有学者认为，社会科学里"合格的解释"就应该是基于机制的解释[①]（Hedström，2005：2）。

_____

① 对机制性解释的逻辑及较为系统的讨论参见 Hedström，2005；Hedström and Swedberg，1998。限于篇幅，不展开阐述。

相较于对现象贴标签进行定义的解读方式，或通过说明某种一般性理论纲领并将具体现象与之相对应的理论套用，以及对解释项与被解释项在统计上的相关关系分析，揭示社会现象中的社会机制是社会科学尤其是社会学研究当前较为新颖的值得探索的路径。

对于宏观金融冲击如何影响经济行动者的行为从而作用于经济总量变化的机制，自我实现预言、群体规模信号和重要主体信号、政府政策的非预期后果是刘文重点讨论的几个社会机制。而且，刘文最后还着重分析了反经济危机措施产生非预期后果的问题。2008 ~ 2009 年的金融危机肆虐于发达国家并呈现蔓延和危及中国经济之势，在诸多经济学者纷纷各抒己见而社会学者却普遍噤若寒蝉的场景下，刘文具有某种独特的意义和重要价值。

该文表明，社会学面对经济危机这样重大的经济现象同样有能力进行回应，而且社会学的概念工具箱里就有一些现成的概念和理论模型可以拿出来使用。尽管如此，但是现在回过头来重读此文并吹毛求疵，我认为在对危机传导的社会机制分析中，刘文如果能够根据机制所归属的层次和类型进行区分，并结合危机传导的关键环节讨论不同机制之间相互连接的方式以及重要机制发挥作用的条件，会更有助于我们对危机传导问题的理解。

社会机制本身存在不同的类型，造成某种具体现象产生的多种机制亦蕴藏在处于不同时空次序的复杂社会过程之中。有些机制的作用可能会相互抵消，另外一些可能是共同起作用（Hedström and Swedberg，1998），还有的机制要发挥作用则可能需要以其他基础性机制作为条件。正如赵鼎新（2004）所说，一个复杂的社会事件总是由许多个社会机制有机地组合而成，并且这组合方式及其各个机制对某一事件形成的贡献不具任何普遍的确定性。在危机传导的机制分析中，可能不仅需要说明起到主要作用的核心机制是哪几种——不同机制的重要性程度是不一样的，还应阐明它们之间的相互关系如何。同时，特定机制得以发挥作用都建立在一定的促发条件和基础之上，会产生不同结果的成对的两种机制在各自的理论前提下都是自洽的和正确的，而在现实中也可能在同一社会过程中同时运作，但最终结果是什么则取决于机制运行其间的真实的外部约束条件。刘世定（2016）曾指出，对于理论模型"要明确给出特定变量间的关系存在的前提条件"，这对于社会机制是同样适用的。刘文在这方面有所提及，比如指出了"自我实现预言"并非不受其他条件的约束

（其他几种机制同样如此），但这些条件是什么尚缺乏明确的澄清。

　　还有一个值得商榷的问题是，"政府政策的非预期后果"所界定的究竟是一种社会机制还是一种社会现象？这个表述的原初思想来源于默顿的著名论断"目的性社会行动的非预期后果"。默顿指出，目的性社会行动的结果源于行动与客观情景之间的相互作用，因此特定条件下的行动有着多种可能的后果，亦存在行动者事先并不想要且未曾预料到的客观后果（Merton，1936）。政府政策的非预期后果自然属于这一母命题。然而，默顿的洞见虽然在社会学界广为传颂，但从根本上而言其可能只是对一种有待解释的重要社会现象的理论定义。尽管这一洞见提醒了我们需要认真对待目的性社会行动的非预期后果特别是反向的社会后果何以发生及以何种形式发生的问题，但是对于现象的定义并不构成理论或机制本身，更无法实现解释的目标。

　　尽管如此，该论断的价值尤其是社会意义不容低估。当发生经济危机或经济处于下行趋势时，以刺激经济回升为目标的政府政策（乃至包括更广泛的政府行为），发生事与愿违且未被预料到的负面后果是较为常见的现象。政府好心办坏事、吃力不讨好的事例不胜枚举。在经济的稳定时期，对于以经济增长为主要追求目标的政府来说，即便其"扶持之手"的初衷是通过有效的市场规制、精准的产业政策促进经济更好地发展——政府组织本身没有恶意破坏市场良性发展的动机，却可能导致市场逆向选择、产业结构失衡、利益相关者"移花接木"进行政策套利等非预期后果。在这个意义上，分析社会机制在这个过程中是如何引起政府行为动机与实际发展结果相悖的问题，显然具有探索意义。

　　事实上，指出"政府政策的非预期后果可能会是什么"还不够，需要分析的是特定的非预期后果在什么样的社会结构条件和怎样的社会机制作用之下发生的可能性很大。刘文正是在这一方向上指出了政府出台反经济危机措施后特别值得引起警惕的三个后果。现在多年过去了，我们完全可以说，刘文所指出的非预期后果实实在在地发生了，而且有的影响直至现在不但没有消退，反而变得更加深重——非预期的诸多现实后果何以至此，以及不同后果在严重程度和影响上为何有差异，同样也是值得分析的问题。公共工程"大餐"所激发的社会矛盾，是包括但不限于刘文指出的那些方面，比如由于当时政策导致某些产业和行业的产能过剩到近年来才逐渐凸显出来，而当前化解产能过剩则又激发了新的社会矛盾。刘文讨论的重要主体信号机制特别是政府的信用信号发送在遏制危机传导过程中也的确发挥了重要作用，而这种信号在经验研究中也被证明对现实金融市场的结构和秩序产生了真切影响（参见张翔，2016）。

三

关于何谓社会机制以及机制性解释背后的方法论，在社会科学界仍然存在争议，相关理论问题远未达成共识。尽管如此，社会机制作为一种解释手段，试图综摄诸多相互冲突的认知论与本体论的优势，避免滑向任何一个极端（李钧鹏，2012），这种学术努力业已得到学界较大范围的认可，值得进一步推进。借助该文的讨论及引发的思考，我认为还有比较重要的相关问题值得在此展开讨论，而这其实超出了刘文的范畴。

如前所述，社会机制不仅繁多，而且需要分类，而分类可以有不同的标准和依据。我认为从其被建构的途径来看，社会机制大体可以区分为三种类型：①基于纯粹的理论演绎即属于形式理论模型的机制，如微观经济学的需求－供给机制、生产可能性边界模型；① ②主要基于经验事实归纳但辅之以理论演绎的机制，如张翔讨论的信息甄别机制（2016：141～195）；③基于经验事实提炼的机制，如组织社会学新制度主义中关于导致组织同构现象出现的若干具体机制。相较于一般经验研究，形式理论的建构目的并不在于追求主要基于经验事实的理论抽象，而是通过设置若干基础假定，仅以此进行逻辑推导，并得出新的结论或猜想（刘炜，2016）。经济学为了分析上的便利，其建构的形式理论着眼于抽象理论自身的演绎，其诸多假设本身并不是建立在真实条件基础之上的。社会学虽然也建构形式理论，但更多的是属于非形式理论，且与真实世界发生联系，多数社会学机制都隐含了行动者作为社会人存在、其选择行为受社会结构影响的假设。不过但凡"机制"，都是对现实的抽象，或多或少采取了科学中的化简主义策略来确立一种因果联系。

上述后两类机制即便是抽象的理论概念，也都和真实现象发生联系，因而不同程度地具有社会事实的理论适用性。值得单独提出来讨论的是

---

① 更多关于形式理论模型的特征阐述参见刘炜（2016）。值得注意的是，形式理论模型的建构有的是从简单案例或复杂事件中得出的（或者以真实事件作为引子，而后设定理论假设进行理论推导），这种机制从表面上似乎是与真实经验发生了联系，但实际上还是理论演绎的产物，其所涉及的事件真实与否并不重要。

作为形式理论模型的机制。形式理论模型对变量之间关系的简化呈现的确有助于我们理解现实的经济社会现象，但如何对待作为形式理论模型的社会机制与需要解释的现实现象之间的关系呢？或者说，其是否可以直接应用到对现实现象的解释中去呢？这尚存疑虑。我的一个不大成熟的想法是，形式模型的机制可能对于预测现象（从而为人为干预提供理论依据）更有用，比如在政策变化或新政策出台前评估不同方案的优劣和效用，而后两类机制则更适用于解释现象。刘文恰恰正是在前一层面讨论经济危机传导的社会机制以及反经济危机措施可能导致的后果。

形式理论模型实际上是对真实的模拟，但又无法还原到真实世界中去。可以说，自我实现预言、群体规模信号均属于形式理论的概念范畴，群体规模信号更是直接与格兰诺维特建构的门槛模型这一形式理论相呼应。作为形式理论模型的机制性概念与从经验中提炼出来的抽象概念和理论模型不仅在建构途径而且在功用上都是不同的。这种类型的机制如果比照现实进行因果解释，则存在更大的危险，因为这样的形式模型仅仅只是一种"思想实验"，都是在假定其他因素不变的基础上再分析某种特定因素的变化怎样影响结果的。一如刘文所指出的，不是所有的预言都可以引导集体行动来实现。而这又是通过改变假定的约束条件从而在理论上探讨另外一种可能的结果，无论是在理论上还是现实中，与自我实现预言机制相反的机制"自杀性预测"（即某种预言的流传反而导致相反结果的发生）在特定的促发条件下同样也有可能发生。而如果我们将这类机制（还包括"以牙还牙"、"偏好伪装"、"马太效应"、"公地悲剧"等形式模型）应用到对既已发生的现象的分析和解释中去，便有可能是削足适履，存在事后诸葛亮之嫌。而无论是将社会机制运用到对社会现实的分析还是对社会趋势的研判，机制运作过程中所面临的关键的真实性约束条件是什么，都需要甄别出来并结合机制发挥作用的过程来讨论这样的条件对机制作用所指向的结果会施加何种具体影响。

此外，如何看待机制性概念与社会科学理论之间的关系？机制性解释本身是理论解释还是仅属于理论解释的一个方面，或者说是理论化的一个可及途径？对此，我们也还需要对此问题感兴趣的同人深入讨论。我们可以借助于社会机制对社会现象形成更好的解释，但发展和推进社会科学的理论或许是另外一个问题。尽管如此，机制性概念应该是建构社会学中层理论的关键基础，而机制性解释的探寻对于社会科学真正实现解释目标的意义是毋庸置疑的。赵鼎新（2004）甚至指出，一个理想的社会科学研究状态应是一个以机制为基础的、在大结构理论指导下的实证研究；而敏锐的解读则是发掘微观机制有机组合方式及微观机制、宏观结构之间的互动关系的基础。

问题在于，社会学既有的理论工具箱里充斥着大量的结构类概念和现象概括类概念，而这样的机制性概念还很少。刘文亦指出，"本文虽然运用了社会学的某些概念工具来分析，但我并不认为社会学已经有足够的工具从事经济危机和社会危机研究。在这个方面，还留有许多工作需要做"。建构和发展社会学的机制性概念需要我们从不同的学科中汲取养分，避免基于自身学科传统画地为牢的做法。经济社会学发展机制性概念并建构相关理论模型，尤其需要注重社会学与经济学两学科知识的互动。诚如刘世定（2014）所言，"（经济社会学）存在的'合法性'就在于这种互动正在创造新的理论基础"。而"发现"经济现象中的社会机制并建立起相应的理论模型，正是这种新的理论基础的重要组成部分。循此路径，经济社会学的"合法性"无疑会进一步增强，也更有望发展成为一门经世致用的学科。

参考文献

布迪厄、华康德，1998，《实践与反思》，李猛、李康译，中央编译出版社。

符平，2015，《新世纪以来中国经济社会学的成就与挑战》，《社会科学》第 11 期。

赫斯特洛姆，2010，《解析社会：分析社会学原理》，陈云松等译，南京大学出版社。

李钧鹏，2012，《何谓社会机制？》，《科学技术哲学研究》第 1 期。

刘世定，2009，《危机传导的社会机制》，《社会学研究》第 2 期。

刘世定，2014，《回顾与建议（代序）》，载沈原主编《经济社会学研究（第一辑）》，社会科学文献出版社。

刘世定，2016，《理论模型与案例的对话》，华中师范大学"开放与交叉"主题学术讲座。

刘炜，2016，《门槛模型：一个社会学形式理论的建构与拓展》，《社会学评论》第 6 期。

沈原，2007，《市场、阶级与社会——转型社会学的关键议题》，社会科学文献出版社。

赵鼎新，2004，《解释传统还是解读传统？——当代人文社会科学出路何在》，《社会观察》第 6 期。

张翔，2016，《民间金融合约的信息机制》，社会科学文献出版社。

Hedström, Peter and Swedberg, Richard. 1998. "Social Mechanisms: An Introductory Essay," in Hedström, Peter and Swedberg, Richard eds. , *Social Mechanisms*, pp. 1 – 27. Cambridge: Cambridge University Press.

Hedström, Peter. 2005. *Dissecting the Social: On the Principles of Analytical Sociology*. Cambridge: Cambridge University Press.

Merton, Robert K. 1936. "The Unanticipated Consequences of Purposive Social Action. " *American Sociological Review*, 1 (6).

经济社会学研究 第四辑
第 79~107 页
© SSAP, 2017

国有银行信贷调查和审查过程中的
社会指示器与社会规范*

陈一豪**

摘　要：在信贷调查和审查过程中，国有银行的规章制度规定了许多程序上的指示器，或说信号，来判读企业的贷款风险，以决定是否放贷以及贷后的管理行为。但在具体的运作中，贷款活动又不可避免地受到各种社会规范的影响。

本文从 HY 支行入手，详细描述了其特殊的"二元性"贷款结构，这主要是特殊的"行业指示器"因卸责机制而变异为"所有制指示器"而形成的。在理想型的信贷调查和审查中，财务报表作为最核心的正式指示器是受到广泛质疑的，但这并不会产生类似"柠檬市场"中的逆向选择问题。由于各家银行的解读报表能力的差异，以及各种社会规范的影响，较弱的银行会寻找替代性的"人品"等非正式指示器来预防贷款风险，那些较为诚实的借款者并不会完全被逐出信贷市场。

本文在详细描述了国有银行信贷调查、审查过程中出现的各种正式指示器的同时，阐述了这些正式指示器出现的变异，分析了各种社会规范作用下所出现的替代性的"非正式指示器"，并对卸责机制和微观制度的稳定性做了简单讨论。

关键词：社会指示器　社会规范　卸责

---

* HY 支行《信贷资料汇编》（1993~2007 年），各种内部资料（2000~2006 年），HY 支行被访谈人访谈资料、A 省分行信贷管理处和另一股份制行信贷员。
** 陈一豪，社会学硕士，就职于上海银行北京分行，电子邮箱：yueguangxiachen@gmail.com。

商业银行发展至今，随着利率市场化以及竞争日趋激烈，已出现商业银行投行化等混业趋势。但无论监管政策、市场产品和交易结构如何变化，仍可以看出所有制指示器及各类非正式制度贯穿于银行授信的客户营销、利率定价、贷款管理等诸多环节。希望本文的案例梳理及初步探讨能对从社会学角度切入现实金融的分析提供一定素材。

一 问题的提出

银行信贷活动中的一个核心环节可以假定为防范风险即贷款的安全性收回。依据信息不对称理论，委托方不可避免地要依靠一些指示器来对代理方的真实状况做出判断（参见阿克洛夫，1971）。为解决银行和借款方之间信息不对称问题，防范和降低风险，中国的各大商业银行均对信贷调查和审查过程做出了一些程序性规定，甚至规定了一些指示器或说信号，其中财报具有显著的地位。

然而，在调查 A 省某国有商业银行 HY 支行时，发现其对财报的使用是不太重视的，排除掉放款决策者的受贿可能，银行有时仍会向对方发放贷款。在该行客户结构中也发现一个很奇特的二元化结构，上级行规定的程序虽然试图覆盖整个信贷调查和审查过程，但从具体操作看仍是粗线条的。因此，我们提出如下问题，该行客户二元化结构形成的原因是什么？业务人员如果未太重视财报，那他们是依靠什么来决定调查及审查的？是否存在非程序规定中的信用指示器来影响运作？这些指示器背后隐藏了什么样的运行逻辑，在财报普遍失真的情况下，为何未出现"柠檬效应"等市场失灵？本文试图对这些问题做一探讨。

二 资料获得方法和研究框架

笔者能够从 HY 支行和 A 省商业银行获得比较完整、详细的资料，如年鉴、各种内部文件、统计报表、客户资料等，与该行领导和原同事也保持着良好的关系，他们愿意协助笔者进行访谈和资料搜集，因而在进入和搜集资料方面不存在太大的障碍。这些都有利于笔者开展调查和研究，得以采用文献研究和深度访谈相结合的方法，对国有银行的贷款调查和审查过程做较为真实、全面的描述。

2007 年 5 月 24 日至 6 月 6 日，笔者和一位博士师兄在 B 市做了 10 多天的个案访谈，走访了客户部门，信贷调查、审查部门，以及法律部门的负责人。7月中旬，笔者又做了一周的访谈和调查，涉及被访者的工作职责、业务流程操作和对信贷流程操作的理解和评价。由于涉及商业银行的商业机密和一些敏感问题，笔者对访谈资料进行了处理，隐去城市名称、银行名称、企业名称和人名，对能明显体现出个人特征的部分也做了修改。

三　A省商业银行和HY支行信贷总体现状

本文的研究对象——HY支行，位于A省省会B市，2000年从某国有银行省分行国际业务部独立，属于省行三家直管支行之一。省行设立于1980年，在全省按行政区域设立21家二级分行。HY支行同时是省行系统外汇业务主要经营行，从规格上和B市分行等二级分行平行。HY支行当时有营业部（分行一楼）、分理处（分行国际业务部）两个网点，2003年在B市商品期货交易所增设分理处，但随后在省行推进的"扁平化"改革中，营业部和交易所分理处两个网点被划走，成为全省唯一的单网点二级分行，机关人员精简为15人。

（一）贷款及收入结构

截至2006年末①，HY行各项贷款余额38.95亿元，企业客户占比在99%以上。从贷款结构上看，该行68家贷款客户前10大户贷款余额32.57亿元，占贷款总额83.6%；最大客户A省交通厅公路局28.43亿元，占比73%，且期限在10年以上，担保方式为收费权质押。

从收入结构看，该行主要收入来源仍是息差收入。2006年贷款利息收入2.01亿元，中间业务收入123万元，其他营业收入33万元（主要是外汇买卖）。息差收入中，A省交通厅公路局2005年贷款利息收入1.61亿元，占总利息收入77%；2006年利息收入1.67亿元，占总利息收入83%。大客户贷款利息收入是该行的最大收入来源。从信用等级看，BBB级准入以上的客户呈现单户金额大、占比高的特点，仅18户，但总额占比超过90%，最大户公路局评级并未达到AAA级别，仅是A+；准入以下级别单户分散，如C级别客户为38户，但贷款余额仅5200万元。

从贷款结构看，该行呈高度集中及"二元性"的贷款结构，几乎整

---

① 本文数据若无特别说明，均是截至2006年末时的数据。

个支行是在依靠着一两个带有典型政府背景的大户生存。

（二）贷款正式流程

"审贷分离"是商业银行法的明确要求，HY 支行也执行该制度。贷款基本流程主要有"客户申请—受理与调查—审查—审议与审批—报备—与客户签订合同—放款—贷后管理—信用收回"等环节。受理与调查一般由银行的客户部门完成，或称"前台"，审查则由信贷管理部门如行内所设的信贷科负责，出具具体意见（包括主体资格、贷款是否可行、期限金额方案是否合理、还款是否有保障等）后，报支行贷审会审议，而有权审批人①根据审议结果进行审批；超权限通常要备案记录，并报省分行审批。审查及审批一般称为"中后台"。

"中后台"部门一般不与客户直接联系，如果有相关疑虑，通常会通过联系前台客户经理完善调查内容。从正式流程上看，"中后台"主要是依据"前台"部门提供的企业各类基本情况等纸质材料及问询回复等形成风险判断，提出意见或相应的控制措施。这是主要的控制手段。"信贷部一般不与客户直接接触，但贷后经领导批准后，可以延伸到客户，包括对企业用信、财务状况、其他因素的调查。""客户部门主要进行主体资格等初步调查、评估贷款是否可行并出具意见，信贷部门则通过审查相关资料，进行进一步相关资料的提交和补充，在贷后管理方面进行行业风险提示预警与实施，更进一步精细化管理。简单地说，客户部门负责调查，主要管理偿付；信贷部负责审查，主要管理风险。"

四 正式规范中的技术指示器

——"财务报表"

通过对 HY 支行正式制度的梳理可知，财报在授信流程各环节具有重大作用。客户的准入退出、风险审查、信贷定价、授权授信管理等工作，均离不开财务数据的身影。主要体现在以下五个方面。

（一）准入

申请人一般需要按银行要求提供资料清单，清单通常会包括营业执

---

① 通常为主抓信贷的副行长或行长。

照等四证、贷款卡、财报（近 3 年完整、经审计及近期的）、用途说明以及力证自己具有还款能力的相关材料。

对企业授信审批之前，银行通常会对申请人做信用等级评论，BBB 级以上方可进入。商业银行体系对客户评级仍多延续了打分表方式。为防止出现人为操作空间，信用等级中涉及财报等定量指标占比较高。以 HY 支行为例，信用等级测算糅合了财务和非财务方法，和银行内部客银关系、客户贡献率等的测评也多有联系，其中，盈利能力评价、经营与发展能力评价和偿债能力评价等从财报提取的数据指标，在整个评价系统中就占了 75% 的比重。

（二）审查

进行还款能力测算时，工作人员对客户还款能力分析的要点，是结合现有的财报，根据其盈利能力、现金流水平、负债水平，在持续经营下预测其还款能力；涉及固定资产贷款或项目融资，会依据项目的现金流作为第一还款来源进行审查。但无论对自有资金出资能力，还是对作为补充还款来源的综合还款能力的考查，都离不开企业目前财务情况的审查。总体看，财报是审查还款能力的主要依据。

（三）对授信总额度的影响

对客户进行信用等级评定后，该行规定对该客户提供的本外币贷款、承兑、贴现等各类银行产品用信之和不得超过最高综合授信额度。HY 支行对 AA 级与 AAA 级客户，核定最高综合授信额度后，其资产负债率不得高于 70%；对 A 级客户，核定的最高综合授信额度不得超过客户提供的抵押物变现值的 70%，或质物现值的 90%，或他人 100% 保证担保；对信用总量超过规定的客户，要逐步压缩达到规定要求；对 B 级和 C 级客户，核定最高综合授信额度只能小于年初实际信用余额，原则上只收不放。后期省行又推出了一个测算表，最高理论授信值的测算公式变更为：最高理论授信额度 ≤ [（2.33×资产总额 - 3.33×负债总额）+ 商业银行现有信用余额] ×信用等级调节系数。无论是资产总额、负债总额还是信用等级调节系数，均与财务报表有着较重要的联系。[①]

---

① 2010 年银监会"三个办法一个指引"出台后，针对流动资金额度测算制定了严格的测算公式，其中核心指标均从财报中提取。

（四） 与定价的关系

客户财务表现也会影响其定价水平。以 HY 支行 2006 年发放贷款的利率数据为例（见表 1）。申请利率由银行的客户经理提出，如上浮 20%，达到 7.668%，但这只是建议权，最终的利率是由银行的资金计划部门根据上级行下发的模板来测算，再由信贷管理部门申报上去。

信贷管理部门申报上去的利率，其实是按照分行下发的模板来计算的。

> 我觉得影响测定贷款利率的因素有信用等级、借新还旧次数、客户贡献率、日均存款余额、资本充足率、中间业务收入（如办理保险、基金，手续费是直接划转为行内）、贷款用途等。其中前两者影响最为明显，该测算体系大概从 2004/2005 年开始的。

虽然信贷员认为在申请利率时会受到关系的影响，比如会帮助客户申请较低的利率，仅上浮 15% 左右；同时还会受借款企业相对地位影响，如 HY 支行的大客户公路局等在定价时会有讨价还价的权利。[①] 但不得不承认，以财报为核心的信用等级制度是决定贷款定价的基本要素。

表 1 信用等级与平均利率关系

单位：%

信用等级	一季度	二季度	三季度
	平均上浮幅度	平均上浮幅度	平均上浮幅度
合计	33.55	25.12	21.3
AAA +			
AAA	30.00	18.50	20.0
AA +	31.80	24.90	
AA			
A +	28.00	35.00	20.0
A	32.46	42.00	27.9
B	36.04		
未评			

资料来源：根据 2006 年贷款台账整理而得。

---

① 如公路局的信用等级评定并不是 AAA 级，而只是 A 级，但两三个很小的公司拿到了 AA 的信用等级。

综上，可看出财报在正式流程中的准入、审查等环节非常重要，各种财务数据及测算标准对客户准入、批贷成功与否、批贷额度、利率成本等多个方面，可以说起到了技术指示器的作用。

（五）财报的作用与失灵

以财务指标体系为准进行风险控制的效果较难进行数据比对。但无疑，以财报为核心的信用评价系统，其背后逻辑是"理性计算"，它力图通过各种定量指标来减少各种主观因素的影响，以图更加科学和客观。从实际经验上观察，它确实在一定程度上减少了各种人际关系的干扰因素。访谈中，经理们也承认制度上的构建，如贷款审查委员会、追责以及准入等制度上的限制，定量技术在贷款发放和定价上的运用，会增加"有骗贷企图的企业"的欺诈成本。

矛盾的是，（1）在 HY 支行，财务报表的真实性广泛受到怀疑，信贷员认为几乎每个企业都会存在多套账的情况，一套给税务局看，一套给银行看，另一套自己看。排除掉那些单纯为了方便了解企业收支情况而设立不同格式的情形①，企业设立的多套账一般均会存在水分。给税务局看的账，为避税或逃税常表现为减少利润和虚增费用；给银行看的账，则常见为虚增资本和利润。借款企业向税务机关提交的税务报表倾向于"瞒"，向银行提交的报表又倾向于"夸"。客户经理对报表的怀疑程度之高、轻视氛围之烈，令人惊讶。"90% 多的报表都是假的，或者存在水分。""那个（报表）也看，但不怎么看，（它）说明不了实质性的东西，我们还会看其他的东西，来结合。""95% 的报表都是假报表，主要的区别在于假得狠不狠，水分有多少的问题；不可能符合实际情况，（与）实际情况差 1/3、1/2，甚至全部虚假的情况都存在。""其实越大的企业可能有时候反而不太重视这个（指报表），它们实力强。也不能说报表是假的，只能说有水分。"类似的话在访谈中经常可听见。

在更广的范围内，财报是否普遍性造假或粉饰，较难见到权威上的统计数据，但对报表存疑可能是较普遍的情况。会计行业的专业人士认为上市公司、国有大型企业的报表通常质量会高得多，即使粉饰也手法非常高明；而非上市的民营企业的报表虚造程度不仅要严重得多，而且

①　有些企业老板是为了自己看收支方便而设立，是更为直观的"收付实现制"的现金流量表。

手法比较拙劣。受访的几家会计师事实所的注册会计师说："民营企业几乎百分之百的假，没有不假的。有的假的程度轻些；有些是完全乱编，并且编得漏洞百出。"

（2）央属国企和上市公司应该对会计准则之类执行得更为严格。HY支行的贷款客户集中在 B 市，而 B 市央属国企和上市公司并不多，HY 的贷款客户并没有这两类企业。但地方国企可能并非如此，事业单位的财务报表更简单，如 HY 支行最大客户公路局甚至一年才编制一次报表；财报非常简单，根本没有什么月报、季报之类的严格划分。HY 支行存量贷款客户中民营企业贷款额占比不高，但数量上相对较多。

> 有时往往国企或事业单位并不太重视这些东西，你要求这要求那，它们会很不耐烦。送报表什么的送得晚不说吧，还得我们自己去取；有些还没有。他们有些（指事业单位）是"收付实现制"的。

（3）HY 支行实际运作流程与规定流程也有矛盾之处。从规定流程上看，客户申请后需要依托财报做信用评级，再依据情况进行准入及审批。但 HY 支行对所谓的大客户往往是主动营销，或抢过来后，即已准入，甚至给定额度、利率定价后再开始信用评级、测算等规定流程，即便从评级上达不到准入，也会通过调整使其满足准入要求。

在这里，我们看到财报这种在正式规范中明确的"技术指示器"无法用来解释 HY 支行的贷款结构。很显然，HY 支行目前的贷款结构说明其客户遴选机制并非单纯建立在财报这类信号指标基础上。问题出现了：除财务表现外，HY 支行贷款选取客户的信号指标还有哪些呢？

五 实际运行的客户选择机制
——"所有制形式"

（一）何为"竞争性客户"、"非竞争性客户"？

访谈中，HY 支行信贷员口中频频出现了"客户地位"以及"竞争性客户"、"非竞争性客户"之说，而"竞争性客户"、"非竞争性客户"之分，按其理解，又与"客户的社会地位"紧密相关。根据访谈资料，笔者先对两者粗略定义，所谓"竞争性客户"就是那些需要银行主动公关和上门营销的客户，"非竞争性客户"则是那些对银行来说坐等上门提出贷款要求的客户。

（二）所有制指示器——隐藏在行业地位背后的选择机制

1. 是依据行业地位吗？

由于访谈对象对客户地位未给出明确的定义，笔者首先试图从该行文件找一些具体定义。A 省商业银行作为商业银行系统的四家 D 类行之一①，在业务品种开展方面有着更多的约束，比如对新增贷款项目审批权的约束，从 2003 年 7 月开始 A 省所有二级行的新增贷款一律由省行审批，在进入行业上也受到比较高的约束。一般而言，借款企业所处的行业是国家重点支持的，商业银行会认为其在政策有效期内发展条件更优越，风险相对较小，贷款的支持力度会非常大，并且会积极主动营销。如果是对属于国家允许发展行业的企业，商业银行会认为市场竞争比较充分，风险程度适中；而对国家明令禁止发展的行业或产品，如小水泥、小火电等，商业银行则认为会存在巨大的风险，在信贷方面几乎不会做任何支持。

行业地位散见于该行的一些文件中，其中最具代表意义的就是 A 省分行于 2004 年向 HY 支行转发的总行的信贷行业准入指导意见（以下简称"意见"）。"意见"详细规定了医院类、学校类、房地产业、公路行业、水泥行业等 14 个行业的准入要求，对行业地位、财务、运营等指标有较明确的规定；并要求下级各行作为信贷业务准入的"总体指导原则和基本要求"和"信贷营销、调查、审查和决策过程中控制风险的重要依据"。这可能是与信贷员口中的"客户地位"最为接近的表述。

以医院类客户以例，"意见"规定：（1）二级甲等以上医院，地（市）级综合实力排名前三的公办医院以及县级重点医院；（2）资产负债率不超过 50%；（3）年综合收入在 2000 万元（含）以上，其中自主收入占比 90% 以上，收支节余率在 4% 以上；（4）年门诊人次 10 万人次（含）以上，实际病床占用率 60% 以上；（5）贷款额度不得超过预计用信期内综合收入合计的 50% 或约定单项收入的 70%。

再以加工业为例，"意见"要求借款企业：（1）应具有国家产业、行业政策规定的生产许可证书、卫生许可证书；（2）符合国家环保政策；

---

① 该商业银行把各省级行分为 A、B、C、D 等级，由于 A 省资产质量和经营效益相对差，被划为 D 级。

（3）新拓展客户资产规模在 5000 万元及以上，属国内或省内龙头企业，建立有完善的市场销售体系；（4）生产工艺应为国家鼓励推广的先进生产工艺，具有行业生产质量认证证书，如食品行业必须具有 HACCP 证书；（5）资产负债率低于 50%，销售收入大于 5000 万元；（6）信用介入后资产负债率不超过 65%，信用介入应以短期信用为主。

B 市的三家省直属支行贷款结构类型具有较明显的侧重点，如 SD 支行以电力行业大客户闻名，ZS 支行是电信行业，而公路交通行业正是 HY 支行的重点。A 省商业银行对收费公路项目的准入标准具体为：

1. 公路行政等级为：（1）列入国家干线公路网规划的首都放射线、南北纵线、东西横线、国家重点公路网；（2）省级干线公路。2. 技术等级标准：高速公路和一级公路。3. 里程标准：（1）高速公路连续里程 15 公里以上；（2）收费还贷一级公路新建连续里程 20 公里以上或改建连续里程 40 公里以上；（3）收费经营一级公路连续里程 60 公里以上；（4）四车道独立桥梁、隧道长度 500 米以上或二车道独立桥梁、隧道长度 1000 米以上。经省政府审批同意收费，但里程短于上述标准的收费公路可以视同符合准入标准。4. 车流量标准（折小客车）：（1）预计建成通车时，四车道高速公路交通量为 1 万辆/日以上，六车道高速公路交通量为 1.2 万辆/日以上，八车道高速公路交通量为 2 万辆/日以上；（2）预计建成通车时，一级公路交通量为 8000 辆/日以上。5. 二级公路原则上禁止进入。但符合下列条件的公路项目，可以发放项目贷款，但一律不得发放流资贷款：（1）属高速公路或国家干线公路的连接线，或旅游专用线；（2）新建公路连续里程 40 公里以上或改建连续里程 80 公里以上，并取得省级有关部门批准的收费许可文件；（3）预计建成通车时，交通量（折中型车）3000 辆/日以上，或者交通量（折中型车）2000 辆/日以上且资本金比例在 50% 以上。

2. 所有制指标——HY 支行执行中的变形

信贷员口中的借款企业的"社会地位"和"竞争性"与"非竞争性"之分在"意见"中可见端倪。但"意见"更多是建立在行业地位的标准之上的，同时也规定了许多定量指标的准入，如医院类的"综合实力排名前三名"、"国内或省内龙头企业"的说法，此时"社会地位"以企业资金实力、规模、行业中的销售排名、市场占有率和声誉或市场占有量和发展前景等为基础。

而在 HY 支行文件中，对"客户地位"的理解有一定的差别和出入。从 HY 支行的年度工作总结——"我行确定了以拓展对公存款大户和同业存款大户为主的指导思想，提出要抓好系统、集团、机构客户的存款工作，尤其是要抓好电信、交通、电业、旅游等'优良客户'，开发财税、工商、文教、卫生等带有政府职能的'机构客户'"——中可清楚地看出，HY 支行对营销型客户的理解与上级行的界定并不完全一致，它不仅包含"优良客户"，还包含"政府职能"的机构客户，甚至在访谈中信贷客户经理常常将客户优良、地位高的判断标准混同于带有"政府职能"的所有制形式标准。"竞争性客户是什么？简单地说，就是中国石油、中国移动、中国联通这些大型国企还有省直的一些单位，社会地位高。"

"意见"中对公路性企事业单位有明确的资质要求。HY 支行最大客户公路局是隶属于 A 省交通厅的事业法人单位，开办资金为 9.5 亿元，负责全省公路（不包括高速公路和专用公路）的投资建设、养护、通行费征收和路政管理。其下辖 40 个市级公路管理机构，担保方式为 37 条省道的车辆通行收费权抵押。公路局并非项目法人，作为承贷主体具有一定的特殊性。HY 支行信贷员认为，"A 省是全国中转中心，交通位置十分重要，道路建设滞后，但发展潜力大，预期收益可观"。

根据 A 省人民政府办公厅政办〔2001〕81 号文件规定，A 省统贷统还收费公路车辆通行费资金，为政府预算外收入，实行分级管理。省管收费站收取的车辆通行费收入为省级收入；市管收费站收取的车辆通行费，60% 为省级收入，40% 为市级收入。上缴到省的车辆通行费收入纳入省交通部门预算，专项用于整体公路建设项目的还贷，还贷支出不得低于通行费收入总额的 77%。因此，该行在管户方案中这样计算："A 省现有收费站 102 个，减去与私营企业合作收费站 16 个，省公路局可支配的收费站共有 86 个。1999 年通行费收入 18.8 亿元；2000 年通行费收入 18 亿元；2001 年，由于提高了通行费收入标准，当年实现运行费收入 24.3 亿元；2002 年实现运行费收入 25.5 亿元。另外，自 2003 年 8 月 1 日起，A 省境内新设 15 个收费站并调整公路通行费标准，提高了货车和客车的收费标准，并对超载运输车实施计重收费。"因而"公路局有较高的收入水平，偿债能力强，结合各家商业银行都在积极介入的情况来看，公路局有着较强的融资能力，按期偿还贷款本息有保障，该法人客户分类为优良类"。

调查报告中的数据是从公路局直接要来的。该行并未按照总行的"意见"中的"收费标准"、"通车量"、"里程"等指标对借款企业进行评估，对省交通厅公路局的公路持有量也未像"收费公路项目准入标准"一样有清晰的把握。信贷员访谈中强调了公路局资料的保密性，在报告中则非常强调该客户的政府背景以及政策对收费所带来的影响。在信贷员的重点客户上报材料中这样写道："《收费公路管理条例》（2005 年 11 月出台）同时规定，政府还贷公路的收费期限最长不得超过 15 年，中西部省、自治区、直辖市最长不得超过 20 年；经营性公路的收费期限最长不得超过 25 年，中西部省、自治区、直辖市最长不得超过 30 年……近日，交通部与国家发改委联合下发《关于降低车辆通行费收费标准的意见》，从国家对收费公路管理的政策和 A 省委、省政府对收费公路的政策以及 A 省财政部门、交通部门对收费公路建设资金、收费收入的管理体制来看，我省收费公路运行费收入比较高。"该管户经理最终认为："还贷资金相对有保障，我行的 48.6 亿元贷款①近几年的收益和安全还是有保障的，如果没有大的政策变化，贷款归还有一定的保证。"

HY 支行信贷员 ZW 这样理解借款企业在行业中的地位与其还款风险的关系："竞争性大客户风险小，他们客户群体非常多，资金实力雄厚，还款有保障"，"你比如中国移动、联通、石油、石化，人民都在用它的服务，那不可能垮啊，也不可能因为你这点钱而影响它们的发展、战略规划之类的。各家银行都在争，争也争不过来，得靠关系，还是高层的（指 A 级分行的领导）"。

在 HY 支行看来，社会地位与所有制形式紧密联系，即他们通常认为具有行业垄断性的国企、带有政府背景的企事业单位才具有社会地位。客户的选择机制由行业地位变形为"行业地位与带有政府背景"，甚至更偏向于"政府背景"地位的贷款信号，这也可能是其贷款结构中呈现典型的"二元性"特征的主要原因。

3. 所有制指标对正式流程的侵蚀

所有制指标不但会替代财务等技术指标，甚至会影响贷款的整个流

---

① 贷款是不断流动的，在该材料上报的时候，由于原 ZS 支行的行长调至 HY 支行，公路局在 ZS 支行的 20 亿元贷款也转到了 HY 支行。

程，致使正式制度部分失效。针对公路局这些大型贷款客户，一般是 HY 支行的一把手甚至是 A 省分行领导亲自登门拜访营销，在贷后的管理和客户的维护上，也有非常显著的差别。HY 支行更是针对 A 省公路局、移动公司、A 省机关事务管理局等成立以行长为首的贷后管理服务小组，专门配置了 1 辆业务用车，负责传送每月对账单、上门收款等业务。双方领导还定期面聊，一旦对方提出服务上的问题，行长会督促全行上下及时解决。在贷款的实际操作流程中，针对这些竞争性客户的调查、审查和管理的环节会大大简化，时间也会缩短。HY 支行信贷员的工作也会轻松得多，不需要或很少去企业实地调查，不需要或很少分析企业的各项财务指标和经营指标，贷款的财务报告分析等工作也成为象征性的环节。该行信贷员的话更清晰地表明了银行对这些客户的截然不同的区分和态度。

> 基本上就是走个程序，这个（指竞争性客户）上头定下来的，咱们照着做就行了……有些客户是求咱们的，如新联佳，它找不到别的贷款渠道；有些咱们求它，竞争性客户，如公路局，这是优质客户，许多银行都在抢"它的贷款"。在定申请利率时也是不一样的，前者浮动 20%，后者可能只浮动 10%，地位很不一样。

> 不可能有地位平等的客户，比如 VIP 客户，三四个人来服务你；普通客户，排多长的队都正常。

4. 两种不同指示器存在风险差别

"行业地位"在一定程度上与市场占有率、信誉、规模、资金实力等相关，这在贷款安全性的回收方面可得到证实——虽然这些指标的大小并不绝对意味着风险程度的高低，如龙头企业通常存在过度授信的情况。通常选取行业龙头等是商业银行遴选客户的重要法则。一般来说，该类型企业抗风险能力相对较强，在细分市场更易获得较高销售收入和利润，在财务规范、管理经营及贷款获得方面更容易吸引银行信贷部门的信任和青睐。在 B 市的一些做法灵活的股份制银行中，信贷营销人员甚至会通过海关进出口量数据排名等资料，来确定营销客户的名单。

所有制指标与行业地位指标具有一定重合性。国企及事业单位在资金实力、规模和行业上具有一定优势，拥有充裕的现金流和政策支持，贷款的风险性相对较小。但是，从对风险实践的观察来看，带有政府职能的"机构客户"的还款并非必然有保证。早期不良贷款中许多是由地方政府"拉郎配"甚至担保所形成的①，在修订的贷款通则中严禁地方政府为企业担保后这种情况开始得到缓解，而国企贷款出现的"三角债"问题更是不言而喻。A 省自身业务也有实证。其省行给某国企"ZS 高速公路"项目贷款，而该项目设计的标准不断提高，造成超预算近 10 亿元，但在建成后没有达到预期的车流量，已经致使该笔贷款欠息。而公路局不仅从 HY 支行贷款，还在另一家直属行 SD 支行贷款 20 亿元，在其他金融机构累计贷款 158.83 亿元。从风险角度衡量，所有制形式在评测客户风险方面是弱于行业地位等指标的。

六 "卸责"

——潜在运行的一个不容忽视的因素

风险逻辑既然并不能完全解释 HY 支行偏爱"政府背景"的机构客户，本文试图从观察到的"卸责"事实来进行解释。即贷给所有制类型为"国有"的客户造成的损失更容易"卸责"，更易被大众理解和接受，逃脱正式制度惩罚的概率大大提高。政府担保或带有政府职能的机构形成的坏账是由政府来买单，银行其实是免责的，银行领导也更容易不被追责；即使政府不买单，也不像那种完全市场化的企业的坏账，只能由银行自己来买单。在访谈的客户经理中，也经常出现"尽职免责"的说法，即使行为违反了正式的规则，卸责者也可以给人形成"情况比较复杂，现实执行情况比较困难，我已经尽力"的印象，来获得已"尽职"的道德基础，从而减轻因不尽职而受到的惩罚。

在此机制下，客户选择不仅包含着组织风险的考量，还有"卸责"的个人责任风险考量及其他非正式关系机制的影响。贷款活动中银行所依照的正式规范中的"行业地位"指示器也变成了双重的"行业地位"和"所有制形式"指示器。指示器的变化带来了治理的软化，该行对该客户的贷后管理，变成了"贷后服务"。

如果"卸责"确实存在，为什么其能在越来越严密的正式规则中存在呢？它又是如何运行及影响行为的呢？

---

① 在 HY 支行 2000 年前总量不多的若干笔不良贷款中，有三笔是由 A 省下面的一个地级市的经贸委单位直接担保获得的，当贷款出现问题时，也并未得以顺利追偿。

（一）流程的局限性

正式规则的约定往往包含表意和内涵，从 HY 支行的正式规章中，我们可以看到其约定的往往是具体的流程、相应权责、规范性操作动作以及可量化的技术指标，并力图通过这些可观察的行为和量化指标来达到"把控风险"的目的。

但是，第一，规章需要依赖共识来贯彻执行。"按流程从事"既不一定代表认同正式规章的有效性，也不一定代表实质性地遵从"把控风险"的内涵，HY 支行与上级行对风险的理解明显存在一定偏差。上级行更倾向于从行业市场地位考核客户风险程度，而 HY 支行则认为国企风险更低。如果人们对规章并未达成共识，认为达不到控制风险的目的，则遵从规则可能更多是"卸责"。那些对规章高度认同的信贷员则可能对规章的实质及内涵有更多的把握，"卸责"行为越少发生。第二，正式规章制度可量化指标、财报等数据，但很难量化"态度"；其易于甄别"规定动作"，但难以甄别其动机及效果。而只有认真尽责才可达到设立制度的初衷。以激励制度为例，"尽职免责"建立在"是否尽职"的主观判断上，对相应的行为和操作易观察，但对态度难以甄别，如此对是否尽职也会产生差异化的解读。该情况下，"尽职免责"反而赋予他们的卸责行为以合法性，转移了责任风险，"只要操作是合规合法的，即使贷款出现问题也和我无关"的想法将较为常见，所谓"按章办事"更多体现为一种流程和行为，规章的内涵会被忽视。第三，单一流程对最终目的的把控往往需要更多流程的配套，如果出现激励缺失或难以操作，行为特征就更难以估量。

HY 支行对企业财务分析报告即体现该类特征。该行贷后流程中明确规定了每季度需要对贷款客户的财务情况进行分析，但调查中发现该行的季度财务报告非常相似，几乎千篇一律。甚至很多信贷员直接复制剪切前期的内容，然后更改一下数字就交了上去。一些信贷经营水平较高的银行也是如此，只是程度存在差别。在这里，我们看到，虽然流程中规定了报告的模板以及内容，甚至设置了具体的财务指标，但更多仅能对"规范行为"和"可量化指标"做出要求，无法对"谨慎客观的态度"做出明确规定。信贷员撰写此类报告从形式上看遵从规章制度的要求，报告要素齐全，财务数据也确实是从报表中摘取并计算得来，但这仅仅是表面遵守而非实质性遵守。无论其行为逻辑的背后是因为"繁忙"、"时间太紧",还是不认可该制度对约束贷款风险的作用,由于缺少对把控风险的实质性共识,并未将每个财务指标与企业的风险度变化进行钩稽,规章的真实意图和实际应具的效力被完全抹杀,符合"程序"但并未显得"实质未尽职"的行为,掩藏了贷款的真正风险。如果内审部门从要素及行为出发,很难去判定信贷员不尽责。作为信贷审查部门的人员和决策部门(如审贷会的成员或拥有审批权的上级等),对业务具体情况不熟悉,在信息方面处于完全被动,又没有足够的"责任感"①,提交报告的部门或个人的意见很少会受到质疑。这种形式上而非实质上对制度的遵循可说是影响贷款安全的非常普遍的现象之一。

总体来看,规章一般情况下更易于约定行为、流程和量化指标,对行为、流程较容易控制和检验,而很难约定"认真尽责"和"态度"。惩罚或激励制度同样对"规定动作"容易观察和控制,但很难就背后的动机进行观察和检验。这就给表面遵守规则以及后期"卸责"留足了空间。

(二) 非正式制度的侵蚀

流程在运行中,往往受到各种非正式规划的影响,如上级指令和共谋互惠。

1. "依流程办事"和"依领导意志办事"

我们假设信贷员在业务操作上存在"依流程办事"和"依领导意志办事"两种方式,两者在某种程度上是吻合的,后者在一定程度上由规章制度强化或者赋予合法性地位。信贷员在工作时,既按流程、规章所约定的职责办事,又要执行领导指令。但在运行过程中,如果出现领导自身不遵守规章制度,要求经办人员按指令行事时,即出现了正式制度(按流程办事)和非正式制度(按领导指令)的背离。假设遵从"领导意志"和"按章办事"所带来的收益分别为 R1 和 R2,违背损失分别为 C1 和 C2,两者收益及成本是无法兼容的。如果规章制度没有足够的惩罚或激励措施,即 R1 - C2 > R2 - C1 时,理性的个人无疑会选择遵守"领导意志"而抛弃"按章办事";而当 R1 - C2 < R2 - C1 时,其就会选

---

① 某些被访谈对象认为,责任感是影响贷款风险的重要因素,甚至一位被访客户经理认为"做好做不好工作就是责任感问题",因为"你就是做这个工作的,不可能说对某笔贷款的情况一点不了解,真不了解可以通过各种途径来了解,关键在你愿不愿意这样做"。但信贷员不具有责任感的背后原因可能是多种多样的,这也正是笔者分析时所考虑的重点,在此有必要将这个词提出来。

择规章制度而抛弃"领导意志"。需要注意的是，在多数 HY 支行员工看来，违背领导指令的现实惩罚会高于违背规章制度，惩罚的及时性也会强于后者。同时，在遵从领导指令时，领导也会协助减轻规章制度约定的惩罚。

在这里，我们看到当代表规章的正式制度与领导指令冲突时，已提供了"卸责"的空间，操作人员往往更倾向于以非正式制度的压力作为"卸责"的理由。尤其是当"卸责"变为从上向下的一种行为时，会演变为一整串的"卸责"行为。

HY 支行早期的贷款即呈现以上特征。当上级行或行政权力意志渗入贷款调查、审批程序中时，贷款员甚至不会做认真的审查即已报批。信贷员认为当权力意志渗入信贷活动中时，别说财务报表，所有的规章制度均失去了其存在的价值。

2. "共谋"和"互惠"

另一种常见现象是银行信贷工作人员和借款企业"共谋"骗取贷款。

"共谋"排除掉私利和惩罚的考量，隐藏的重要社会规范是"互惠"（不考虑"共谋"达不成的情况，即不存在社会规范约束的情况）。当某位信贷员接受借款企业的红包或其他物质利益时，其即被赋予"为行贿者谋求好处"的道德规范压力，而这种压力主要来源于"互惠"的社会规范，即"欠人情"。但"共谋"又不是单纯受"互惠"社会规范的影响。受贿共谋不仅违背正式规章，还违背"尽职"的社会道德规范，常出现因担心受到惩罚而"送礼都不一定收"、"关系好才可能收礼金，否则送也送不出去"的现象。"拒收礼金"在某些情况下，意味着"共同利益体"的建立，接受贿赂在一定程度上是安全的，且可以逃脱惩罚。

各种社会规范间的冲突本身即是复杂的、值得进一步讨论的话题。"互惠"和"尽职"是两种外来社会规范，其中社会规范一——"尽职"与规章制度相契合，社会规范二——"互惠"与规章制度相冲突，遵从规章制度符合了"尽职"，但不符合"互惠"。而选择"互惠"不仅违背了规章制度，还有悖于"尽职"，选择"尽职"不天然地代表遵守规章制度。遵守规章、规范一、规范二所得到的收益分别为 R1、R2、R3，违背受到的损失为 C1、C2、C3。则会出现遵守规章、规范一、规范二这么三种选择，选择者的收益则分别为 R1 + R2 − C3，（R1 + R2 − C3，R2 − C3），R3 − C1 − C2。则只要 min（R1 + R2 − C3，R2 − C3）> R3 − C1 − C2，理性者会选择遵守规章；而 max（R1 + R2 − C3，R2 − C3）< R3 − C1 − C2，有悖规章和社会规范一的社会规范二就会被选择。

此时，由于社会规范一的存在，"卸责"机制的运行空间在直观上可能会小一些，并且由于"规范一导致惩罚"（即 R2 为负）这一共识的存在，理性者单纯选择规章制度而绕开规范一的概率大大增加了（因为不包含规范一的规章制度与它包含规范一时相比，选择单纯的规章制度意味着更多的收益）。

（三）对"卸责"行为的简要概括

在上述框架下，我们首先假定规章制度存在流程、共识两个维度，其中共识代表对流程的认可，有无分别以 1、0 代替，则规章制度仅有三种分布：（0，0）、（1，0）、（1，1），分别代表（无流程，无共识）、（有流程，无共识）、（有流程，有共识）。无流程当然无法有共识，所以不存在（0，1）的情形。

再引入信贷员的行为描述，即是否按规章行动，分别以 1、0 代替，则行为分布为（0，0，0/1）即（无流程，无共识，无从遵守），定义为随机行动者；（1，0，0）即（有流程，无共识，不遵守），定义为常人逻辑者；（1，0，1）即（有流程，无共识，遵守），定义为本本主义者或"卸责"者；（1，1，1）即（有流程，有共识，遵守）——制度是稳定的，或者可以延续的。（1，1，0）在无任何惩罚措施下不符合理性预期，因此排除。

再引入惩罚机制，一般情况下，相应的流程才会配套有惩罚或激励机制，则理性信贷员的行为选择仅有 2 种分布，变为（1，1，1）即认可 − 遵守，以及（1，0，1）即不认可 − 遵守。其中不认可 − 遵守或是高度自觉者，但更多是为了逃避惩罚、免除责任，此时卸责因素多在起作用，而且不认可 − 遵守往往会陷入表面的遵守而非实质的遵守，即前文所说的流程尽职而非实际尽职。而（1，1，1）即（有流程，有共识，遵守）由于行为内在是高度一致的，如能达到，制度的稳定性将较强。

1. 强社会规范介入

此时引入与规章制度相违背的较强约束力的另一种机制，假如为领导指令，遵从或不遵从同样以 1、0 代替，由于遵从领导指示和实质遵守规章无法兼得，信贷员可能会选择假意遵守规章的行为，即以 1、2 分别代表假意遵守和实际遵守，其行为分布会发生变化。理性的信贷员会有具体为（0，0，0，1）即（无流程，无共识，不遵守，遵从领导）；（1，0，0，1）即（有流程，无共识，不遵守，遵从领导）；（1，0，1，1）即（有流程，无共识，假意遵守，遵从领导）；（1，0，2，0）即（有流程，无共识，实际遵守，不遵从领导）；（1，1，1，1）即（有流程，有共识，假意遵守，遵从领导）和（1，1，2，0）即（有流程，有共识，实际遵守，不遵从领导）六种行为。（0，0，0，0）、（1，0，0，0）、（1，0，1，0）、（1，0，2，1）、（1，1，1，0）的情形均不会存在。

2. 弱社会规范引入

引入弱社会规范，如朋友影响下的行为选择，则会略有不同。假设不遵守带来的损失是 C_1，假意或实际遵守都不会带来损失。不按流程操作会带来损失，但只要按流程操作，无论是否实质性履约，较难区别。朋友所带来的约束与领导指令相比应更低，则行为分布应为：（0，0，0，1）、（1，0，1，1）、（1，0，2，0）和（1，1，2，0）。（0，0，0，0）、（1，0，0，0）、（1，0，0，1）、（1，0，2，1）、（1，1，1，0）和（1，1，1，1）均不会存在。

可以看出：①规章制度缺失时，基本会按照领导指令或朋友影响行动；②信贷员的行为会变得更加复杂，在实际遵守规章与领导意志冲突时，往往会选择假意按规章制度行动，而规章仅能约束行动，使假意按规章办事成为可能，假意遵守规章更多是为后期可能存在的追责"卸责"，在对制度认可时，授信人员假装按规章行动，实际听领导的，这主要来自领导的压力；③无论有无共识，完善相关制度，如增加惩罚措施，对可选择行为进行约束，将迫使信贷按规章办事。此时仍会存在严格按照规章办事而拒绝领导指令的信贷员，但其可选行动项较按领导指令办事的要少。如果从实际遵守到假意遵守不需要支付任何成本，则理性思维者基本会选择假意遵守规章。

调研中，能观察到的几个事实是：①当被卸责方专业上更具有权威性且未在组织内时，卸责更容易发生，卸责也更容易成功，集中表现在小企业的财务报表经由会计师事务所认定，披上了合法性外衣，信贷员此时便更显出对报表"真实性"的信任；②卸责人在社会网络结构中的社会地位越高，越容易卸责；③规章制度的操作性不易达成，卸责行为越易发生，如借款合同规定权利质押，但交通厅回复民营交通部门无法登记。由于卸责机制运行的复杂性，笔者仅就个人单向卸责进行事实描述，并试图做简单讨论；未涉及双向、多向卸责，更远未达到对机制理论的探讨。

七 "人品"指示器

针对"非竞争性客户"，调查过程中 HY 支行的信贷员也忽视财报的作用，反而常常强调企业领导者的"人品"。正式规范固然规定信贷员需要通过查看企业的主要法人、管理者的企业及个人信用记录，如是否存在恶意逃废银行债务、信用卡恶意透支等行为，以及借款企业的纳税情况等。除此之外，"人品"还有哪些方面可供观察？所谓人品在一定程度上可以替代财报功能之说，是否有效？

（一）欺诈者、商人和朋友

信贷员通过各种信息来辨认出"欺诈者"、"商人"和"朋友"。欺诈者是那些"想赖账、想占银行的便宜"的人，信贷员认为他们刚开始就不准备还贷款，不准备做实事，骗取贷款，或有还款能力却意愿差。此类人归为"人品差"者。"可交的人"又可分为"商人"和"朋友"。"商人"是那些虽然不能和他们建立亲密的关系，但具备企业家精神的人。这类客户在信贷员眼里的典型特征是"诚实的、俭朴的、精于算计的和可信赖的"，客户经理相信他们即使出现了偿还上的问题，也多是源于市场和经营风险，或投资、经营管理出现的失误所造成的无力还钱，而非主观恶意。这部分人在情感上相对"朋友"更疏离，但客户经理通常会对其予以同情和理解。而"可交的人"中的另一类——"朋友"，客户经理与他们之间的关系，不仅表现在日常的吃饭聊天之中，还会深深嵌入有关婚丧嫁娶等代表私人关系的最深层面，甚至延展于业务关系结束之后。这里，不仅仅存在互惠性社会规范的约束，同时还存在以理解和支持为代表的亲密情感交流。当然，这种互动关系也存在不断变化的可能性。

对"人品"的观察由各种行为信息汇总而来，包括如实反映企业情况、配合程度、管理能力、私生活、日常习惯等，也往往会涉及强烈的道德判断。通常，合乎道德规范、行为可预期是信贷员所强调的"人品"，而对实际控制人的信用评定往往会上升至对整个贷款企业的评价。

（二）人格化的信息与获取渠道

该种嵌入型关系的建立是双方共同的需要。正式制度明确规定了信贷员与客户的接触频率。从授信人员角度看，与企业高管的密切互动有助于获知企业真实信息、规避风险，以及减少摩擦。如果将真实信息获取成本，包括时间、甄别的技能和经验的培养以及"繁杂的需要了解的事项"，都纳入信贷的信息成本考虑，那么，"人品"就会成为 HY 支行替代性非常强的、重要的非财务调查指示器，而人际关系成为获取信息重要的来源也就具有了一定的逻辑基础。

"人品"具有非常强烈的人格化特征，信贷员往往需要借助"吃饭、喝酒、洗澡"等非正式场合才能获得。在我国这种量化信息质量受到强烈质疑的信用水平下，信息的真实性能通过该种方式得到核实。以洗澡为例，信贷员和客户都认为这种非正式的互动关系能提供轻松的心态，更主要地，是会"脱下伪装"，解除戒备，更利于双方了解真实的信息和信赖关系的建立。双方的"赤裸裸"，更容易形成一种默契。某信贷员说："不再仅仅是单纯的工作关系，有一种朋友之间的信赖。这样他会把一些企业真实的情况不经意地流露出来。而我也不仅会单纯站在我们行的角度，有时候也会以朋友的角度来帮他解决。"

这种互动方式不仅有获取信息、得到配合、协助等功能上的作用，从信贷员角度可以更了解对方的各种特质，客户可更清楚银行的各种操作规程和贷款要求，在申请的过程中能给以指点或照顾，还存在情感的交流和信任甚至产生依赖感，是糅合利益追求和"知根知底"的情感互动于一体的过程。

八 为什么没有出现"柠檬市场"？

HY 支行案例中财报在一定程度上丧失了数据指示器的功能。假定银行完全不能识别企业造假的行为，那么提供真实报表的"诚实者"可能会被淘汰。即如果整个社会信用环境和会计环境允许普遍采取造假或粉饰的手段，而银行又无法甄别出两者的不同，提供真实报表的借款企业反而会为其"诚信"付出代价，得不到所需要的贷款。甚至，会出现"柠檬市场"中信贷员根据既往经验来判读企业会计报表真假的行为，从而迫使水分小的报表被逐渐逐出信贷市场。最终，企业提供会计报表的水分会越来越大，信贷市场将趋于瓦解，这就意味着出现了阿克洛夫所阐述的"柠檬市场"。但事实上，这种情况并未完全出现，原因在于：一方面，财务报表的真实性虽然受到信贷员的普遍怀疑，但所有制指标代替了财务技术指标；另一方面，对"非竞争性客户"来说，增加了"人品"等社会指示器作为衡量的标准。

　　报表的真假本身是银行衡量企业诚信的一个标识，但企业本应用来证明诚信的财务报表反而被认为缺乏诚信。由于造假或粉饰行为的普遍化、"水分"的广泛性，财务报表转而成为一种衡量"社会信用度"的指示器。这样的环境，也许便是 HY 支行选择更宏观的所有制进行客户授信，乃至"卸责"大行其道的现实基础吧。

参考文献

唉哈尔·费埃德伯格，2005，《权力与规则：组织行为的动力》，张月等译，上海人民出版社。

刘世定，2003，《占有、认知与人际关系：对中国乡村制度变迁的经济社会学分析》，华夏出版社。

曼纽尔·卡斯特，2001，《网络社会的崛起》，社会科学文献出版社。

乔治·阿科洛夫，2006，《一位经济理论家讲述的故事——关于经济理论新假设有趣结果的论文集》，胡怀国译，首都经济贸易大学出版社。

苏国勋，1988，《理性化及其限制——韦伯思想引论》，上海人民出版社。

谢康、乌家培编，2002，《阿克洛夫、斯彭斯和斯蒂格利茨论文精选》，商务印书馆。

周雪光，2001，《制度是如何思维的?》，《读书》第 4 期。

周雪光，2003，《组织社会学十讲》，社会科学文献出版社。

Banerjee, Abhijit V. 1992. "A Simple Model of Herd Behavior." *Quarerly Journal of Economics CVII*, 797 – 817.

Berger, Allen N. and Gregory. F. Udell. 1995. "Relationship Lending and Lines of Credit in Small Firm Finace." *Journal of Business*, 68, 351 – 382.

Berger, Allen N. and Gregory. F. Udell. 2002. "Small Business Credit Availability and Relationship Lending: The Importance of Bank Organisational Structure." *The Economic Journal*, 112 (477), 32 – 53.

Granovertter, Mark. 1974. *Getting A Job: A Study of Contracts and Careers*. Cambridge: Harvard University Press.

Granovetter, Mark. 1985. "Economic Action and Social Strcture: the Problem of Embeddeness." *American Journal of Sociology*, 91, 481 – 510.

Meyer, John W. and Brian Rowen. 1977. "Institutionalized Organizations: Formal Structure as Myth and Ceremony." *American Journal of Sociology*, 83, 340 – 363.

Podolny, Joel M. "A Status-based Model of Market Competition." *A merican Journa of Soci-*

ology, 98, 829 – 872.

Polanyi, Karl. 1957/1971. "The Economy as Instituted Process." Trade and Market in the Early Empires: Economics in History and Theory, edited by Karl Polanyi, Conrad Arensberg and Harry Pearson. pp. 243 – 270. Chicago: Henry Regnery Company.

Shapiro, Carl. 1983. "Premiums for High Quality Products as Returns to Reputations." *Quarterly Journal of Economics*, 96, 659 – 679.

Uzzi, Brian. 1999. "Embeddedness in the Making of Financial Capital: How Social Relations and Networks Benefit Firms Seeking Financing." *American Sociological Review* , 64, 481 – 505.

Zhou, Xueguang. 1993a. "The Dynamics of Organizational Rules." *American Journal of Sociolgy* , 98, 1134 – 1166.

社会结构与企业融资

——对陈一豪论文的评论

苗大雷[*]

　　企业融资长期以来主要是经济学、金融学的研究领域，而社会学则在近些年来越来越多地介入这一领域。之所以出现这种现象，一个可能的原因在于，经济学和金融学研究通常关注理性的技术性手段和指标，却容易忽略更具现实性的社会因素，而企业融资的过程恰恰是在真实的社会环境中展开的，它会受到众多社会结构因素的限制和约束。陈一豪的论文（以下简称"陈文"）研究了企业融资过程中的国有银行信贷调查和审查行为，研究发现，正式制度设计主要倚重的技术指标——财务报表在企业融资过程中很少发挥作用，而所有制、人品等具有中国特色的社会结构指标却起到了重要的甚至决定性的作用。无疑，这一研究对于我们进一步认识社会学在金融活动研究中的价值具有重要的启发意义。

　　当然，社会学作为一门比较成熟的社会科学，它在关注社会现象时并不会仅仅满足于描述，而是非常注重探讨隐藏在这些现象背后的深层发生机制。这一点也使社会学在介入企业融资行为的研究时表现出特别的优势。我们看到，陈文不仅注意到企业的所有制、管理者的人品在企业融资活动中具有重要作用，还进一步揭示了它们之所以能够发挥作用的内在机制。作者的分析表明，一方面，国有银行在信贷调查和审查过程中更青睐那些具有行业优势和政府背景的国有企事业单位，主要在于这样做能给银行及其工作人员提供更大的"卸责"空间，因为哪怕给国有企事业单位贷款造成了金融风险还可以由政府兜底，也更容易被大众

---

* 苗大雷，社会学博士，华中科技大学社会学院讲师，电子邮箱：dalei@ hust. edu. cn。

理解和接受，从而使逃脱正式制度惩罚的概率大大增加，所以它就成为既受到强调流程的正式规章制度制约，又受权力和互惠等非正式社会规范约束的银行及其工作人员的最优选择。另一方面，国有银行特别强调管理者的人品并将其作为信贷调查和审查的重要因素，主要的考虑是人品的考察与评价不仅仅需要一些客观指标，更需要近距离的接触、互动与感受，在这个过程中如果能够形成信任感，将有利于形成一种相对稳定而有效的行为预期，从而降低银行的信贷风险。作者进一步认为，上述替代机制的存在，使得信贷市场在财务报表丧失数据指示器作用的情况下避免沦为混乱的"柠檬市场"。

综合以上分析可以说，社会学介入企业融资行为研究不仅有现实基础，也有理论优势和分析视角优势，它可以成为经济社会学注重开拓的重要研究领域。不过，从长远来看，这一研究领域的丰富和完善还需要更加扎实的研究，尤其注重发掘现实存在却未受到已有研究重视的其他社会结构因素，深入探讨它们对企业融资行为的影响。如果秉持这一立场来认真审视的话，陈文中实际上还隐藏着其他一些社会结构因素，它们或隐或现却并未成为关注的重点，这也为后续的深入研究留下了空间。

文中首先潜藏着的一个重要社会结构因素是科层体制与权力关系。陈文提出，影响信贷调查和审查的非正式制度中有一项是"领导意志"，这里的"领导"主要是指与普通信贷员相对应的经办银行的领导，并未涉及经办银行的上级银行领导和其他相关政府部门领导。而在现实的金融生活中，银行的业务活动是镶嵌在整个科层体系之中的，它不仅受纵向的银行科层体系的直接领导，也会在一定程度上受横向的地方政府及其职能部门的间接影响，它们之间具有特定的权力关系。这一社会结构因素会对银行的信贷调查和审查产生怎样的影响呢？文中提到，"B 市的三家省直属支行贷款结构类型具有明显的侧重点，如 SD 支行以电力行业大客户闻名，ZS 支行是电信行业，而公路交通业正是 HY 支行的重点"，这种格局的形成究竟是自由业务竞争的结果，还是在特定科层体系和权力关系下形成的一种制度安排？在它的背后有着怎样的发生机制？应该说，不同的方式会对银行的行为产生不一样的影响，因而这一社会结构因素需要引起特别的重视。

另外，在企业融资和银行的信贷审查等金融活动背后都存在着大量的制度，这也就涉及制度是如何运行的这一社会学的经典话题。社会学家发现，变通是中国制度运行和制度变迁的一种重要方式，它并不完全改变原制度，却会在形式上与原制度保持一致的情况下进行部分改变。应该注意到，陈文对银行信贷调查和审查的正式制度的分析表明，财务报表和行业地位是非常重要的指标，并且"从 2003 年 7 月开始 A 省所有二级行的新增贷款一律由省行审批"。而现实的情况却是，即便正式制度规定的财务报表和行业地位在业务银行的实际操作中并不起作用，也并没有出现被上级银行拒绝或处罚的情况。这是不是意味着在企业融资的金融活动中同样遵循着"变通"的制度运行逻辑？是否可以说制度环境这一社会结构因素同样对金融活动具有重要影响？对这些问题的回答也还需要更加深入细致的调查与分析。

　　总而言之，陈文为我们认识和思考社会学在金融领域研究中的价值、方法和路径提供了一个比较好的案例文本，期待作者进一步的研究能引入更多、更有意义的社会结构因素，为我们呈现更加细致的企业融资活动的现实运行，也希望更多的研究者能够关注这一研究领域。

政治正当性和经济正当性双重约束下的融资行为

——对陈一豪论文的评论

王　维[*]

陈一豪是高我一届的师兄，更是在治学路上相互切磋、相互鼓励的益友。我们都师从刘世定教授，都对金融特别是银行的有关问题感兴趣，这在社会学中相当"非主流"，论者寥寥。我的本科论文题目是《国有商业银行不良贷款处理机制》（2006 年），这篇文章则是一豪的硕士毕业论文（2008 年）。金融理论和模型大多论证周密、逻辑严谨、自成一体，难有社会学理论"插足"之处，当年我们在研究和写作的过程中难免气馁，刘老师便鼓励我们说，无须好高骛远，如果不知从何处下手，就先做好现象描述。这篇文章便是以描述为主，发挥了社会学调查研究的长处，理论探讨则略显不足，如今回顾，尚有进一步拓展的空间。

作者首先提出，信贷交易中存在高度信息不对称，为什么没有出现"柠檬市场"？这个问题他在文章中已经解答了，那就是银行可以借助一些指示器或者说信号来判断借款方的真实情况。他进一步描述说，正式规范的技术指示器——财务报表在普遍失真的情况下难以发挥作用，信贷员发展出一套非正式规范——以所有制指示器和人品指示器作为甄别客户的主要指标。他的解释是：使用所有制指示器是因为更容易卸责，使用人品指示器是因为保持长期密切联系有助于增加对客户的了解。

其实，对于非正式规范，从 20 世纪 90 年代逐渐兴起的"关系型融资理论"已经做了较为深入的讨论。这一理论认为银行在与企业长期交往过程中可以了解许多内部信息，克服信息不对称问题。对于企业来说，

* 王维，社会学博士，中央社会主义学院讲师，电子邮箱：weiweipku@163.com。

其常常不愿在公开市场上披露专属信息以避免被竞争者所利用；对于银行来说，建立长期关系后，在边际上信息的再利用是低成本和有利可图的，这构成关系银行相对于其他贷款人的比较优势。作者也指出，建立长期关系为合约的酌处预留了空间，允许对敏感和不可订约信息的利用，从而便利了隐含的长期订约行为，但缺点是容易出现"软预算约束"和"互相锁定"的问题。作者有关 HY 支行的案例就充分展现出"关系型融资"的特点，比如他观察到"事业单位的财务报表更简单，如 HY 支行最大客户公路局甚至一年才编制一次报表"；"针对这些竞争性客户的调查、审查和管理的环节会大大简化，时间也会缩短"；客户经理和企业家"之间关系不仅表现在日常的经常性的吃饭聊天，还会深深嵌入有关婚丧嫁娶等代表私人关系的最深层面，甚至延展于业务关系结束之后"。显然，非正式的指示器传递的信息更真实、更有价值。其中，作者对所有制指示器的讨论略显片面。卸责是使用所用制指示器的一个重要理由，却并不是唯一理由。由于国企、事业单位等机构客户与政府存在着天然的"亲缘关系"，在信贷违约后更易获得政府救助，确实能在某种程度上降低融资风险，因此业务人员考察企业所有制形式从控制风险的角度来看是有积极意义的，而非简单的不作为。

在文中，作者试图讨论银行为什么会出现"治理的软化"（即使用非正式规范替代正式规则）。在我看来，这个问题其实应该反过来问：既然非正式规范已经有效解决信息不对称问题，银行为什么还要建立越来越烦琐的正式规则体系？尤其是这种规则体系由于财报的真实性"广泛受到怀疑"并未发挥实际作用。作者在文中给出了隐晦的线索，可惜并未充分展开。要理解这一问题就必须了解当时银行业改革的大背景。1997 年亚洲金融危机爆发后，中国银行业由于背负历史遗留的巨额不良资产引起国内外广泛关注，被认为已经到了"技术性破产"的边缘。尽管中国政府采取注资、核销等手段进行化解并取得一定成效，但忧虑和质疑的声音不绝于耳。另外，中国加入 WTO 后明确承诺五年内金融服务业将逐步全面开放，如何与外资银行同台竞争迫在眉睫。这些因素形成巨大的改革压力，推动国有商业银行开始严格规范信贷管理程序，加强公司化治理。作者在文中提到，"随后在省行推进的'扁平化'改革中，营业部和交易所分理处两个网点被划走，成为全省唯一的单网点二级分行，机关人员精简为 15 人"，"从 2003 年 7 月开始 A 省所有二级行的新增贷款一律由省行审批，在进入行业上也受到比较高的约束"，从中不难看到这场改革的力度之大和波及面之广。

各大国有商业银行从 2000 年前后相继进入改革期。这场改革有两个特点。第一，它是由中央政府自上而下强力推动的。在金融危机后，中央政府感受到金融风险对国家经济安全的巨大威胁，对防范金融风险空前重视，力图使国有商业银行在短期内达到国外银行业的公司治理水平，通过引入战略投资者、聘请全球知名咨询公司等方式，将国外银行业的先进经验，包括信贷管理技术快速移植过来。第二，出于对以往国有商业银行经营管理粗放、关联交易盛行、违法违规案件频发的一种纠正，各家银行普遍制定了相当严厉的追责制度，例如贷款"终身责任制"等。文中作者提到的各种正式规范就是在这样的大背景下出台的，与其说这是一种经济行为，毋宁说是一场政治动员。尽管财报指示器在了解借款人财务状况、减少信息不对称方面帮助不大，却是银行业务人员向上级证明其决策正当性和合理性的重要依据。信贷过程中产生"二元性结构"的根本原因在于国有商业银行面临的双重约束。银行经营行为既要具备政治正当性（满足尽职尽责的要求），也要具备经济正当性（满足盈利的要求），而且对政治正当性的要求还要高于经济正当性，卸责正是这一逻辑的必然结果。

还有很多有趣的问题值得进一步讨论。一般来说，技术应用要与市场发育情况相匹配，银行是"被动的"技术应用者，它采取何种信息采集技术，应取决于信贷市场中借款人的状况。当企业信息透明度较低时，通过长期的非正式关系传递信息更有效。而当市场发育成熟后，银行通过企业财报提取标准化的信息可以降低信息获取成本，就会进行自发的技术调整。但是在这个案例中，银行领先一步，率先采用了新的信息收集技术。短时间内，借款人无法及时满足新的技术要求，只能采取与信贷员"共谋"、"互惠"的方式，编制假财务报表使信贷评审制度"空转"。那么从长期来看，新的评审技术是继续被"架空"还是能反过来推进企业财务制度的规范化呢？在作者看来，"企业本应用来证明诚信的财务报表反而被认为缺乏诚信"，使用财报指示器实质上是鼓励了企业的粉饰、造假行为，产生了负的激励效应。那么能否通过某种制度设计，给市场提供足够的正向激励呢？在中国信贷市场上，还能找到不少类似财报指示器这样"空转"的制度。例如，近几年在去杠杆、去产能以及经济持续下滑的背景下，个人住房贷款受到银行业青睐，但是为配合国家房价调控措施，不少银行都出台了限贷政策，于是很多大城市出现了排着队欢欢喜喜办离婚的独特景观。如何评价政府干预的社会化后果？如何理解政治正当性和经济正当性双重约束下的融资行为？这些都是可以在未来进一步追踪的问题。

经济社会学研究　第四辑

第 108～132 页

社会资本、融资结网与企业间风险传染

——浙江案例研究[*]

吴　宝　李正卫　池仁勇[**]

摘　要：以往的社会资本研究大多关注于积极效应，较少提及其可能的负面效应。本文通过案例研究方法，以浙江绍兴和台州为研究对象，分析了社会资本、融资风险网络结构和风险传染之间的关系，为社会资本负面效应的理论研究提供了实证支持。研究发现，高社会资本会提高融资风险网络的平均中心度，降低网络破碎程度，并会致使网络凝聚程度提升，进而加剧企业间风险传染。据此，本文从社会资本角度对发生于我国实体经济中的风险传染现象做出了理论解释。

关键词：社会资本　负面效应　网络结构　风险传染

一　引言

2008 年雷曼兄弟破产后，金融风险迅速传染，引发了全球性的金融海啸。我国实体经济中也有类似的风险传染案例。东南沿海地区许多企

---

* 本文曾发表于《社会学研究》2011 年第 3 期。本文受国家自然科学基金项目（70873110；71072163）和教育部人文社科项目（08JA630080）资助。

** 吴宝，浙江工业大学中国中小企业研究院副教授，电子邮箱：wubao@ zjut. edu. cn；李正卫，浙江工业大学经贸管理学院教授，电子邮箱：z. w. lee@163. com；池仁勇，浙江工业大学中国中小企业研究院教授，电子邮箱：cd93401@ zjut. edu. cn。

业擅长运用社会资本寻求股权集资和贷款担保等融资合作，长期以来企业间形成了复杂的融资关系网络。一旦其中某家企业破产，风险往往沿担保链、股权链蔓延，进而酿成区域系统性风险。2008 年，位于绍兴的浙江华联三鑫石化有限公司投机 PTA 期货失败导致破产，在该地区引发了严重的风险传染，不仅拖累了其他 4 家股东，还通过担保关系在当地企业群中引发造成了剧烈的连锁反应。那么，区域核心企业破产后是否都会在当地企业群中引发大规模风险传染呢？我们注意到，同样是在 2008 年，位于浙江台州地区的飞跃集团有限公司也爆发了破产危机，却并未在区域内形成严重风险传染，区域内其他核心企业也未产生剧烈的连锁反应。

为什么面临两件相似的风险事件两地会有迥异的表现？我们认为，这与两地的社会资本有着紧密的联系。中小企业群中较为普遍的人格化的融资合作行为是以社会资本为载体发生的，是社会资本渗透于企业的融资过程之中（钱水土、翁磊，2009）。因而，不同的社会资本决定了两地不同的企业间融资关系网络，继而表现出不同的风险传染效应。对于社会资本与企业间风险传染之间关系的研究目前还甚少，该问题的深入探讨对区域经济风险防范具有很好的现实指导意义。另外，以往研究大多集中于讨论社会资本对工作寻找、技术创新、战略合作等方面的积极作用，较少提及社会资本的负面效应（Portes，1996；1998），关于社会资本负面效应的实证研究更是少见。本文通过案例研究方法，以浙江绍兴和台州为研究对象，以社会资本、融资网络结构和风险传染之间的关系为切入点，对社会资本的负面效应进行了实证分析。本文不仅可以帮助我们从一个较为新颖的角度理解区域风险传染的形成机制，也为波茨等人关于社会资本负面效应的论述提供了实证支持。

二 理论回顾与研究假说

（一）社会资本的负面效应

现有研究文献大多强调社会资本的积极效应，而较少提及其负面效应。在社会资本概念的形成、发展和应用过程中，这种忽略社会资本负面效应的倾向始终存在。布迪厄认为"社会资本是现实或潜在的资源的集合体，这些资源与拥有或多或少制度化的共同熟识和认可的关系网络有关，换言之，与一个群体中的成员身份有关"（Bourdieu，1985：248），强调与成员身份有关的资源却回避了获得和使用这些资源的代价及其可能带来的负面效应。此后，科尔曼从功能角度对社会资本进行了定义，强调社会资本可有效"促进行动者在社会结构内的特定行动"（Coleman，1990：302），将其描绘为依附于社会关系的生产性资源。而普特南在此基础上进一步把社会资本形容为信任、规范和网络等社会组织特征，认为它们能通过推动协调和行动来提高社会效率，提高了投资于物质资本和人力资本的收益（Putnam，1993：35－36）。此后，主流研究更是压倒性地强调社会资本的积极效应，并将其广泛应用于解决各种社会问题（Portes，1996；1998）。

针对这一研究倾向，部分学者表示了质疑，并从不同角度探讨了社会资本的负面效应。例如，汉森从关系维护成本角度提出对社会资本进行过度投资或不当投资可能会造成负担（Hansen，1998），而乌兹则认为过度嵌入会引发惰性和狭隘观念（Uzzi，1997）。波茨将社会资本负面效应归纳为 4 种表现形式（Portes，1996；1998）：①合谋排外，社会资本在为成员提供有价值资源的同时，也用成员资格排斥了可能的外来者，甚至合谋危害公众利益；②免费搭乘造成枪打出头鸟，强调团结互助的规范架构支持后进者向先进者谋求资助，后进者的社会资本帮助其获取资助，先进者却因免费搭乘承受社会负担，丧失积累和成功的机会；③限制个体自由和商业自主性，社会资本赖以运行的内部规范在追求团结的同时会施加个体控制，抑制有悖集体规范的行为；④向下沉沦的规范压力，某些群体团结的基础本身就是成员都身处相同的逆境或不为主流社会所认同，内部规范排斥和抑制试图摆脱这类困境的行为，使成员形成低端锁定，这在贫民窟、少年帮派等群体组织中最为典型。波茨等人对社会资本负面效应的论述多是理论分析，缺少比较系统的实证研究支持。同时，现有文献对社会资本负面效应的诸多问题还缺少系统的认识，相关研究还有待进一步拓展。

（二）理论模型与相关概念

本文认为，社会资本具有负面效应，它是影响企业间风险传染的重要因素。企业借助社会资本寻求融资合作，并在企业间编织了以股权集资和贷款担保为关系链的融资风险网络，却最终加剧了企业间的风险传染，危害区域经济系统的安全。为此，我们提出了"社会资本→

融资风险网络结构→传染效应"的理论模型以及对应的理论假说，详见图1。下面先对理论模型中的相关概念做出解释和说明，有关社会资本、融资网络结构和风险传染之间关系的理论假说将在下一部分详细阐述。

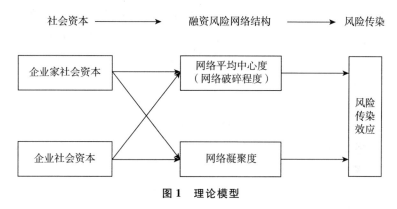

图1　理论模型

1. 社会资本

企业在寻求贷款担保与股权集资等融资合作时，往往交替运用分属于企业家和企业这两个分析层面的社会资本。现有文献对社会资本的分类主要有微观社会资本、中层社会资本和宏观社会资本之分（Brown，1999；Turner，1999），个体社会资本与集体社会资本之分（Lin，2001；Putnam，1993）。也有部分研究将上述社会资本等同处理。例如，边燕杰、丘海雄（2000）就采用企业家的社会联系来测度企业的社会资本。考虑到两类社会资本的作用可能是有区别的，且分属于两个分析层面，本文主要借鉴社会资本研究文献对社会资本分类表述，将社会资本区分为根植于企业家个人关系网络的企业家社会资本和根植于企业间制度化关系网络的企业社会资本。

2. 融资风险网络结构

本文定义的融资风险网络是指企业间通过股权集资或贷款担保所建立起来的关系网络，该网络的节点是企业，节点间是否有连接取决于它们之间是否有股权集资或贷款担保关系。目前对网络结构的测度有多个指标，包括中心度、路径、密度、派系以及凝聚系数等。本文主要选择了中心度、派系和凝聚系数这几个指标。中心度是指节点（企业）拥有的股权集资和贷款担保的关系数量，网络平均中心度是网络内所有节点中心度的均值。派系是指这样的一个子网络，该子网络内任何两个节点都能直接或间接地实现连接，但它们都不与该子网络外的节点连接。由于派系的存在，网络整体结构表现为派系化的破碎结构（fragmented structure），本文将其细碎程度称为网络破碎程度。网络平均中心度与网络破碎程度存在紧密关联。一般而言，网络平均中心度越高，网络内孤立点和派系数量越少，网络破碎程度越低。凝聚系数指征节点在融资风险网络内的抱团凝聚倾向。网络凝聚系数是网络内所有节点的凝聚系数均值。在派系化破碎结构中，网络凝聚系数其实度量了网络内各派系内部凝聚程度的总体水平。

3. 风险传染

风险传染是指企业间财务困境的传递（Allen & Gale，2001），最为典型的就是企业破产导致的多米诺骨牌现象。风险传染的效果主要根据传染范围和实际破坏程度来评判。

（三）研究假说

1. 社会资本、网络破碎程度与风险传染

由于存在严重金融抑制，我国金融体系在资源配置上具有明显的城市化和国有部门化倾向（Park & Sehrt，2001；钱水土、翁磊，2009），分布于浙江各地产业集群中的民营企业在创业和发展过程中都依赖相互担保、股权集资和民间借贷等形式获取资金。陈勇江、柴友兰（2007）对浙江民营企业的调查显示，依靠企业家社会关系网络和企业间关系网络获得融资是民营企业创业期和发展期的重要融资形式。企业间的融资互助有一个极为重要的特征是它发生于彼此都较为熟悉的人群内部（Cope & Kurtz，1980），而非市场化、匿名化，是嵌入某种社会网络或社会纽带之中的。黄祖辉等对浙江温州的调查发现，许多企业家在创业初期充分利用亲缘、血缘、地缘等纽带关系来获取资金，其关系网络分摊了创业风险，而企业家所付出的代价就是欠下"人情债"（Huang et al.，2007）。

分布于浙江各县市的块状经济是典型的社会网络型产业集群，置身于其中的企业家和企业相互之间结成复合型的关系网络，群体内存在较强的互助性规范（朱华晟，2003）。这类互助性的内部规范源于"五缘"（血缘、亲缘、地缘、行缘、学缘）和"五同"（同宗、同姓、同乡、同学、同好）等社会关联，并在长期互惠交往中得以加强，试图逃避"人情债"和互助义务的企业和企业家不仅不能享受社会资本带来的融资便利，还会受到群体价值规范的严厉评判。然而，互助规范的长期运转也

可能限制企业的商业自主性（Portes，1996；1998），从而使企业接受过多的融资互助安排。企业家和企业组织在长期社会交往中都会相互欠下各种形式的"人情债"，无论是出于互惠性规范还是出于集体强制信任，都难以回绝其他成员的求助。既然无法摆脱融资互助规范，而且融资互助行为的确为企业创造了融资便利，那么受到金融抑制的民营企业很容易主动去编织融资风险网络，而较少顾忌由此产生的风险，最终造成社会资本"向下沉沦压力"的负面效应，使企业过于依赖成员间融资合作，从而导致融资风险网络过于密集。

总体上，社会资本越强的企业越能把握住与其他企业的融资合作机会，建立的合作关系数量也就越多。从区域网络层面看，区域内两类社会资本越高，融资风险网络的平均中心度也越高。一般而言，网络平均中心度越高，代表网络连通性越好，网络内孤立点和派系数量也就随之下降，网络破碎程度也就越低（Wasserman & Faust，1994）。派系化破碎结构是社会网络的普遍特征（Holland & Leinhardt，1971；Watts & Strogatz，1998），也是融资风险网络最为重要的结构特征。中小企业借助社会资本展开融资合作，抱团结网，在融资风险网络中凝聚成为派系。由于派系之间互不连通，风险传染也就被限制于爆发风险事件的派系内部。因此，更为细碎的派系化破碎结构就成为遏制风险传染的天然屏障，可以很好地防止大规模风险传染的发生。随着网络破碎程度下降，网络遏制大规模风险传染的能力也削弱了。据此，本文提出以下研究假说。

假说1：企业家社会资本越高，融资风险网络的平均中心度也越高，网络破碎程度随之下降，遏制大规模风险传染的能力越低。

假说2：企业社会资本越高，融资风险网络的平均中心度也越高，网络破碎程度随之下降，遏制大规模风险传染的能力越低。

2. 社会资本、网络凝聚系数与风险传染

社会资本对融资风险网络结构的另一个负面效应是增强企业抱团凝聚倾向，提高派系内部凝聚程度，加剧派系内的风险集聚。如前所述，社会资本可以促进企业之间融资结网，提高网络平均中心度，这为企业之间的抱团凝聚提供了客观条件。然而，更为重要的是社会资本会增强企业在小群体内融资合作的倾向，从而提高小群体内部融资结网的凝聚程度。首先，社会资本与成员身份密不可分（Bourdieu，1985；Coleman，

1990），企业借助社会资本寻求融资合作时，其合作对象也大多属于社会资本所对应的小群体成员。社会资本越高，其合作对象就越容易出现在小群体成员之间，在群体内融资结网的可能性也就越大。从小群体层面看，各个成员的社会资本越高，群体内部融资风险关系链交织得越密集，各个成员的凝聚系数也就越高。其次，社会资本来源于群体内的信任、规范和较为紧密的网络（Coleman，1990；Putnam，1993），这些要素可以为成员提供社会支持，促进成员间的合作，提高群体凝聚力（Putnam，1993）。在浙江等东南沿海地区，彼此间地理位置邻近的企业家由于社会联系紧密和长期互惠交往，群体内部具有较高的凝聚力（池仁勇，2005；李路路，1995；徐延辉，2002）。企业之间也通过制度化网络关系，建构了具有明确利益诉求的关系网络，企业群内凝聚力较强（朱华晟，2003；王珺，2004）。社会资本与内部凝聚力密不可分，社会资本总是与高凝聚力群体相对应。企业的融资结网是群体凝聚力的自然延伸，群体凝聚力反映在网络结构上就是增强派系内部的凝聚系数。另外，社会资本是依附于关系网络的，在小群体内部具有一定的公共性特点（Coleman，1990）。所有成员的社会资本在一定程度上是高度相关的。某一成员运用社会资本向其他成员寻求融资合作时，其合作对象可以便利地运用类似的社会资本在小群体内获得融资合作。群体内社会资本越高，群体内融资风险网络的凝聚系数也就越高。因此，本文认为，在个体层面上，社会资本会提高个体在派系内部融资结网的凝聚倾向；而上升到网络层面上，社会资本会提高网络凝聚系数，造就高凝聚度的融资结网派系。

高凝聚度的派系内部呈现很强的抱团倾向，相互之间交织着复杂的融资风险链，常常表现为一荣俱荣、一损俱损。高凝聚系数意味着自己融资合作的对象之间也在相互抱团展开融资合作，意味着自己出现财务危机时，自己的伙伴很可能也正在遭受财务困境。这类派系不仅普遍面临着更为密集的潜在传染路径，而且存在许多风险传染回路。财务困境在这些风险传染回路中很容易被放大，形成风险增殖和风险加速（Gatti et al.，2006）。虽然有研究表明高凝聚度有助于提高企业个体分散风险的能力（Allen & Gale，2001），但这更可能是在系统风险和个体风险之间的危险权衡。凝聚度过高时，系统性风险会显著增加，越过某个临界值后，风险传染的频率和剧烈程度均会显著增加（Battiston et al.，2007）。据此，本文又提出以下研究假说。

假说3：企业家社会资本越高，融资风险网络的凝聚系数越高，越容易加剧派系内的风险传染。

假说4：企业社会资本越高，融资风险网络的凝聚系数越高，越容易加剧派系内的风险传染。

三　研究方法

（一）研究设计

1. 案例选择

受2008年金融危机影响，绍兴的浙江华联三鑫石化有限公司（以下简称"华联三鑫"）和台州的飞跃集团有限公司（以下简称"飞跃集团"）濒临破产，并在两地引发了不同程度的风险传染。本文选择上述案例进行比较研究，主要是考虑案例的代表性和可比性。浙江绍兴和台州都是著名的内源性产业集聚区，社会资本和社会网络在区域经济发展中作用显著，是相关研究关注的典型区域（池仁勇，2005；郑小勇，2008）。两家破产企业均为区域核心企业，破产危机牵扯面广、影响力大，具有很好的代表性。同时，两个案例在产业背景、地域特点和经济背景等方面都较为一致，有效地限制了外生变量的系统性差异，案例可比性强。另外，案例选择也兼顾了数据可得性。两地上市企业多，信息披露较为充分，两家企业破产也深受媒体关注，这都为案例分析提供了丰富的数据和信息。

2. 数据收集与处理

本文的数据来源主要是2007～2008年上市公司年报、公告等信息披露，有关华联三鑫和飞跃集团事件的相关媒体报道，公司网站信息与其他公开信息。对于并非来自上市公司披露的信息（如媒体报道）都经过两个以上信息来源的交叉印证。根据类似案例研究的建议①，数据收集与整理采用下述程序。首先，研究人员共同确定信息收集范围、定性评判标准以及编码处理方式，随后各由1人对两地网络分别进行信息编码处理，并交叉验证信息编码结果，最后由第3人对两地网络数据再次进行验证。两地融资风险网络的结构主要借助于社会网络分析软件（UCINET

---

① 采用情报内容分析和编码方法处理案例研究数据的代表文献例如阎爱民和巴巴拉·格雷发表在 *Academy of Management Journal* 上的案例研究论文（Yan & Gray，1994）等。

6.0）进行测度；社会资本的测量则借鉴了情报学的内容分析法（Content Analysis），对样本企业背景和企业家简历信息逐个进行编码，将公开信息中的文字描述转换为量化的分值。根据类似案例研究的建议，编码所参考的问题如表1所示。若企业背景符合选项标准则编码为1，反之则为0，然后逐项相加，编码分值越高说明企业家社会资本或企业社会资本越多。

表1　两种社会资本测度指标编码内容

类型	测度指标	编码问项
企业家 社会资本	政治参与	法人代表或实际控制人是否为人大代表或政协委员
	社会荣誉	法人代表或实际控制人是否荣获重大社会荣誉奖项（省市县级劳模、先进个人、优秀企业家、三八红旗手等）
	社会兼职	法人代表或实际控制人是否担任行业或地方组织的领导职务
	股东本地化	董事会或股东成员是否基本（80%以上）来自本地
	连锁董事	是否与其他企业（非全资子公司）存在连锁董事
企业 社会资本	区域地位	是否是本地（绍兴地区或台州地区）百强企业
	集聚地位	是否为区域主要集聚产业（绍兴纺织、医药化工、环保设备、汽摩配、铜加工等；台州医药化工、汽摩配、模具、家电、服装设备、阀门与泵等）的核心企业
	公开上市	是否为公开上市的股份制公司
	业务本地化	本地销售和采购是否业务往来重点
	企业历史	公司成立是否超过8年（2000年以前成立）

3. 融资风险网络图

（1）节点：案例研究选取华联三鑫和绍兴地区全部上市公司共34家大企业作为绍兴网络的初始节点，选取飞跃集团和台州地区全部上市公司共17家大企业作为台州网络的初始节点，然后采用提名法根据企业披露的融资风险关系链将两个网络拓展至118个和56个节点。

（2）关系链：按照节点间是否存在直接的股权关系和担保关系确定两个节点间是否存在融资风险关系链，根据风险相互依赖特征，融资风险关系链设计为双指向关系。

（二）指标测度

1. 社会资本测度

现有文献主要从网络位置、网络资源和网络关系等角度测度社会资本（张文宏，2003），但具体如何测度社会资本仍存在争议（边燕杰、丘海雄，2000；刘林平，2006）。本文的社会资本测度更多的是配合事件性案例分析所用。考虑到测度的精确性和可取数据的真实性，本文从政治参与、社会荣誉、社会兼职、股东本地化和连锁董事等5个方面测量企业家社会资本（详见表1）。是否担任人大代表或政协委员、是否获得重大社会荣誉、是否担任重要的社会兼职均反映了企业家的社会活动能力和社会地位，是企业家社会资本的重要体现（邬爱其、金宝敏，2008）；董事或股东的本地化表明企业家团队动员本地社会关系服务企业发展的能力；连锁董事网具有资源获取功能、应对环境不确定性功能、协调与控制功能以及学习功能（任兵等，2004），有利于增强企业家与外部机构的联系，它也是企业家社会资本的一项重要内容。

同时，本文从企业区域地位、集聚地位、公开上市、业务本地化和企业历史5个方面来衡量企业在区域经济体系内具备的社会信任和关系网络，进而测度企业社会资本。是否为本地百强企业体现了企业在区域经济体系内的地位，是否为主要集聚产业的核心企业体现了企业在集聚经济体中的地位。两项指标都与企业拥有的社会资源及关系网络有关。上市公司普遍具有更丰富的网络关系和更多的社会资源，因此本文把是否为公开上市的股份制公司也作为测度企业社会资本的一项指标。本地销售和采购是否为业务往来重点，指征企业与当地社会分工体系的紧密程度。而企业发展历史也是衡量企业社会交往持续时间的重要测度，也是企业社会资本的重要指标。

2. 融资风险网络的结构测度

（1）中心度与网络破碎程度。本文用节点中心度测度企业在融资风险网络中的关系数量。网络平均中心度为网络内所有节点的中心度均值，可以衡量网络的连通性。经验证据表明，社会网络等现实生活中的复杂网络具有小群体特征，即整个网络呈现派系化破碎结构。一般来说，网络平均中心度越高，孤立点与派系数量越少，网络破碎程度则越低。为了更加直观地衡量网络破碎性，本文另外采用规模最大的3个派系规模之和占网络节点总数的比例来补充测度网络破碎程度。

（2）凝聚系数。节点 i 的凝聚度 C_i 计算公式为 $C_i = 2E_i / (d_i \times (d_i - 1))$。其中 d_i 为节点 i 的中心度，即节点 i 的邻居数量；E_i 为节点 i 的 d_i 个邻居之间实际存在的边数，$(d_i \times (d_i - 1))/2$ 代表这 d_i 个邻居之间可以存在的边数（江小帆等，2005）。对于邻居数量小于等于1个的节点，凝聚度为0。凝聚度 C_i 的取值范围为 0 ~ 1。网络凝聚系数 C 是网络内所有节点的凝聚系数平均值。在派系化破碎结构中，网络凝聚系数其实度量了网络内各派系内部凝聚程度的总体水平。

3．风险传染评价

案例研究在分析华联三鑫和飞跃集团破产引发的风险传染过程的基础上，通过比较潜在的传染范围、企业破产的连锁反应和区域经济受破坏程度来定性判断风险传染效应大小。

四　案例分析与讨论

（一）案例背景

投产于 2005 年的华联三鑫凭借亚洲第一、全球第二的 180 万吨 PTA 年产量，保护着绍兴纺织产业链的原料源头。然而，受石油等原材料价格持续上涨以及 PTA 市场价格下降的双重影响，企业 2006 年起利润率不断下滑。2008 年，企业为扭转 PTA 价格的下滑趋势，冒险地投机 PTA 期货市场，造成了巨亏，使原已紧张的资金链濒临断裂。同年 9 月底某异地银行收回贷款后，企业立刻被迫停工陷于绝境。华联三鑫破产直接拖累华联、华西、展望、加佰利等 4 家股东和当地一大批相互担保企业，其中的一些企业随后也濒临破产，风险的传染范围扩大至绍兴整个纺织产业网络。

台州的飞跃集团是全球规模最大的缝纫设备供应商。由于技改和项目投资过大，该公司向银行和民间机构借入大量贷款，负债率一直居高不下。2008 年公司经营状况恶化，难以支付高额利息，最终也在异地银行停贷后出现资金链断裂。破产重组前欠下数额巨大的银行贷款和民间借款。公司股权结构封闭，外部担保关系只有 2 家当地大企业，破产后虽直接拖累了为其配套的供应商和民间借贷者，但区域核心企业间风险传染较为有限，对当地产业网络的破坏不大。

（二）社会资本的测度结果

企业家社会资本和企业社会资本的测量结果见表 2。首先，企业家社会资本的测度结果显示，绍兴和台州企业的企业家社会资本的平均指标为 3.390 和 2.875。绍兴的企业家担任人大代表或政协委员、获得重要社会荣誉和兼任社会兼职的比例都要高于台州企业家，说明绍兴企业家具有更高的社会信任和声誉，占据更多的社会资源。同时，股东本地化和连锁董事指标也表明，绍兴企业高层间的社会联系更为紧密。总体来看，绍兴企业家的个体社会资本在统计上显著高于台州企业家（$p < 0.01$）。其次，企业社会资本的测量结果显示，两地企业的区域地位、集聚地位、公开上市和公司历史等测量指标大致相当，但台州企业的业务本地化指标显著高于绍兴企业。台州和绍兴的企业社会资本指标均值为 2.525 和 2.821，但地区差异在统计上并不显著。

表 2　绍兴、台州两地社会资本测度的分项指标均值统计

类型	分项均值		绍兴（N = 118）	台州（N = 56）	地区差异
	企业家社会资本		3.390	2.875	0.515 ***
企业家社会资本	其中	政治参与	0.703	0.625	0.078 *
		社会荣誉	0.746	0.643	0.103 **
		社会兼职	0.661	0.554	0.107 **
		股东本地化	0.492	0.482	0.009
		连锁董事	0.788	0.571	0.217 ***
	企业社会资本		2.525	2.821	− 0.296
企业社会资本	其中	区域地位	0.314	0.357	− 0.044 *
		集聚地位	0.525	0.536	− 0.010
		公开上市	0.297	0.321	− 0.025
		业务本地化	0.670	0.821	− 0.152 **
		公司历史	0.720	0.786	− 0.065

注：编码内容参见表 1。地区差异采用独立样本 t 检验，*** $p < 0.01$，** $p < 0.05$，* $p < 0.10$。

总体而言，绍兴地区产业集群分工细密，上下游细分行业间紧密依存，同行企业间相互担保也较为频繁，企业总体社会资本（包括企业家社会资本和企业社会资本）较高。而台州医药化工、服装设备、机械电子等集群内普遍是配套企业围绕焦点企业的轮轴式分工群落，但群落间竞争激烈，同行相互担保较少。李桢业（2008）对台州缝纫机产业集群的研究指出，当地具有"乡缘"或"亲缘"企业所组成的生产协作体系，一般都保持着十分稳定而密切的，有时甚至是排外的协作关系，具有闭锁性质。这限制了企业总体社会资本的提高。

（三）两地融资风险网络的结构测度

经过对融资风险关系链的确认与梳理，本文绘制了绍兴地区和台州地区的融资风险网络图（见图2、图3）。由图2可以直观地看出，绍兴118个节点共分布在15个派系中，其中包括5个孤立点。最大的派系为华联三鑫所在派系，包括37个节点。规模最大的3个派系涉及80个节点，占绍兴网络规模的67.80%。由图3可知，台州地区56个节点共分布于18个派系中，其中包括7个孤立点。最大的派系为飞跃集团所在派系，包括10个节点。规模最大的3个派系涉及24个节点，占台州网络规模的42.86%。这说明，绍兴网络为连通性和整体性更强的派系结构，台州网络则属于较为破碎的派系结构。

我们应用社会网络分析技术测度了两地融资风险网络图，其结果见表3。绍兴的网络平均中心度为2.441，显著高于台州网络的1.500（$p < 0.01$），其融资风险的传染路径明显多于台州网络。绍兴网络凝聚系数为0.240，显著高于台州的0.163（$p < 0.05$），其网络凝聚程度明显高于台州。这在两地网络主要派系的指标统计中也得到了印证（见表4）。

具体到案例中涉及的华联三鑫派系和飞跃集团派系，由表4可知，华联三鑫派系较高的平均中心度（3.30）有利于促进派系内部的凝聚程度。华联三鑫派系内凝聚系数均值为0.23，也要高于飞跃集团派系的0.14。比较两个派系的网络图可直观地发现（见图2、图3），华联三鑫派系的凝聚程度要高于飞跃集团派系，内部闭合环路也明显多于飞跃集团派系。

（四）社会资本对网络结构的影响

首先，在企业个体角度上，本文将企业家社会资本、企业社会资本与企业（节点）中心度、企业（节点）凝聚系数进行了Person相关性检验（见表5）。结果表明，企业家社会资本和企业社会资本与企业中心度显著正相关（显著性水平都为$p < 0.01$）。因而，支持了本文命题假说1和假说2。同样，相关性检验也说明了企业家社会资本与企业凝聚系数显著正相关（显著性水平$p < 0.01$），支持了本文命题假说3。但企业社会资本与企业凝聚系数的相关性在统计上并不显著，假说4在此并未获得支持。另外，企业家社会资本与企业社会资本显著正相关，中心度与凝聚度显著正相关，这都符合理论预期。

其次，从网络总体来看，绍兴和台州网络在结构上存在明显区别，绍兴网络平均中心度显著高于台州，网络破碎程度显著低于台州（见图2、图3）。

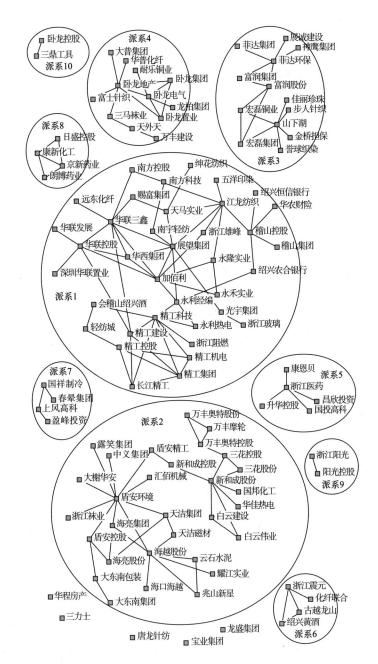

图 2　绍兴主要派系构成情况

注：派系 1 成员主要为绍兴纺织企业，派系 2 成员多为新昌和诸暨的机械电子企业，派系 3 成员集中于诸暨，派系 4 成员多来自上虞，派系 5 成员均为医药企业，派系 6 成员均为绍兴国有企业，派系 7 成员多为上虞环保设备企业，派系 8 成员多为新昌医药企业。派系 9、10 成员间存在股权关联。此外，图中还有 5 个孤立点。

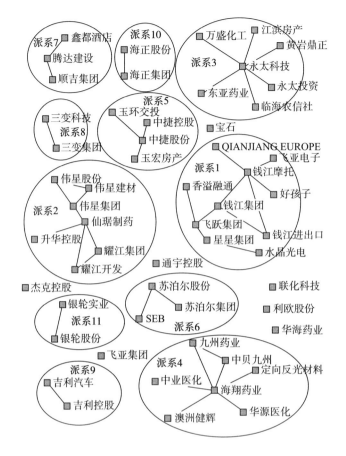

图 3 台州主要派系构成情况

注：派系 1 成员主要为椒江区机械电子企业，派系 2 成员行业和地域特征不明显，派系 3 成员多为临海区化工企业，派系 4 成员多为椒江区制药企业，派系 5 成员集聚于玉环县，派系 7 成员多为建筑企业。派系 6、8、9、10、11 成员间存在股权关联。此外，还有 7 个孤立点。

表 3 绍兴、台州两地融资风险网络的结构属性统计

结构指标	统计量	绍兴（N = 118）	台州（N = 56）	地区差异
中心度	网络平均中心度	2.441	1.500	0.941 ***
凝聚系数	网络凝聚系数	0.240	0.163	0.097 **
派系构成	派系数量	15 个	18 个	-
	其中，孤立点	5 个	7 个	-
前三大派系的规模占比		67.80%	49.20%	18.6%

注：编码内容参见表 1。中心度和凝聚系数的地区差异采用独立样本 t 检验，*** $p < 0.01$，** $p < 0.05$。

表4　绍兴、台州两地融资风险网络主要派系统计

编号	绍兴网络			台州网络		
	规模	中心度均值	凝聚系数均值	规模	中心度均值	凝聚系数均值
1	37	3.30	0.23	10	2.00	0.14
2	30	2.47	0.27	7	2.29	0.64
3	13	2.15	0.27	7	1.71	0.00
4	12	2.33	0.20	7	2.00	0.30
5	5	1.60	0.00	4	1.50	0.00
6	4	2.00	0.58	3	1.33	0.00
7	4	1.50	0.00	3	1.33	0.00
8	4	2.50	0.83	2	1.00	0.00
9	2	1.00	0.00	2	1.00	0.00
10	2	1.00	0.00	2	1.00	0.00
11				2	1.00	0.00

注：表格中只列出了两地除孤立点之外的共21个派系。派系成员参见图2和图3。

同时，绍兴网络的凝聚系数显著高于台州网络。比较两地区派系的凝聚系数，也发现绍兴派系的凝聚系数普遍高于台州派系（见表4）。上述比较结果与两地的企业家社会资本的差异相呼应，为本文命题假说1和假说3提供了支持。由于绍兴、台州两地企业社会资本并不存在显著差异，在网络总体层面未能找到足够证据支持命题假说2和假说4。最后，综合个体和网络两个层面的分析，本文发现社会资本对融资网络结构的网络平均中心度、破碎程度和凝聚度都产生了影响，而且企业个体社会资本的影响更为突出。

表5　社会资本与结网特征的 Pearson 相关性检验

	企业家社会资本	企业社会资本	节点中心度	节点凝聚系数
企业家社会资本	1			
企业社会资本	0.206 *** (0.006)	1		
节点中心度	0.260 *** (0.001)	0.164 ** (0.031)	1	
节点凝聚系数	0.261 *** (.001)	−0.127 (0.096)	0.176 ** (0.020)	1

注：括号内数字为 p 值（双尾检验）。*** $p < 0.01$，** $p < 0.05$。

上述观点在案例细节中也得到了印证。绍兴杨汛桥地区拥有浙江玻璃、精工建设、展望、永隆等多家上市公司，相互间依托社会资本编织了复杂的互保关系网络。这些公司的创始人都是杨汛桥当地人，而且早年多在绍兴杨汛桥公社修建服务队共过事，有的还是同学关系。借助于企业家"五缘"和"五同"等紧密的社会联系，无业务往来、无股权关联的企业也可以很容易建立起担保关系。而这类关系链恰恰就是风险从一个企业集团向另一个企业集团传染的关键路径。例如，华联三鑫所在的派系就是通过互保关系串联了不同的企业集团，从而联结成为 37 个节点规模的派系。总体来看，绍兴企业不仅企业社会资本较高，而且邻近企业间高层交往频繁，拥有较高的企业家社会资本，促使地理邻近企业抱团合作，形成了破碎程度低、凝聚系数高的融资风险网络结构，为大规模风险传染埋下了隐患。而台州企业虽然也具有较高的企业社会资本，但轮轴式分工模式和分工群落间的竞争气氛限制了企业家的个体社会资本，最终形成了破碎程度高、凝聚度相对较低的融资风险网络，对大规模风险传染具有较高的免疫力。

(五) 网络结构对风险传染的影响

融资风险网络结构对风险传染的影响主要归因于网络破碎程度和派系内的凝聚程度。

首先，派系之间由于缺少传染风险的路径，相互间不会传染风险，这表明派系构成模式是影响风险传染的关键因素。由大量小规模派系或孤立点构成的破碎结构在遏制大规模风险传染方面具有天然的优势。华联三鑫和飞跃集团所引发的风险传染的最大波及范围也就是各自所处的派系。华联三鑫所在派系规模为 37 个节点，飞跃集团所在派系为 10 个节点，这就限定了两家企业破产会对区域经济造成的危害程度。台州更为破碎的网络结构决定了其不可能发生绍兴那样大规模的企业间风险传染。

其次，高凝聚度的派系内部呈现很强的抱团倾向，相互之间交织着复杂的传染路径，企业往往面临着更多的闭合环路作为传染路径。这为风险在传染过程中的增殖提供了条件，加剧了风险传染效应（Gatti et al.，2006）。这在绍兴华联三鑫的风险传染过程中表现得尤为突出。华联三鑫引发的风险传染可以分为 4 个阶段（见图 4）。2008 年以来，华联三鑫一直处于财务困境当中，5 月，4 家股东（华联、华西、展望和加佰利）刚完成一次增资扩股，调整担保关系。此时，风险传染局限于股东

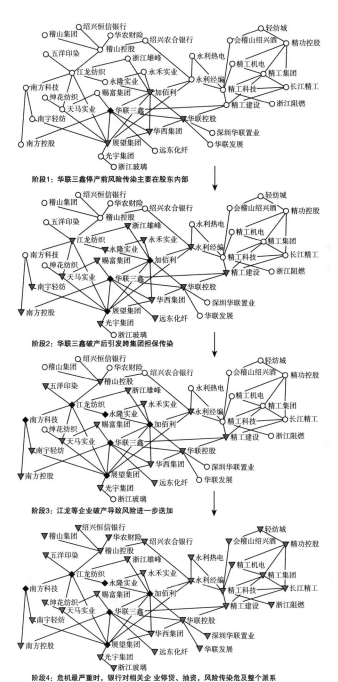

图 4　华联三鑫所在派系内的风险传染过程

注：菱形节点为陷入破产危机的企业；三角形节点为受到严重风险传染的企业；圆形节点为基本未受风险传染的企业。

内部。华联三鑫 PTA 期货投资失败后，财务状况迅速恶化；9 月，银行停贷、抽资后立即停产陷入破产危机（阶段 1）。

华联三鑫停产后，贷款担保等财务风险迅速爆发，并沿关系网络向外扩散。4 家股东与华联三鑫之间几乎构成了一个 5 个节点的完备子图，传染路径中过多的闭合环路首先使 4 家股东在华联三鑫停产后不堪重负，马上陷入严重的财务困境，其中展望和加佰利随即陷入破产危机。同时，华联三鑫、展望和加佰利的破产风险也迅速通过担保关系传染至周边企业，十余家企业因此受到直接牵连。更为重要的是，这些企业相互间又存在许多股权和担保关系，形成了很多的闭合环路。在银行对相关企业采取了停贷、抽资等一系列措施后，密集的闭合环路再次加剧了风险传染效应，导致这批核心企业的财务状况严重恶化（阶段 2）。依托社会资本建立的担保关系网络成为该阶段最为重要的传染方式。2008 年 10 月，同一派系内的江龙集团也停工破产，迅速形成了新一波的风险传染（阶段 3）。派系内过于密集的担保回路，使风险在传染过程中不断增殖，南方科技、永隆实业等企业陷入破产危机，区域经济的系统性风险迅速上升。在风险传染达到顶峰时，金融机构对区域内企业都采取了停贷和回笼贷款的措施，一度使整个派系内成员人人自危（阶段 4）。这一局面一直到地方政府强力介入后才有所改观。相比之下，飞跃集团只与 2 家当地大企业存在担保关系，且相互间不存在闭合回路（飞跃集团节点凝聚系数为 0，参见图 3），不易引起风险传染的增殖和风险加速。风险传染最终被遏制在初级阶段。

综合上述分析可知，两地的社会资本，尤其是企业家社会资本，影响了两地融资风险网络的破碎程度和网络凝聚度，进而造成了两地风险传染的差异。从地区来看，绍兴的风险传染效率更高，风险传染效应也更为剧烈。回到个案上分析，两地的风险冲击恰恰都发生在各自网络内最大的派系中。华联三鑫派系的网络规模（37 个节点）、中心度均值（3.30）和凝聚度（0.23）都明显高于飞跃集团派系的网络规模（10 个节点）、中心度均值（2.00）和凝聚度（0.14）。两地风险传染存在的差异可以直接归因于上述结构因素。然而，正如本文所分析的，社会资本才是隐藏于网络结构背后的决定因素。

五　结论

本文从企业风险角度对社会资本的负面效应进行研究，深化了波茨等学者对社会资本负面效应的理论思考，并为相关理论观点提供了实证支持。本文的案例实证发现，社会资本会对融资风险网络结构产生两方面负面影响，进而加剧风险传染效应。首先，社会资本会提高网络平均中心度，降低派系构成的破碎程度，削弱遏制大规模风险传染的能力；另外，也会增强网络凝聚系数，使派系内部关系过于密集，造成过多的闭合环路，加剧派系内风险传染。本文论证了"社会资本→融资风险网络结构→传染效应"的关联逻辑，从社会资本角度对发生在我国实体经济中的风险传染现象做出了理论解释。按照这一逻辑，绍兴和台州两个地区风险传染差异可以从两地社会资本，尤其是企业家社会资本的差异中得到很好的解释。

另外，作为风险传染和系统风险研究领域中首个应用社会网络分析方法讨论社会资本与风险传染效应关联机理的案例研究，本文有力地补充了相关领域侧重于理论和仿真实验的研究文献。本文的研究案例均来自浙江省企业网络，社会资本测量和相关性分析也是针对案例样本设计的，研究结果有待后继研究在其他区域环境和样本空间中进一步证实。

参考文献

边燕杰、丘海雄，2000，《企业的社会资本及其功效》，《中国社会科学》第 2 期。

陈勇江、柴友兰，2007，《民营企业依靠社会资本融资的调查与分析——以浙江汉民营企业为例》，《财会研究》第 12 期。

池仁勇，2005，《区域中小企业创新网络形成、结构属性与功能提升：浙江省实证考察》，《管理世界》第 10 期。

江小帆等，2006，《复杂网络理论及其应用》，清华大学出版社。

李路路，1995，《社会资本与私营企业家——中国社会结构转型的特殊动力》，《社会学研究》第 6 期。

李桢业，2008，《特殊协作关系上的创新阻碍与外部机会研究——浙江台州缝制设备产业集群创新案例解析》，《科研管理》第 6 期。

刘林平，2006，《企业的社会资本：概念反思和测量途径——兼评边燕杰、丘海雄的〈企业的社会资本及其功效〉》，《社会学研究》第 2 期。

钱水土、翁磊，2009，《社会资本、非正规金融与产业集群发展——浙江经验研究》，《金融研究》第 11 期。

任兵等，2004，《连锁董事、区域企业间连锁董事网与区域经济发展——对上海和广东两地 2001 年上市公司的实证考察》，《管理世界》第 3 期。

王珺，2004，《社会资本与生产方式对集群演进的影响——一个关于企业集群的分类
　　与演进框架的讨论与应用》，《社会学研究》第 5 期。

邬爱其、金宝敏，2008，《个人地位、企业发展、社会责任与制度风险：中国民营企
　　业家政治参与动机的研究》，《中国工业经济》第 7 期。

徐延辉，2002，《企业家的伦理行为与企业社会资本的积累——一个经济学和社会学
　　的比较分析框架》，《社会学研究》第 6 期。

张文宏，2003，《社会资本：理论争辩与经验研究》，《社会学研究》第 4 期。

郑小勇，2008，《行业协会对集群企业外生性集体行动的作用机理研究》，《社会学研
　　究》第 6 期。

朱华晟，2003，《浙江产业群——产业网络、成长轨迹与发展动力》，浙江大学出
　　版社。

Allen, Franklin & Douglas Gale. 2001. "Financial Contagion." *Journal of Political Econo-
　　my*, 108 (1).

Battiston, Stefano, Domenico Delli Gatti, Mauro Gallegati, Bruce Greenwald & Joseph E.
　　Stiglitz. 2007. "Credit Chains and Bankruptcies Propagation in Production Networks."
　　Journal of Economic Dynamics and Control, 31 (6).

Brown, Tomas Ford. 1999. "Theoretical Summary of Social Capital." Working Paper, Uni-
　　versity of Wisconsin.

Bourdieu, Pierre. 1985. "The Forms of Social Capital." In *Handbook of Theory and Re-
　　search for the Sociology of Education*, ed. by John G. Richardson. Westport, C. T.：
　　Greenwood Press.

Coleman, James S. 1990. *The Foundations of Social Theory.* Cambridge, M. A.：Belknap
　　Press of Harvard University.

Cope, Thomas & Donald V. Kurtz. 1980. "Default and the Tanda：A Model Regarding Re-
　　cruitment for Rotating Credit Associations." *Ethnology*, 19 (2).

Gatti, D. Domenico, Mauro Gallegati, Bruce Greenwald, Alberto Russo & Joseph E. Stigl-
　　itz. 2006. "Business Fluctuations in A Credit-network Economy." *Physica A.* 370.

Hansen, Morten T. 1998. "Combining Network Centrality and Related Knowledge：Explai-
　　ning Effective Knowledge Sharing in Multiunit Firms." Working Paper, Harvard Busi-
　　ness School.

Holland, Paul W. & Samuel Leinhardt. 1971. "Transitivity in Structural Models of Small
　　Groups." *Comparative Group Studies* (2).

Huang, Zuhui, Xiaobo Zhang & Yunwei Zhu. 2007. "The Role of Clustering in Rural In-
　　dustrialization：A Case Study of the Footwear Industry in Wenzhou." *China Economic
　　Review*, 19 (3).

Lin, Nan. 2001. *Social Capital：A Theory of Social Structure and Action.* Cambridge：Cambridge University Press.

Yan, Aimin &Barbara Gray. 1994. "Bargaining Power, Management Control and Perform-ance in United States-China Joint Ventures: A Comparative Case Study." *Academy of Management Journal* , 37 (6).

Park, Albert & Kaja Sehrt. 2001. "Tests of Financial Intermediation and Banking Reform in China." *Journal of Comparative Economics*, 29 (4).

Portes, Alejandro. 1998. "Social Capital: Its Origins and Applications in Modern Sociology." In *Annual Review of Sociology*, 24, eds. by John Hagan & Karen S. Cook, Palo Al-to. CA: Annual Review Inc.

Portes, Alejandro &Patricia Landolt. 1996. "The Downside of Social Capital." *American Prospect*, 26.

Putnam, Robert D. 1993. "The Prosperous Community: Social Capital and Public Life." *American Prospect*, 13.

Turner, Jonathan H. 1999. "The Formation of Social Capital." In *Social Capital: A Multi-faceted Perspective*, eds. by Partha Dagupta & Ismail Serageldin. Washington. DC: The World Bank.

Uzzi, Brian. 1997. "Social Structure and Competition in Interfirm Network: The Paradox of Embeddedness." *Administrative Science*, 8 (2).

Wasserman, Stanley &Katherine Faust. 1994. *Social Network Analysis: Methods and Applica-tions.* Cambridge: Cambridge University Press.

Watts, Duncan J. &Steven H. Strogatz. 1998. "Collective Dynamics of 'Small-World' Net-works." *Nature*, 393.

风险分担还是风险传染？

——对吴宝、李正卫、池仁勇论文的评论

张 翔[*]

近年来，随着我国经济发展逐步进入新常态，部分企业发展速度减缓，利润率下降，甚至遇到生存危机，发生"跑路"事件。而一家企业的"跑路"，其影响往往不限于其自身，与其存在股权、债权、担保融资关系的企业和金融机构也会受到其融资风险的传染，甚至因此陷入困境。

吴宝、李正卫、池仁勇的论文《社会资本、融资结网与企业间风险传染——浙江案例研究》是国内最早关注企业间融资风险传染问题的文献之一。该文敏锐地抓住 2008 年国际金融危机影响下浙江省两个企业融资风险传染不同结果的现象，体现出作者对真实世界现象的高度敏感和良好判断力。我认为社会科学研究选题可以从两个维度考虑，要么奇怪，要么重要。从上述两个维度看，吴宝、李正卫、池仁勇的论文关注的现象不仅有重要的一面，还有奇怪的一面：同样是核心企业发生了债务风险，华联三鑫引发了连锁性的风险传染，而飞跃集团却没有。

这篇论文使用的分析工具也有所创新。相比经济学家，社会学家（如格兰诺维特，2008；伯特，2008）对网络分析方法的应用更早，但将之用于企业间融资风险传染的研究则很罕见。在风险传染的研究方面，网络分析的方法之前基本上用于对金融市场内部如银行间的风险传染现象分析，个别研究涉及不同金融市场间的风险传染现象（可参见王倩等，2008；石大龙、白雪梅，2015）。吴宝、李正卫、池仁勇的研究是国内最早运用网络分析工具分析企业间融资风险的文献。

* 张翔，社会学博士，浙江大学公共管理学院副教授，电子邮箱：xiangzhang@ zju. edu. cn。

另外，该文的结论明确且有一定新意："高社会资本会提高融资风险网络的平均中心度，降低网络破碎程度，并会致使网络凝聚程度提升，进而加剧企业间风险传染"，"以往的社会资本研究大多关注于积极效应，较少提及其可能的负面效应"。本文"为社会资本负面效应的理论研究提供了实证支持"。

明确的结论有助于后来的研究者更好地和之前的研究者对话。我觉得这篇文章关于社会资本与企业融资风险传染的关系问题有待进一步讨论。

作者选取了两个发生了融资风险的核心企业作为比较案例，在文章中较为成功地为我们展现了如下逻辑：社会资本影响企业融资网络结构，进而加剧了企业间风险传染。作者选择以社会资本的负面效应作为主要的理论创新点，但是他们没有把社会资本的正面效应和负面效应放在一起研究。

在利用了社会资本构建融资网络的众多企业中，作者选取了其中发生了融资风险的企业进行对比，却没有同时关注那些利用社会资本构建了融资网络且没有或暂时没有发生风险的其他企业。如果作者把这些企业也纳入考察范围，可能会发现高社会资本的确使许多处于债务危机边缘的企业免于破产。换言之，社会资本既有加剧风险传染的一面，也有加强风险分担的一面（张乐才，2011）。那么，高社会资本会加剧风险传染的结论可能就不一定成立了。

也许重要的问题可能不是社会资本会不会加剧风险传染，而是社会资本在何种约束条件下会加强企业间的风险分担？又在何种约束条件下会加剧企业间的风险传染？抑或可能所谓风险分担和风险传染都只不过是同处在融资网络中的企业间不同风险状态的描述而已。当企业间的融资担保责任在关联企业的承担能力范围之内，社会资本就表现为风险分担；当企业间的融资担保责任超过了关联企业的承担能力范围，社会资本就会加剧风险传染？

进一步的问题可能应该是，如何衡量处于融资网络内的企业的融资担保责任和企业的承担能力范围呢？哪些因素会导致两者的匹配或不匹配？社会资本和网络结构在其中又分别扮演了何种角色？其中的具体机制又是什么样的？期待作者在之后的研究中为我们进一步解答这些问题。

参考文献

伯特，2008，《结构洞：竞争的社会结构》，格致出版社。

格兰诺维特，2008，《找工作：关系人与职业生涯的研究》，张文宏等译，格致出版社。

石大龙、白雪梅，2015，《网络结构、危机传染与系统性风险》，《财经问题研究》第4期。

王倩等，2008，《信用风险传染综述》，《金融理论与实践》第4期。

吴宝，2012，《企业融资结网与风险传染问题研究——基于社会资本的视角》，浙江工业大学博士学位论文。

吴宝等，2011，《社会资本、融资结网与企业间风险传染——浙江案例研究》，《社会学研究》第3期。

张乐才，2011，《企业资金担保链：风险消释、风险传染与风险共享——基于浙江的案例研究》，《经济理论与经济管理》第10期。

经济社会学研究　第四辑

第 133～148 页

© SSAP, 2017

地方政府举债融资的双重推动机制[*]

张惠强[**]

摘　要： 在当前的制度框架下，地方政府存在举债融资软约束倾向。针对这一倾向，中央政府出台各种政策限制地方政府的举债行为，而中央和地方之间形成了债务约束的松紧交替过程。然而，2009 年金融危机之后，中央政府采取的经济刺激计划打破了之前的摆动格局，呈现出了中央政府与地方政府共同推动地方债务形成的特征。本文从中央政府和地方政府的关系出发，通过收集近年来中央政府的相关财经政策文件及地方政府举债的相关信息和资料，试图揭示中央政府和地方政府如何共同推动地方政府债务的形成。

关键词： 政府行为　举债软约束　双重推动

一　现象与问题

财政体系是理解社会和政治变化的关键所在，财税汲取与支付方式的差异在相当大程度上形塑一个国家的经济和社会结构。在不同的经济

---

[*]　本文曾发表于《社会发展研究》。感谢刘世定教授、张翔教授、艾云研究员以及张国强、郭莹、黄跃等师友。本文只表达个人观点，不代表作者所在单位立场，文责由作者自负。

[**]　张惠强，社会学博士，就职于国家发改委城市和小城镇改革发展中心，电子邮箱：zhang-huiqiang191@163.com。

发展阶段，政府利用财政手段及与其相关联的政策组合进行宏观调控是现代国家治理的惯常现象。20 世纪 30 年代"大萧条"以来的经验，是在经济下行乃至发生经济危机时，政府通过扩张性财政政策将大量资金投至公共工程，这笔额外支出产生乘数效应，通过提供新的就业岗位而促进经济走出低谷期（凯恩斯，2005）。作为一种资源配置方式，财政资金的投放渠道、项目结构和支付方式等极大地影响各级政府及各类市场主体的成本与收益（布坎南，1993）。进一步讲，政府的调控政策需要通过作用于特定的制度结构才能落地生效。社会的结构性因素及其组合直接影响人们的行为选择，进而影响国民财富的生产、分配以及政府宏观调控政策的实施效果。调节总需求的财政政策施与的渠道及其运作机制是决定政策实施效果的关键因素（刘世定，2007）。

为应对金融危机，中国政府出台了一整套经济刺激方案。这套方案的典型特征，是相比此前更为积极的财政政策以及更为宽松的货币政策。在中央政府及相关部门的带动下，地方政府举借大量资金投入"稳增长"过程，政府性债务余额自 2009 年以来呈现井喷之势[1]。地方政府债务是近几年学界的研究热点，现有的研究大多关注：政府负债过快增长可能带来的风险与后果（王元京等，2010；周飞舟，2012）；财政制度本身对政府负债的影响（财政部财科所课题组，2009；王叙果等，2012）；劳动力尚未自由流动和货币已经统一之间的矛盾是导致中国地方政府债务问题的深层次原因（钟辉勇、陆铭，2015）；地方政府投融资平台这一机构对政府举债融资的影响（黄佩华，2013；刘海影，2014；王永钦，2014）。总的来说，当前关于地方债务的成因研究中，主要强调地方政府的 GDP 导向、发展主义理念等作用，认为原因主要在于地方政府内在动力机制。分税制改革导致地方政府走向预算外，依赖土地出让收入及抵押融资触及了政府债务扩张，但并没有解释中央政府在其中的角色及发挥的作用。

事实上，中央政府及财经主管部门在地方债务的形成过程中也起到了关键作用；没有中央政府及财经主管部门的默许、鼓励甚至支持，地方政府的举债融资行为不可能那么快扩张。因此，对地方政府举债融资的研究必须放在中央政府和地方政府关系的框架下讨论。首先，给定外在条件，中央政府对地方政府的举债软约束形成什么样的制度安排，地

---

① 具体数额可参阅 2011 年 6 月与 2013 年 12 月国家审计署公布的《全国政府性债务审计结果》公告。

方政府又是如何予以回应？其次，当外在条件发生变化时，中央政府调整对地方举债的约束制度，地方政府在新的约束条件下如何行动？不同的行动策略又带来怎样的后果？通过收集近年来中央政府的相关财经政策文件及地方政府举债的相关信息和资料，本文试图揭示中央政府和地方政府如何共同推动地方政府债务的形成。

二　理论框架

在改革开放 30 多年过程中，政府推动经济增长的作用不容忽视。政府组织与政府行为是解释中国制度变迁、经济发展的重要视角。当前研究中央政府和地方政府关系的文献非常多，但大多是关于分权激励及关系协调，关注的多是地方政府在中央政府设定的条件下的行为选择和变化过程。本文试图先建立一个中央政府和地方政府动态博弈的理想模型，紧接着讨论 2009 年以来的新变化及其如何突破原有的关系格局。

需要明确的是，中央政府与地方政府各自的行为出发点。对地方政府而言，在给定财务约束下，地方政府总会寻找机会增加自身的举债规模。之所以表现出这一倾向，原因来自多个方面。首先，财政分税制造成地方政府财源紧张。在相当长的时间内，地方政府财政收入占全国财政总收入比重的一半，支出却在七成左右，"财权不断上收，事权不断下沉"（周飞舟，2006；刘守英等，2012；黄佩华，2013）。地方政府为了谋求发展，需要通过提供较好的基础设施以促进招商引资。地方政府用于基础设施建设的预算内财政资金仅仅靠财政拨款（国家预算内投资、地方政府财政拨款）以及城市建设维护税和城市公共事业附加两个专项资金，是远远不够的。其次，地方政府面临着 GDP 考核以及地区间激烈的竞争（周黎安，2008）。极度缺钱加上激烈竞争，其结果就是对举债融资具有巨大的需求。再次，当前的地方人大等制度安排并未对地方政府举债形成很好的约束力量。"地方政府公司化"的隐喻和研究对地方政府面临的考核与竞争有一定解释力，但中国的地方政府并非一个市场竞争环境中的企业，不存在破产的可能性。最后，地方政府官员是有一定任期的，到期之后升任他职，留下的债务并不需要即刻偿还，而是留给了继任者。正是由于上述制度安排，地方政府在推动本地经济发展的过程中存在明显而强烈的行为倾向，即举债软约束，或举债饥渴。举债激励随着竞争的激烈程度、考核的严格程度、财务纪律约束的软化程度而不断增强。

在地方政府的举债软约束下，中央政府给出的回应是控制地方的举债行为，让地方政府在作为代理人执行具体任务的时候尽量少融资。原因在于，我国是一个单一制国家，地方政府举债的最后兜底人是中央政府。尽管中央政府可以通过各种审计和监督手段对地方政府进行举债控制，但并不能从根本上消除地方政府的举债软约束。我们将地方政府与中央政府理解为两个行动者，可以看出二者之间存在一个动态博弈过程。在上文所述的几个约束条件下，地方政府存在举债融资、扩张债务的冲动。第一步，中央政府在掌握这些特征之后，理性的行动策略是"勒住缰绳"，约束地方政府的举债行为。这时，地方政府就会对发展经济、完成交办任务失去积极性，中央和地方之间达成"紧缩性均衡"。第二步，当中央政府发现地方政府在紧缩条件下对推动经济发展逐步失去积极性的时候，会选择松动约束，并在某些领域开口子，让地方政府拥有一定灵活性的资金来源。此时的地方政府在寻找财源上动力十足，各种创新举措随之出现。第三步，中央政府紧接着控制这些行为并施加严格管制，试图回归"紧缩性均衡"状态，这就回归到第一步描述的特征中。

1994 年分税制改革可以理解为中央政府"勒住缰绳"的表现，同时出台的《预算法》、《担保法》和《贷款通则》均严格禁止地方政府的举债行为。[①] 很快地，伴随着地方国企的改革、乡镇企业的改制，地方政府推动经济增长的积极性大减。1998 年，中央政府从供求两侧为地方政府开了口子：从供给角度看，通过赋予地方政府合法且唯一的土地供应权，确保其获得最大的土地租金;[②] 从需求角度看，启动了城镇住房制度改革,[③]

---

① 1994 年 3 月 22 日通过的《预算法》第 28 条规定，地方各级预算按照量入为出、收支平衡的原则编制，不列赤字。除法律和国务院另有规定外，地方政府不得发行地方政府债券。1995 年 6 月 30 日通过的《担保法》第 8 条规定，国家机关不得为保证人，但经国务院批准为使用外国政府或者国际经济组织贷款进行转贷的除外。1996 年 6 月 28 日发布的《贷款通则》（中国人民银行令 1996 年 2 号）第 17 条规定，借款人应当是工商行政管理机关（或主管机关）核准登记的企（事）业法人、其他经济组织、个体工商户或具有中华人民共和国国籍的具有完全民事行为能力的自然人。

② 1998 年修订出台的《土地管理法》明确规定，任何单位和个人进行建设，需要使用土地的，必须依法申请使用国有土地。农民集体所有的土地的使用权不得出让、转让或者出租用于非农业建设。由此，农村土地兴办工商业唯一的通道就是国家征用。该法还规定，征用土地的，按照被征用土地的原用途给予补偿，补偿总和不得超过土地被征用前三年平均年产值的三十倍。国家不仅垄断建设用地合法供应，而且规定了补偿上限，可以最大程度获取土地增值收益。

③ 1998 年 7 月 3 日，国务院发布《关于进一步深化城镇住房制度改革加快住房建设的通知》（国发〔1998〕23 号）。

带来了房地产市场的长足勃兴。这个松动举措引发了全国各地以地生财、大兴土木。中央政府一方面要求地方政府在出让经营性用地时必须公开"招标、拍卖或挂牌",① 另一方面则以指定土地出让收益用途的方式②对地方政府的土地财政予以约束,试图重新勒紧缰绳,在土地出让收入分配上保障中央政府的政策落地。随着土地出让收益不断被挤占,地方政府需要不断扩大土地出让规模,而中央政府则以限定新增建设用地指标规模的办法对地方政府施加约束。上述关系的松紧交替发生在20世纪90年代中期之后的十几年时间内。

2009年金融危机爆发后,中央政府打破了上述摆动格局,通过急剧扩张性的财政政策和极为宽松的货币政策对经济发展施以"强刺激"。理论上讲,这时候存在两种选择:一是通过中央部门增加财政赤字,或者直接给中央下辖的国有企业提供贷款进行投资,这种选择并不会直接增加地方政府的债务;另一种选择是充分调动地方积极性,要求地方加以配合,引导并鼓励地方政府通过举债完成中央下达的稳定经济增长任务。由于当时的中央政府判断,我国所面对的是"难以预料、史上罕见的重大挑战和考验","受国际金融危机快速蔓延和世界经济增长明显减速的影响,加上我国经济生活中尚未解决的深层次矛盾和问题,目前我国经济运行中的困难增加,经济下行压力加大,企业经营困难增多,保持农业稳定发展、农民持续增收难度加大",③ 因而选择让全国各地一起完成稳定经济增长速度的总目标。值得注意的是,中央的这一决策部署本身存在"搭地方便车"的倾向,而地方在接受"稳增长"的任务时也存在一定的道德风险,其所产生的债务并不完全需要自行负责。因此,举债约束更为软化。

---

① 2001年4月30日,国务院发布《关于加强国有土地资产管理的通知》,明确提出,国有建设用地供应,除涉及国家安全和保密要求外,都必须向社会公开;商业性房地产开发用地和其他土地供应计划公布后,同一地块有两个以上意向用地者的,都必须由市、县人民政府土地行政主管部门依法以招标、拍卖方式提供;国有土地使用权招标、拍卖必须公开进行。国土资源部随之发布《招标拍卖挂牌出让国有土地使用权规定》,规范国有土地使用权出让行为。

② 2006年12月17日,国务院办公厅发布《关于规范国有土地使用权出让收支管理的通知》(国办发〔2006〕100号),除了征地和拆迁补偿支出、土地开发支出、支农支出、城市建设支出之外,将土地出让业务费、缴纳新增建设用地土地有偿使用费、计提国有土地收益基金、城镇廉租住房保障支出、支付破产或改制国有企业职工安置费支出等纳入其中,并且不断增加新的项目。

③ 参见2008年中央经济工作会议公报。

三 "快马加鞭"下的债务扩张

以出台宽松的货币政策和默许地方政府建立约束极度软化的融资平台公司为手段，中央政府将"稳增长"的调控基调落实下来。宽松的货币政策并没有让各类市场主体以平等的方式获得资金，与此相反，大量资金注入国有企业和地方政府融资平台，通过基础设施和公共服务设施建设的方式执行"稳增长"任务。地方融资平台则令地方政府成功地绕开了传统的举债约束制度，以较为隐蔽的方式迅速获得资金。

（一）巨量的货币发行

1998 年亚洲金融危机之后，中央一直秉持积极的财政政策和稳健的货币政策相结合的宏观调控基调。1997～2008 年，广义货币（M2）年均增长 16.2%，从 9 万亿元增长至 47.52 万亿元。新增的货币大多进入了实体经济之中，特别是 2001～2007 年，经济高速增长与货币供给温和增加基本同步。总体上讲，货币发行与经济增长速度相匹配。

2008 年底，为应对新一轮金融危机，中央政府出台了一系列经济刺激方案。同年 11 月 5 日，国务院总理温家宝主持召开国务院常务会议，研究部署进一步扩大内需促进经济平稳较快增长的措施。会议确定了十项措施，包括保障性安居工程、农村基础设施建设、重大基础设施建设、科教文卫公共事业建设、生态环境建设等。更重要的是，会议还提出加大金融对经济增长的支持力度，取消对商业银行的信贷规模限制，合理扩大信贷规模，加大对上述项目的支持力度。

此决策改变了之前十几年宏观调控的保守风格，开启了全面宽松进程。从货币发行角度看，2009 年的 M2 飙升至 60.62 万亿，与 2008 年相比增长了 27.6%，而 2008 年初央行预期全年 M2 增长率为 17%。2010 年继续维持货币宽松趋势，达到 72.58 万亿，同比增长 19.7%。2009 年和 2010 年的新增货币供应量相当于 2003～2008 年新增货币供应量的总和。[①]

（二）地方政府融资平台公司的兴起

积极的财政刺激与巨量的货币发行相结合，体现了中央政府对维持

---

① 数据来自中国人民银行公布的历年《中国货币政策执行报告》。

经济平稳增长的决心，具体的落地实施则由各地政府负责。将投资计划与投资项目结合起来的机构，是地方政府融资平台公司，即"由地方政府及其部门和机构等通过财政拨款或注入土地、股权等资产设立，承担政府投资项目融资功能，并拥有独立法人资格的经济实体"①。2009 年 3 月 18 日，中国人民银行和银监会联合下发《关于进一步加强信贷结构调整促进国民经济平稳较快发展的指导意见》（银发〔2009〕92 号），提出"支持有条件的地方政府组建投融资平台，拓宽中央政府投资项目的配套资金融资渠道"。

地方政府融资平台公司的成立，巧妙地绕开了《预算法》和《担保法》等法律法规对政府举债的限制，成为各地政府实现大规模基础设施投资的主要工具。截至 2010 年底，全国地方政府性债务余额为 10.72 万亿元，融资平台公司债务达 4.97 万亿元，占比为 46.36%。② 2009 年的 9.59 万亿元新增贷款中，投向地方融资平台的贷款占新增贷款总量近 40%，总额接近 3.9 万亿元。截至 2009 年底，金融机构地方融资平台贷款（不含票据）余额约为 7.2 万亿元；国开行 2009 年的融资平台贷款（以基本建设贷款为统计口径）占其贷款余额比例达到 69%（周沅帆，2010：6）。

与地方政府融资平台公司的迅速膨胀相伴随的是，其受到的监管非常少。有学者指出，直到中国银监会开始关注对地方政府融资平台公司的贷款步伐，才发现几乎完全没有它们的信息。在此之前，它们生存于中国混合型经济的缝隙中，从来没有给它们安排过一个监管机构，也没有谁要求定期报告它们的活动（黄佩华，2013）。地方政府融资模式实际上是在没有框、没有度、没有责的"三无"约束状态下运转（王元京等，2010）。融资平台公司成为受到流动性约束的地方政府绕过烦琐的财政预算过程及法律法规要求而推动经济发展的金融创新（王永钦，2014）。中央政府的"强刺激"经济方案最终由隐蔽性极强的组织——地方政府融资平台公司执行，这使举债约束与举债风险更为软化。

（三）举债渠道的竞争与非预期后果

2008 年底召开的中央经济工作会议将前一个月国务院常务会议做出

---

① 该定义引自《国务院关于加强地方政府融资平台公司管理有关问题的通知》（国发〔2010〕19 号）。

② 数据来自 2011 年 6 月 27 日审计署公布的第 35 号审计结果公告《全国地方政府性债务审计结果》。

的"扩大内需促进经济平稳较快增长"部署上升到宏观调控的全局高度。中央定调经济刺激方案之后，各部委随之迅速出台相应的政策，配合刺激计划。这些"条条"上的财经主管部门相互之间在完成中央下达任务时并没有进行充分的协调沟通，这使各自负责的资金投放渠道竞相扩张，其结果远超预期。

1. 银行信贷

2008 年 12 月 8 日，国务院办公厅发布"金融 30 条"——《关于当前金融促进经济发展的若干意见》（国办发〔2008〕126 号），提出保持银行体系流动性充足，促进货币信贷稳定增长；追加政策性银行 2008 年度贷款规模 1000 亿元，鼓励商业银行发放中央投资项目配套贷款，力争2008 年金融机构人民币贷款增加 4 万亿元以上。

从借款来源看，2010 年底地方政府性债务余额中，银行贷款为84679.99 亿元，占 79.01%。[1] 银行贷款作为主要的间接融资手段，一般期限较短，而基础设施投资资金回报周期较长，二者之间存在严重的期限错配。国际上通常是通过发行市政债等债券的方式为基础设施建设筹资。[2] 在期限较长、成本较低的融资方式中，财政部门积极扩大赤字规模以及地方政府债券发行，国家开发银行的中长期政策性贷款以及各类城投债[3]成为各地的融资平台举债融资竞相追逐的品种。

2. 财政赤字与政府债券

财政部主导的积极财政政策使财政赤字迅速扩张。亚洲金融危机之后，中央实行积极的财政政策，财政赤字逐年增长。从 1997 年的 582 亿元增长至 2002 年的 3150 亿元，之后逐步下降，维持在 2000～3000 亿元的水平，2007 年甚至出现"负赤字"。2009 年财政赤字为 7397 亿元，2010 年和 2011 年略有下降，2012 年达到 8502 亿元，2013 年和 2014 年则

---

[1] 数据来自 2011 年 6 月 27 日审计署公布的第 35 号审计结果公告《全国地方政府性债务审计结果》。

[2] 发达国家地方政府融资手段，主要有地方税收、收费收入、投资基金以及地方政府债券。目前，美国、日本和法国等国家都已经形成了较为完善的地方政府债券市场，地方政府发行的债券和国债、企业债券和投资基金等一起，共同构成了完整统一的证券市场。发行地方政府债券筹集城市开发所需资金已成为这些国家地方政府举债的最重要手段。美国的市政债（municipal bond）是指由州、城市、城镇、县等政府机构发行的债券，所募集的资金用于当地城市基础设施和社会公益性项目建设。截至 2009 年底，美国市政债券总规模达到 2.81 万亿元，占国债比重 36.97%（最高曾超过 50%）（周沅帆，2010：8）。

[3] 企业债、中期票据和短期融资券一般合称为"城投债"。

超过万亿。① 素有"第二财政部"之称的国家开发银行在响应中央经济刺激方案上表现得积极抢眼。2007~2011 年，国家开发银行的贷款余额从22617 亿元飙升至 55259 亿元，增长了 144.33%。②

2009 年以前，除了利用财政预算内与预算外的资金投入开发建设之外，省级政府还可以向财政部申请国债转贷资金，并用于省域范围内的统借、统筹、统还。从 2009 年开始，财政部代理发行地方政府债券，第一年总额度为 2000 亿元。财政部将根据地方政府上报的债券发行计划，按照成熟一期发行一期的原则，组织债券发行。2009~2011 年，财政部连续三年每年均安排 2000 亿元地方债的代发业务。在这一机制下，债券到期后，由财政部代办还本付息，然后地方政府再向财政部偿还相关款项。从 2011 年开始，财政部推行地方政府自发自还债券，试点省市有 4个：上海市、浙江省、广东省、深圳市。2011 年、2012 年四地试点自行发债总规模分别为 229 亿元和 289 亿元。2013 年地方政府自行发债试点地区扩大至 6 省市（江苏省和山东省被纳入其中）。2014 年试点范围进一步扩大到 10 个省市，发债金额达到 1092 亿元，另外，其余省市的 2908亿元债券仍由财政部代发代还。2015 年，地方政府债券发行额度达到史无前例的 3.8 万亿元（包括 3.2 万亿元置换债券和 6000 亿元新增债券），使地方政府债券一举成为仅次于国债、政策银行债的第三大类债券品种。截至 2015 年 10 月末，全国 34 个省市（含计划单列市）已完成公开和发行地方政府债券，已发行债券合计 220 只，发行金额合计 29396.04 亿元，其中公开发行地方政府债券金额合计 22440.08 亿元，定向发行地方政府债券金额合计 6955.96 亿元（张雪宜等，2015）。

3. 城投债

据统计，2009 年全年发行的城投债共 108 期，发行金额为 1530 亿元，发行期数和金额分别是 2008 年的 5.14 倍和 4.21 倍，是 2002~2008年发行总期数的 1.45 倍和发行金额的 1.51 倍（周沅帆，2010：68）。值得注意的是，财政部、发改委、银监会等财经主管部门各自负责相关金融产品的监管。以城投债为例，国家发改委审核的企业债、中国银行间市场交易商协会交易的中期票据和短期融资券都为地方政府举债融资提供了渠道。2010 年至 2015 年 9 月末，我国地方政府融资平台类企业已累

---

① 数据来自历年财政部公布的《全国财政收支情况》。
② 数据来自国家开发银行年报。

计发行城投类债券共计 4394 期，发行金额累计 47838.21 亿元（张雪宜等，2015）。

在中央统一部署经济刺激方案的前提下，各个监管部门及其资金渠道之间、地方政府之间均存在激烈的竞争。宏观调控政策的效果在部门与渠道竞争的作用下被放大。2008 年底国务院办公厅发布的"金融 30 条"提出，保持银行体系流动性充足，促进货币信贷稳定增长，争取 2009 年 M2 增长 17% 左右。事实上，2009 年的 M2 增长率为 27.7%，大大超出了此前的预估。更为重要的是，多渠道的竞争也软化了举债约束。美国和日本的基础设施投资依赖于完善、规范的债券市场，后者能够形成有效的约束，从而大大地降低了举债风险。我国地方政府举债融资的大部分渠道实行的是审批制，难以对举债主体进行有效的监督和制约，加快项目上马的压力导致审批放松，随之而来的就是一些资质不够的融资平台公司也能够轻松获得资金。

四 "急转勒缰"：回归常态的努力与后果

（一）寻求"紧缩性平衡"

上文述及，2009 年的广义货币发行量远超预期。"油门踩到底"的刺激方案仅实施一年，2010 年初，中央政府判断 2009 年经济刺激方案导致经济过热，基础设施建设、房地产开发等指标俨然失控，因此采取了紧急"踩刹车"，试图回归到此前所讲的"紧缩性平衡"状态。2010 年 1 月~2011 年 6 月，央行一共上调存款类金融机构人民币存款准备金率 12 次，大型金融机构和中小金融机构存款准备金率从 15.5% 和 13.5% 分别攀升至 21.5% 和 18%，为 1985 年以来的最高水平。与此同时，对土地供应和房地产市场进行了严格的调控。

紧缩性调控政策的密集出台很快会传导到地方政府举债融资领域。2010 年 6 月，国务院发布《关于加强地方政府融资平台公司管理有关问题的通知》（国发〔2010〕19 号），提出从四个方面加强对地方政府融资平台公司管理：第一，要求地方各级政府对融资平台公司债务进行一次全面清理，并按照分类管理、区别对待的原则，妥善处理债务偿还和在建项目后续融资问题；第二，对通知下发前已经设立的融资平台公司进行严格清理规范，之后地方政府确需设立融资平台公司的，必须严格依照有关法律法规办理，足额注入资本金，学校、医院、公园等公益性资产不得作为资本注入融资平台公司；第三，加强对融资平台公司的融资管理和银行业金融机构等的信贷管理，银行业金融机构等要严格规范信贷管理，切实加强风险识别和风险管理；第四，坚决制止地方政府违规担保承诺行为，地方政府在出资范围内对融资平台公司承担有限责任，实现融资平台公司债务风险内部化。

2010 年，财政部、国家发改委、央行、银监会联合下发《关于贯彻国务院关于加强地方政府融资平台公司管理有关问题的通知相关事项的通知》（财预〔2010〕412 号），要求各省（区、市）人民政府财政部门于 2010 年 10 月 31 日前将地方政府融资平台公司债务清理核实情况上报给有关部门。各大银行据此收缩对地方政府融资平台公司的贷款。2011年 6 月，国家审计署的审计结果显示，2009 年债务余额比 2008 年增长61.92%，是近年来的最高增幅；2010 年的债务余额比 2009 年增长18.86%，则是近年来的最低增幅。2009 年各类城投债井喷发行，2010 年开始清理地方融资平台，城投债的发行量一度紧缩。2010 年上半年企业债仅发行 49 只，规模合计 663 亿元，分别较 2009 年同期的 68 只、1002.5 亿元下降 27.94% 和 33.87%。[①]

（二）快节奏调控的后果

经济学者张军在解释为何 2008 年之后信贷增长与 GDP 增长"脱节"[②] 时指出，当中国政府在 2009 年底因发现投资过热而转向骤然收缩政策和启动宏观调控时，大量在建投资项目（特别是地方政府的基础设施和房地产开发项目）被叫停，GDP 的增长率应声跌下。看上去宏观调控成功了，但故事并没有到此结束，虽然项目叫停了，隐含的债务增长并没有停止。政府并没有承认，也没有及时着手处置因调控而产生的不良债务，使如此庞大的债务和派生的利息得以不断滚动。结果就是，在GDP 增长率显著下降的背景下，仍有巨大的流动性需求以确保债务链条不至于断裂（张军，2015）。

---

① 数据来自 wind 数据库。

② 统计数据显示，2008 年以前，信贷的增长略高于 GDP 的增长，但保持了与 GDP 增长的同步趋势。但是在 2008 年年底之后，GDP 的增长转变为下降趋势，而信贷却转为加速增长的趋势，每年有占 GDP 大约 35% 的信贷增加，导致信贷总量占 GDP 的比重从 2008年的不足 150% 迅速提高到 250% 的水平。

从这个意义上看，上述"脉冲式"的政策操作给地方政府举债融资带来的影响不仅仅体现在规模上，同时还体现在具体的投资结构上。从政府举债融资的投资方向上看，截至 2010 年底，已支出的债务资金中，主要用于市政建设、交通运输、土地收储整理、科教文卫及保障性住房、农林水利建设等公益性和基础设施项目，分别占比 36.72%、24.89%、10.62%、9.54%、4.77%。① 这些项目的建设周期往往需要 2~3 年，甚至更长时间。2009 年的经济刺激方案使很多地方新上马不少项目，一些项目甚至还没有经过严格的可行性论证就开始规划、投资和建设。在 2010 年紧缩政策出台时，这些项目大多处于在建阶段，其后续融资虽然受政策的允准，但难度非常大。

（三）不同层级政府的举债影响

在中国，不同层级政府调动、配置资源的能力各不相同，财政资金、转移支付项目、土地指标、投资决策、信贷指标等往往是优先保障行政层级高的地区，然后再逐级下达。分税制改革以后，不同层级政府之间的可支配财力与支出责任之间的不匹配不断加剧。市县两级政府承担了大量的基础设施和公共服务供给责任，但其可支配的财政收入非常少，因此，其举债融资的需求量非常大。

2011 年 6 月公布的全国地方政府性债务审计公报涵盖省、市、县三级地方政府。数据显示，截至 2010 年底，全国市、县两级政府性债务余额分别为 46632.06 亿元和 28430.91 亿元，分别占债务总额的 43.51% 和 26.53%。② 2013 年的审计将乡镇一级也纳入进来，形成地方政府性债务审计全覆盖。截至 2013 年 6 月，全国市级、县级和乡镇政府性债务余额分别占债务总额的 40.75%、28.18% 和 2.04%。③ 截至 2014 年末，市、县（含乡镇）两级政府债务余额分别为 6.6 万亿元和 6.7 万亿元，占比分别为 42% 和 44%。④

---

① 数据来自 2011 年 6 月 27 日审计署公布的第 35 号审计结果公告《全国地方政府性债务审计结果》。

② 数据来自 2011 年 6 月 27 日审计署公布的第 35 号审计结果公告《全国地方政府性债务审计结果》。

③ 数据来自 2013 年 12 月 30 日审计署公布的第 32 号审计结果公告《全国地方政府性债务审计结果》。

④ 数据来自《全国人民代表大会常务委员会预算工作委员会关于规范地方政府债务管理工作情况的调研报告》。

从以上数据可以清晰地看出，市、县两级政府债务余额之和占地方政府债务余额的比重逐渐上升，县级（含乡镇）政府债务余额的增长速度明显加快。由于低层级所能掌握和支配的资源比较少，所以其信用评级整体比较低。这直接导致的结果是，其融资的成本也相对比较高。以融资成本较低的企业债为例，国家发改委曾经提出"2111"的发债指标要求，即每家省会城市每年可以报审 2 只城投债；每家地级城市每年可以报审 1 只；每家百强县每年可以报审 1 只；每家国家级开发区每年可以报审 1 只。这样一来，一些行政层级较低但经济非常活跃的地区在举债融资的时候就相当被动，不得不寻求信托、理财产品甚至私募等成本较高的融资方式。龙泉驿区、温江区和郫县三地是成都周边经济较为发达的地区，但由于行政层级仍然是县一级，银行、债券等融资额度相对较少，因此转向了信托这一成本是银行贷款两倍以上的渠道。2011 年至 2013 年 6 月，仅发行的信托产品实际募资额至少超过 107 亿元。①

五　小结

2009 年以来，中国政府在短时间内出台大规模经济刺激方案并付诸行动。这一举措有力地支撑了中国经济渡过难关，也弥补了地方财力不足等短板，在改善民生和生态环境保护、推动地方经济社会的持续发展等方面，发挥了积极作用。与此同时，举债融资缺乏规范和监管、债务规模扩张过于迅速，给财政金融系统带来较大的风险隐患。

研究地方政府举债融资背后的机制性、结构性影响条件，对理解地方政府行为、中央政府与地方政府关系等具有重要的意义。本文的研究起点是，现行的财税体系、干部考核等制度框架导致地方政府存在举债软约束（或举债饥渴）倾向。中央政府和地方政府的关系在紧缩和适度放松之间摆动。2009 年的经济刺激方案打破了这一摆动格局：在巨量货币投放、在监管不到位的情况下鼓励成立地方政府融资平台公司以及举债渠道的竞争，大大软化了地方政府的举债约束。2010 年中央政府发现地方政府债务失控之后，采取了大幅度紧缩政策，试图回归原本的摆动格局，但调控节奏切换过快给不同层级政府带来了不同程度的影响，加

---

① 《统筹城乡的融资烦恼：成都三区县政府平台百亿信托融资样本》，《21 世纪经济报道》2013 年 7 月 23 日。

大了财政金融风险。2014 年 9 月，国务院发布了《关于加强地方政府性债务管理的意见》（国发〔2014〕43 号），决定赋予地方政府依法适度举债权限，建立规范的地方政府举债融资机制，以政府债券（包括一般性债券和专项债券）为地方政府举债融资的主要形式。与此同时，鼓励社会资本通过特许经营等方式，参与城市基础设施等有一定收益的公益性事业投资和运营。这些做法试图进一步规范中央政府和地方政府在举债融资方面的关系，其效果如何，需要放在更长的时间段内考察。

当前，中央政府和地方政府的关系并不稳定，地方政府的举债行为及其在特定条件下的双重推动机制将二者的关系特征以较为夸张的方式表现出来，这给我们观察和思考提供了契机。需要进一步研究的是：这种双重推动背后有没有更为一般化的机制？对当前政府间关系研究的理论贡献在哪里？这是本文的一大缺陷，在获得关于地方政府融资平台公司更为详实的资料之后，希望能够进行理论上的概括与提炼。

参考文献

巴曙松、杨现领，2013，《城镇化大转型的金融视角》，厦门大学出版社。

财政部财科所课题组，2009，《我国地方政府债务态势及其国际借鉴：以财政风险为视角》，《改革》第 1 期。

黄佩华，2013，《为中国的城市化买单：21 世纪城市融资的挑战》，载 Roy W. Bahl 等编著《发展中国家大都市政府融资》，陶然等译，科学出版社。

黄少卿、施浩等，2014，《基础设施投资：资金来源、投资效率与地方政府财政风险》，格致出版社。

刘海影，2014，《中国巨债：经济奇迹的根源与未来》，中信出版社。

刘世定，2007，《社会学与总量－结构的宏观政策》，《社会学研究》第 2 期。

刘世定，2009，《危机传导的社会机制》，《社会学研究》第 2 期。

刘守英等，2012，《土地制度改革与转变发展方式》，中国发展出版社。

潘功胜，2016，《中国债券市场的改革与发展》，《财新周刊》第 1 期。

王叙果等，2012，《财政分权、晋升激励与预算软约束——地方政府过度负债的一个分析框架》，《财政研究》第 3 期。

王永钦，2014，《中国地方政府融资平台的经济学：效率、风险与政策选择》，格致出版社。

王元京等，2010，《地方政府融资面临的挑战与模式再造——以城市建设为例》，《经济理论与经济管理》第 4 期。

亚诺什·科尔内，1986，《短缺经济学》（上卷），张晓光等译，经济科学出版社。

约翰·M. 凯恩斯，2005，《就业、利息和货币通论》，高鸿业译，商务印书馆。

詹姆斯·M. 布坎南，1993，《民主财政论：财政制度和个人选择》，穆怀鹏译，商务印书馆。

张军，2015，《中国经济的"非常态"》，《金融时报》3 月 18 日。

张雪宜等，2015，《全国各省市经济财政实力及债务分析》，《上海新世纪资信评估投资服务有限公司信用研究报告》。

钟辉勇、陆铭，2015，《中国经济的欧洲化——统一货币区、央地关系和地方政府债务》，《学术月刊》第 10 期。

周飞舟，2006，《分税制十年：制度及其影响》，《中国社会科学》第 6 期。

周飞舟，2012，《以利为利：财政关系与地方政府行为》，上海三联书店。

周黎安，2008，《转型中的地方政府：官员激励与治理》，格致出版社。

周沅帆，2010，《城投债——中国式市政债券》，中信出版社。

期待一般化模型的提炼

——对张惠强论文的评论

曹正汉[*]

　　张惠强博士撰写的《地方政府举债融资的双重推动机制》一文，在探索中国地方政府债务扩张的成因上，有创新之处。他指出，关于中国地方债务的成因，现有研究主要是强调地方政府的 GDP 导向，也就是强调地方政府的内在动力机制。张惠强认为，这只是触及了地方政府债务扩张的部分原因，未能解释中央政府所扮演的角色及产生的影响。所以，该文的创新之处是，把地方政府举债融资问题放在中央与地方关系的框架内来讨论，探讨中央政府对地方政府举债的软约束是如何形成的。为此，该文提出"双重推动机制"，尝试用中央政府和地方政府动态博弈的思路，揭示中央政府和地方政府如何共同推动了地方政府的债务扩张。

　　应该说，这种探索在理论和经验层面均有它的价值。不过，这篇文章主要是从经验层面描述中央政府和地方政府的动态博弈过程，所以，文中采用了许多中央官员和地方官员创造的词，如"勒住缰绳"、"快马加鞭"、"急转勒缰"、"紧缩性平衡"等，描述中央政府和地方政府在不同阶段的博弈特征。这些词有助于我们理解地方政府举债融资的双重推动机制，但是，文中描述的动态博弈过程是举例说明式的，尚未提炼出一般化模型，对双重推动机制本身的描述也停留在具体的经验层面，没有放在一般化的理论中讨论。

　　所以，在这一研究方向上，该文只是张惠强博士所取得的初步进展，我们期待他继续探索和推进。此外，对于这一项探索可以提出什么样的理论问题和理论观点，或者说与什么理论展开对话，也值得进一步思考。

---

　　* 曹正汉，经济学博士，浙江大学社会学系教授，电子邮箱：caozhenghan@ zju. edu. cn。

经济社会学研究 第四辑

第 149~177 页

创新型公共物品生产与组织形式选择[*]

——以温州民间借贷服务中心为例

向静林 张 翔[**]

摘 要：本文以 2012 年温州金融综合改革中成立的温州民间借贷服务中心为例，讨论创新型公共物品生产的组织形式选择问题。我们发现，地方政府将民间借贷登记备案制度这一创新型的制度公共物品交给企业生产，但企业在生产过程中又呈现政府部门的若干组织特征。研究表明，创新型公共物品的生产受到技术环境或制度环境高度不确定性的约束，为了减少这种不确定性可能带来的损失，地方政府的一种重要策略就是选择能够降低风险的组织形式进行生产，同时掌握组织运作的实际控制权。本文为研究多维环境中的组织形式选择问题提供了一种可能的分析思路。

关键词：创新型公共物品生产 技术环境 制度环境 不确定性 组织形式选择

---

* 本文曾发表于《社会学研究》2014 年第 5 期。感谢国家自然科学基金青年项目（71203195）、国家社会科学基金一般项目（11BSH040）、浙江省哲学社会科学重点研究基地温州人经济研究中心重点课题（12JDWZ01Z）和温州市金融研究院重点招标课题（ZB12012）为本文作者调查和写作所提供的经费支持，感谢张香梅、姜辉、林祝波、李跃胜、徐智潜、郑德明、刘鹏、邵薇、陈明衡为我们实地调查提供的资料和帮助，感谢高承恕、赵刚、刘世定、邱泽奇、曹正汉、张静、田凯、任敏、黄晓春、赵伟等老师以及林雪霏、黄金、庞嘉伟、张惠强、张践祚、翟宇航、唐远雄、狄雷、许琪、于健宁等同学为本文写作和修改提供的宝贵意见，此外还要特别感谢两位匿名审稿人极富启发性的修改建议。

** 向静林，社会学博士，中国社会科学院社会学研究所助理研究员，电子邮箱：xiangji@cass.org.cn；张翔，浙江大学公共管理学院副教授，电子邮箱：xiangzhang@zju.edu.cn。

一　现象与问题

2011 年，温州民间金融危机爆发，大量关于企业老板"跑路"的报道见诸媒体。2012 年 3 月 28 日，国务院常务会议决定设立温州金融综合改革试验区，批准实施《浙江省温州市金融综合改革试验区总体方案》。该方案确定了温州金融综合改革 12 项主要任务，其中的第一项就是"规范发展民间融资。制定规范民间融资的管理办法，建立民间融资备案管理制度，建立健全民间融资监测体系"。

2012 年 4 月 26 日，作为此项试点任务重要探索内容的"温州民间借贷登记服务中心"（后改名为"温州民间借贷服务中心"，以下亦简称"服务中心"）正式开业。服务中心以公司化形式运营，注册资金 600 万元，由 14 家民营企业和 8 个自然人投资设立，经营范围涉及信息登记、信息咨询、信息公布、融资对接服务等。服务中心作为一个平台，吸引民间资金供求双方进场，由入驻服务中心的各类融资中介服务机构为民间资金供求双方提供交易撮合、合约公证、资产评估、法律咨询等服务，并由服务中心对成交的借贷合约进行登记备案。

温州民间借贷服务中心成立以后，全国很多地方也先后成立了类似的服务中心。[1] 有趣的是，尽管这些服务中心的内部结构存在差异，但其组建模式高度相似——各地政府都选择以企业形式来成立和运营服务中心。更有趣的是，这些服务中心虽然性质上是工商注册的企业，但其名称和实际运作又像是政府部门。

民间借贷登记备案作为规范发展民间融资的一种创新型管理制度，具有典型的公共物品属性。[2] 理论上讲，这种规范市场秩序的制度公共物品一般是由政府直接生产。那么，为什么地方政府选择由企业来生产这一公共物品？既然是企业生产，为什么企业在生产公共物品的过程中又呈现政府部门的组织特征？地方政府的这样一种选择是在什么样的情景和过程中做出的？其背后蕴含着什么样的行为逻辑？本文将对这些问题进行探讨。

---

[1]　目前，鄂尔多斯、长沙、宁海、淄博、长治等很多地方都已成立类似性质的机构。

[2]　根据萨缪尔森（Samuelson，1954）的定义，公共物品是指在消费或使用上具有非排他性和非竞争性的物品。政府对市场行为进行监督、管理与规范的制度安排，具有典型的公共物品属性。

二 已有解释与分析思路

已有研究表明，公共物品在一定的条件下可以由私人部门提供（Demsetz，1970；Coase，1974；Goldin，1977）。需要指出的是，提供（Provision）和生产（Production）是两个不同的概念（Musgrave，1959；Ostrom et al.，1961）。提供者出资、主导、规划和监督，生产者直接进行产品生产，提供者与生产者既可以是同一主体也可以是不同主体。前文提到的现象事实上是政府提供、企业生产。那么，政府为什么选择让企业生产而不是自己直接生产呢？

（一）供给效率论

一种代表性的观点是供给效率论，即认为政府选择直接生产还是购买服务取决于哪种方式的供给效率更高。交易费用经济学（Coase，1937；Williamson，1979）的研究表明，生产还是购买依赖于交易费用的比较。据此，萨瓦斯（2002）指出，公共物品的提供者与生产者合一会产生官僚制费用，即维持和管理层级系统的费用，而提供者与生产者不同又会产生交易费用，即聘用和管理独立生产者的费用，两种费用的比较决定了提供和生产功能是否值得分开。而新产权经济学（Grossman & Hart，1986；Hart & Moore，1990）认为，在合约不完全的条件下，生产与购买两种合约意味着不同的剩余控制权安排，其对产出的激励效果不同，究竟是生产还是购买取决于哪种方式的生产率更高。这一理论被用于分析双目标（提高质量和节约成本）情况下政府生产和购买服务这两种方式的比较优势。研究表明，如果政府重视公共服务质量，则政府生产优于私人生产；如果政府重视费用减少，则私人生产更优（Hart et al.，1997）。

供给效率论并不足以回答我们提出的问题。首先，供给效率论暗含的假定是不同供给方式的供给效率能够做出比较，然而对民间借贷登记备案制度不同供给方式的效率进行比较面临困难。由于民间借贷登记备案制度是一种全新的制度公共物品，不同供给方式的交易费用比较或生产效率比较都缺乏历史经验的基础。其次，供给效率论无法解释为什么生产公共物品的企业又同时呈现政府部门的一些组织特征。最后，供给效率论对影响政府行为的环境因素重视不够，抽离了政府行为的社会背景，而事实上，政府以什么样的方式来成立和运营服务中心，会受到民间金融领域中诸多环境因素的重要影响。

（二）政治风险论

在解释中国政府选择让私人组织生产一些公共物品时，还有另外一种观点，即"集权的政治风险论"（费孝通，2009；曹正汉，2011；曹正汉、周杰，2013；曹正汉、罗必良，2013；Cai，2008）。这种观点认为政府在管治民众和治理地方事务方面的高度集权具有很高的政治风险，为了降低政治风险，一种办法是纵向分权，包括中央政府向地方政府的分权（地方分权）以及地方政府向社会的分权（社会分权）。从上述理论出发，政府让企业生产公共物品实际上是一种社会分权，目的在于降低政治风险。

政治风险论对于中国国家治理逻辑的理解深富洞见，但也不足以回答本文提出的问题：第一，政治风险论从国家社会关系出发假定政府高度重视社会稳定，这使得它只关注了政府所面对的一个方面（即民众）的环境特征，而忽视了其他方面的环境特征，如政府生产公共物品所面对的法律环境；第二，政治风险论同样无法解释为什么生产公共物品的企业会呈现政府部门的一些组织特征；第三，政治风险论在解释社会分权的时候，并没有探讨公共物品具体是怎么被生产出来的，换言之，它缺乏对于政府与其他组织互动机制的分析。

（三）本文的分析思路

面对上述两种逻辑在解释前文所述现象时的局限，本文尝试从组织社会学的视角出发，研究政府在外部环境约束下的选择行为，以期解释服务中心的外在组织特征和内在运行机制。我们认为，政府究竟是自己直接生产公共物品还是让企业生产，受到技术环境和制度环境的影响。对于创新型公共物品的生产而言，技术环境和制度环境的高度不确定性会迫使政府采取策略以降低不确定性可能带来的损失。政府的一种重要策略就是组织形式选择，即选择能够降低风险的组织形式进行公共物品生产，同时掌握组织运作的实际控制权。[①]

---

① 创新型公共物品生产过程中，不同层级的政府面临的风险约束可能存在差异。在本文的讨论中，我们关注的是直接面临公共物品生产问题的基层政府，不分析较高层政府的行为逻辑。

1. 不确定的技术环境与制度环境

公共物品生产面临着技术环境和制度环境（Meyer & Rowan，1977；Scott & Meyer，1991；Scott，1991；Powell，1991）的约束。技术环境的约束体现在关于提高产品生产效率或服务质量的要求、市场需求的波动以及可供利用的资源与生产方法等方面；制度环境的约束则体现在关于组织结构和程序等的合法性要求。

不确定性是组织环境的重要特征，技术环境或制度环境的不确定性会对组织结构和行为产生重要影响。本文讨论的民间借贷登记备案制度是一种创新型公共物品，这类公共物品生产所面临的环境不确定性尤为明显。然而，一些经典研究揭示出的不确定环境中的组织行为逻辑，难以全面解释前文所述现象。[①] 因此，我们急需一个合适的概念来概括我们所观察到的组织应对环境不确定性的重要策略。

2. 组织形式选择

技术环境和制度环境的高度不确定性使得创新型公共物品的生产隐含着大量风险（即损失的不确定性）。面对风险约束，政府可能发展出一系列应对策略。组织形式选择就是一种重要的策略。

组织形式（organizational form）是组织研究中的经典概念。不同理论视角对这一概念的界定存在差异。在组织经济学视角下，组织形式是指一种协调利益主体之间关系的权力配置方式或治理结构（Chandler，1962；Williamson，1975，1985；Milgrom & Roberts，1992；Aghion & Tirole，1995；Maskin et al.，2000；Qian et al.，2006）。在组织生态学视角下，组织形式是指组织将输入转换为产出的行动蓝图，是区分不同组织实体和划分组织群体所依据的那些关键特征，涉及组织的正式结构、活动模式和规范秩序等（Hannan & Freeman，1977，1986；Romanelli，1991；Ruef，2000）。这两种界定强调的都是组织的内在结构，难以恰当描述我们所观察到的组织的复杂外在特征以及这种外在特征与内在结构

---

① 汤普森（Thompson，1967）关于组织在技术核心与外部环境之间建立缓冲层的研究很有启发性，但他关注的是技术环境对组织内部结构的影响，没有涉及制度环境，难以解释服务中心所呈现的复杂外在特征，以及这种外在特征与内在运行之间的关系。迪马奇奥和鲍威尔（Dimaggio & Powell，1983）强调了模仿对于降低不确定性的作用，但对前文所述现象也缺乏解释力，因为民间借贷登记备案制度是前所未有的制度创新，地方政府根本无处模仿。很多地方政府可能是在模仿温州的做法，但温州作为首创者根本无处模仿。同时，其他地方政府的模仿行为可能并不是因为温州做法本身被证明是成功的，而是因为地方政府面临着相似的环境约束。

之间的微妙关联。

因此，根据分析的需要，本文采用田凯（2004）对于组织形式的界定，即"组织对环境中的其他部门（包括管理部门和其他普通行动者）公开宣称的、成文的关于组织的名称、宗旨、性质、正式结构、运行方式和运行规则、规范秩序的规定"。① 在这一界定之下，我们强调组织形式的三个特征：第一，外在性，即组织形式是组织对于环境所呈现的外形特征，它就像组织的面孔，是组织与环境的沟通媒介，具有符号象征意义；第二，稳定性，即组织形式包含多个维度的要素，如名称、性质、宗旨等，这些不同维度要素之间的组合模式通常情况下具有一定程度的稳定性；第三，可塑性，即组织形式在外部环境的压力下可以发生形变并且保持形变，包括具体维度的要素发生变化或者不同维度要素之间的组合模式发生变化，这些变化是与组织面对环境压力时的选择行为相关的。

本文所谓的组织形式选择，是指组织可以在不同的可供采用的组织形式之间选择一种，或选择多种进行搭配组合，以减少来自外部环境的风险约束。组织形式选择之所以有助于减少外部环境的风险约束，是因为不同组织形式所面对的风险约束在内容和程度两个方面可能存在差异。从内容上看，一种组织形式所面对的风险，对于另外一种组织形式可能并不是风险；从程度上看，一种组织形式所面对的高风险，对于另外一种组织形式可能是低风险。换言之，不同组织形式对于降低不同的风险而言具有各自的比较优势。不同组织形式的这一重要差异，为组织在不确定环境中的生存和发展提供了一种重要策略，即尽量选择能够降低风险的组织形式来实现组织目标。

我们将组织所面对的风险分为来自技术环境的风险和来自制度环境的风险，并分别简称为技术风险和制度风险（见图1）。在实现某种组织目标的组织形式选择集中，假定组织形式 A 面临的风险约束最大，即同时面临着较高的技术风险和制度风险；组织形式 B 面临着较高的技术风险和较低的制度风险；组织形式 C 面临着较低的技术风险和较高的制度风险；而组织形式 D 面临的风险约束最小。为了实现既定目标，组织会在可选的组织形式集中选择风险最小的组织形式。

具体到公共物品生产，若仅从降低风险的角度考虑，政府自然倾向

---

① 后文中出现的"组织形式"一词均是在这个意义上使用。

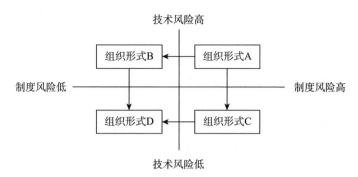

图1 风险约束与组织形式选择

于选择组织形式 D。然而,现实中的情况更为复杂。一种可能是组织形式 D 原本并不存在;另一种可能是即使组织形式 D 存在,政府在 A、B、C、D 四种组织形式之间的选择也受到其他条件的约束。所以,政府不是在任何情况下都能够选择组织形式 D。面对这种情形,政府有可能选择组织形式 B 或 C,或者从 B 和 C 中抽取相应的要素组合成一种新型的混合组织形式。从这个角度解释,服务中心的混合组织特征事实上是政府在特定约束条件下将企业组织形式与政府部门组织形式中的一些要素(如企业的性质、政府部门的名称)进行搭配组合的结果,是政府为了降低制度风险和技术风险所做出的理性选择。

3. 控制权分配

组织形式与组织运作(田凯,2004)并不一定是紧密关联的,而常常是脱耦的(Meyer & Rowan,1977)。如果说组织形式是组织应对环境约束所呈现的组织面孔,那么组织运作过程则蕴含着组织的真实行为逻辑。尤其是当混合组织形式特征出现的时候,只有观察组织的实际运作才能深入理解组织行为。在政府让企业生产公共物品的情况下,考察组织运作过程的一个重要指标就是实际控制权的分配,即公共物品生产的诸多决策权在政府与企业之间是如何配置的。

尽管新产权经济学的研究表明,不完全合约条件下的剩余控制权通常归属于资产所有者(Grossman & Hart,1986;Hart & Moore,1990),但是实际的控制权分配往往更为复杂。埃斐和梯罗尔(Aghion & Tirole,1997)关于组织内部正式权威(formal authority)与实质权威(real authority)的区分极具启发意义。他们指出,由于信息不对称,代理方常常掌握着有效控制决策的实质权威,而委托方虽然进行决策,掌握的却更多是基于地位的正式权威。代理方的实质权威会在一定程度上削弱委托方的控制权。在这种情况下，为了降低信息不对称程度，委托方必须加强对代理方的监督。但监督是有成本的，所以委托方需要在监督成本与控制权收益之间做出权衡。

对于创新型公共物品的生产而言，政府与企业之间合约的不完全性特别突出。一旦政府选择由企业来生产公共物品，就意味着企业可能会拥有信息优势，从而在一定程度上削弱政府对于公共物品生产的控制权。因此，当政府认为掌握这部分控制权的收益高于成本时，就可能力图争夺。那么，政府如何争夺公共物品生产的实际控制权呢？周雪光和练宏（2012）将组织内部实际运行过程的控制权划分为目标设定权、检查验收权和激励分配权三个维度。从他们的分析中可以发现，检查验收权的配置对于降低代理方因为信息优势而掌握的实质权威具有重要意义。这启示我们关注政府对于检查验收权的把控，尤其是对于公共物品实际生产过程的检查验收。从这一角度出发，可以观察政府对于企业生产的组织渗透和实际控制。

三 案例背景

本文试图通过温州民间借贷登记服务中心的案例分析，讨论创新型公共物品生产的组织形式选择问题。笔者之一是温州民间借贷登记服务中心试点方案最早的提出者，在一定程度上介入了服务中心的创建过程，这使得我们有机会近距离观察成立服务中心的决策过程，深入理解政府决策行为的情景、过程和机制。服务中心成立之后，我们受地方政府委托进行服务中心风险防控的课题研究，负责起草了服务中心监管办法草案[1]，这给了我们进一步观察服务中心实际运作过程的机会。截至2014年2月底，我们先后进行了近3个月的参与观察，并通过深度访谈、焦点小组等方法收集了相关资料。

笔者之一成为温州民间借贷登记服务中心试点方案的最早提出者，源于在此之前的一个课题研究。2009年7月，笔者之一参加了"浙江省Q市（温州市下属县级市）金融创新研究"课题组（以下简称"课题组"）。在Q市调研中，课题组发现县级政府在金融制度方面的创新空间极其有限：银行业的市场准入改革和利率市场化改革都需要得到中央政府的许可；当时能

---

① 即现行《温州市民间借贷服务中心监管办法（试行）》（温鹿政办〔2012〕285号文件）的建议稿。

够得到法律承认和保护的民间借贷行为仅限于个人间的借贷，但传统的民间借贷往往限于亲友等熟人之间，金额受到很大限制。于是，课题组考虑能否将发展陌生人之间的直接借贷作为地方政府金融创新的突破口。陌生人之间发生直接借贷交易也需要中介，而法律严格限制民间从事吸存放贷的金融中介服务，那么能否引入不吸存放贷而仅仅从事交易撮合的中介服务提供商呢？

在随后的调研中，课题组发现当时全国各地事实上已经出现了专门从事撮合陌生人之间借贷交易的业务模式，即所谓"P2P"模式①。这种模式的基本特点是中介不吸存、不放贷，只为借贷双方提供信息发布、信用评估、交易撮合等有偿服务。但此类金融中介服务是否合法？风险是否可控？应该由哪个部门监管？这些问题都还有待明确。

于是，课题组建议地方政府搭建一个统一平台，由各类民间借贷中介服务机构进入该平台为民间资金供求双方提供交易撮合、担保、公证、咨询等有偿中介服务，政府借此对民间借贷合约进行备案登记并实施监管。该平台当时被命名为"民间资金交易登记服务中心"。课题组在广泛听取当地各相关政府部门和金融界人士对此方案的意见后，于11月初将可行性报告提交Q市金融办。

在《Q市民间资金交易服务中心可行性报告》中，课题组提出服务中心需要解决如何吸引借贷双方进场交易和如何监管场内交易两个核心问题，并给出了相关建议。此外，关于服务中心本身如何组建，课题组提出了"事业单位制"、"社会团体制"、"国有公司制"和"民营公司制"四个备选方案。②

---

① P2P是英文"Peer to Peer"的缩写，意即"个人对个人"。

② 服务中心组建方案：可以由Q市政府主导设立"事业单位制"服务中心，或者通过组建行业协会设立"社会团体制"服务中心，或由市财政或市属国有企业投资设立"国有公司制"服务中心；如有优秀的民营企业对创办服务中心感兴趣，也可以考虑组建"民营公司制"服务中心。服务中心组建方式的选择需要综合考虑对市场各方的吸引力、政府的监管工作的难度和政府承担的潜在责任等因素。Q市政府可以选择适合当地实际情况的组建方案。"事业单位制"服务中心相对容易赢得市场各方信任，但如果发生政策风险等地方政府的回旋余地较小。"社会团体制"方案是先成立投资咨询担保业行业协会，然后由行业协会向会员收取会费，租赁场地提供给会员使用，行业协会负责服务中心的具体运作。就Q市投资咨询担保行业发展现状而言，此方案可能较为周折，且向民政部门申请成立民间社团运作服务中心有一定难度。目前较为容易操作的方案可能是由市财政或市属国有企业出资，通过工商登记设立"国有公司制"服务中心，容易赢得各方信任，政府也会有足够的回旋余地。另外，如有优秀的民营企业对创办服务中心感兴趣，也可以考虑组建"民营公司制"服务中心，完全市场化操作，政府提供配套政策支持。如果采用此组建方案，建议服务中心的名称中应加上合适的字号。

与其他方案相比，"事业单位制"服务中心对交易各方特别是民间资金供给方而言可信度最高。然而一旦发生借贷纠纷，"事业单位制"服务中心容易将政府牵涉其中，这是 Q 市政府最担心的问题之一。另外，事业单位的设立本身还面临编制约束。2010 年 1 月，Q 市金融办得知短期内无法获得设立这样一个事业单位的编制。

与"事业单位制"服务中心相比，如果成立"民办非企业单位"性质的服务中心，地方政府面临借贷纠纷时就多了一个缓冲层。但是，"民办非企业单位"性质的服务中心对交易各方特别是资金供给方的吸引力大打折扣。另外，如果由行业协会进行民间借贷登记备案，登记数据的管理存在安全隐患。2010 年 1 月，课题组成员到浙江省民政厅民间组织管理局咨询申请设立"民办非企业单位"性质的服务中心的可能性。该局负责人认为服务中心具有营利性，不宜申请成为民办非企业单位，而应该申请工商执照以企业形式运营。

综合考虑对民间资金供求双方的吸引力、政府潜在责任、监管服务中心的难度及机构开设的难度等因素，2010 年 1 月，Q 市决定由 Q 市市属国有企业发起设立一家工商登记的国有企业来运营服务中心。然而，之后由于种种原因，Q 市的服务中心一直没能挂牌营业。

2011 年下半年开始，温州市出现部分企业主"跑路"现象。2011 年 9 月 20 日，温州"眼镜大王"胡福林突然出走美国的消息引起全国媒体对温州金融危机的关注。而此时温州市政府已经开始着手民间金融危机的各项善后处置工作，并开始筹划向国务院申请金融综合改革区的试点。2011 年 9 月初，时任浙江省和温州市决策咨询委员会委员的 Q 市金融创新课题组组长姚先国教授，再次向浙江省和温州市建议尽快试点组建服务中心，并提交了修改过的组建方案文本。随后，此项建议进入温州市向浙江省和国务院提交的申报方案中。

2011 年 11 月，笔者之一受温州市鹿城区金融办邀请参加服务中心具体筹建方案的讨论。此前，温州市鹿城区接受了设立温州市第一家民间借贷登记服务中心的试点任务。笔者之一向鹿城区相关负责领导提供了前期 Q 市课题的成果，重点介绍了组建不同性质服务中心的利弊得失。区领导倾向于"民营公司制"的服务中心组建方案。

2012 年 4 月 26 日，由鹿城区工商联 14 家成员单位和 8 位自然人共同出资设立的温州民间借贷登记服务有限公司正式挂牌营业。有趣的是，公司对外挂的招牌是"温州民间借贷登记服务中心"。①

如图 2 所示，服务中心的组织模式是政府主导与企业运营相结合。即在温州市和鹿城区两级政府的推动下，由温州民间借贷登记服务有限公司成立并运营服务中心。服务中心引进一些"P2P"融资信息服务中介机构和相关配套服务机构入驻，吸引民间资金供求双方进场交易。服务中心不从事中介业务，只是为中介机构和相关配套服务机构提供一个平台，其核心职能是为民间借贷交易双方提供登记备案服务。中介机构为放款人和借款人提供资信评价、借贷撮合等服务；配套服务机构如人民银行征信系统、车管所机动车抵押登记服务站、公证处、担保公司、保险公司、律师事务所等则分别提供征信查询、抵押登记、公证、融资担保、保险、法律咨询等专项服务。②

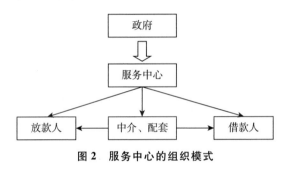

图 2　服务中心的组织模式

---

①　公司官方网站温州民间借贷登记服务网（http://www.wzmjjddj.com/）对服务中心的名称、性质、宗旨和服务内容等进行了公开宣传：温州民间借贷服务中心，是经市、区两级政府批准，由鹿城区工商联牵头组建成立的一家企业化运作的有限公司，注册资金600 万元，经营范围涉及信息登记、信息咨询、信息公布、融资对接服务等，主要为民间资金借贷交易双方提供登记服务。成立温州民间借贷登记服务中心，是温州金融改革综合试验区的试点内容之一，目的是进一步引导规范温州市民间借贷市场，大力营造规范有序的融资环境，积极拓展投资渠道，引导民间资金合法有序地进入实体经济、小微企业创业之中，遏制社会资金体制外无序循环，减少非法融资现象，防范和化解民间金融风险，探索一条民间资本有序、健康流动之路。

②　服务中心的运行机制是什么样的？放款人或借款人首先在服务中心登记需求信息，然后自主选择服务中心的一家或几家中介机构，服务中心会将这些需求信息发送给被选择的中介机构。中介机构将需求结构相符的放款人和借款人进行匹配，如果双方合意就签订规范的借款合同。之后，借贷双方可以在服务中心选择相关的配套服务，如公证、抵押登记等。然后，放款人按照合同约定放款，借款人确认收款，借贷双方到服务中心进行成交登记备案。中介机构还可以根据放款人的要求提供贷后管理服务，如定期对借款人进行本息催还。合同期满之后，服务中心根据借款人的履约或违约情况对其进行征信记录。此外，服务中心还会为进入场内交易的借贷双方提供信息咨询服务，同时向社会公布场内民间借贷利率。

服务中心在运营中获取了大量的外部行政性资源支持（见表1）。

表1 服务中心引入的公共机构及其相关服务

公共机构	相关服务
人民银行	引入了人民银行的征信系统，经当事人授权直接在中心查询其个人征信情况，中心是人民银行征信系统在全国范围内首次入驻的非银行机构
车管部门	引入了温州市车管所专线，全市民间借贷的汽车抵押业务可直接在中心办理抵押登记
工商部门	以股权质押、知识产权质押、设备抵押等进行民间借贷的，凭中心受理登记出具的工作联系单，工商局即可办理财产抵、质押登记
房管部门	以房产作为抵押借贷的，凭中心出具的工作联系单，房管部门即可受理登记，还可享有房管部门的"绿色通道"，在办理登记时间上缩短一半
公路管理处	以出租车经营权证质押借贷的，凭中心出具的工作联系单，前往市中信公证处可办理公证及经营权证质押登记
人民法院	借贷双方经中心备案登记的，一旦产生诉讼纠纷，对权利人提供的相关材料，人民法院可依法确认其证据效力；可走法院"绿色通道"，即做到"快立、快审、快执、快结"；经中心备案登记签署，并经公证机关公证强制执行的条款，一旦一方当事人不履行合同，法院可对公证机关出具的强制执行效力证书予以确认，并直接进入执行实施阶段，无须进行诉讼环节

注：根据温州民间借贷登记服务网（http://www.wzmjjddj.com/）相关资料整理。

服务中心的组织模式和运行机制，呈现它复杂的组织特征。从性质上看，服务中心的确是一家在工商部门登记注册的企业，但是如果从名称和资源动员能力来看，服务中心更像一个政府部门或者事业单位。具体而言，与我们在组建方案中的建议不同，服务中心的名称中并没有"加上合适的字号"，而且它引入了人民银行征信系统、车管所机动车抵押登记服务站等普通企业通常难以企及的资源。

所以，我们需要回答三个问题。政府为什么让企业生产民间借贷登记备案制度这一创新型公共物品？企业在生产过程中为什么又会呈现政府部门的组织特征？服务中心的实际运作究竟是由企业控制还是由政府控制？

四 创新型公共物品生产的组织形式选择

（一）政府为什么让企业生产公共物品？

从本文的分析框架出发，政府选择让企业来成立和运营服务中心，是基于外部制度环境的考虑。民间借贷登记备案作为一种创新型的制度公共物品，不仅涉及民间金融领域的法律法规，而且涉及民间资金交易各方的社会认知。自上而下的法律约束和自下而上的社会认知成为地方政府必须面对的两大制度环境，其中的潜在风险影响着政府对于服务中心组织形式的选择。

1. 法律风险：自上而下的制度环境

研究表明，随着国家行政体制改革的推进和行政体系理性化程度的提高（张静，2001；渠敬东等，2009；吕方，2013），法制化、规范化、技术化和标准化逐渐成为行政建设的重要议题，地方政府所面临的法律约束愈加强烈。地方政府官员为了谋求政治前途，不得不在制度的激励（周黎安，2004，2007；荣敬本等，1998）和约束（毛寿龙，2005；王汉生、王一鸽，2009）之间寻求平衡，既要努力提高绩效，又要审慎控制责任风险。因此，地方政府提供公共物品时，不仅会关注供给效率，而且会考虑自身行为的合法性，尽量规避法律风险。

（1）法律缺失。长期以来，我国的民间金融一直处在法律的灰色地带，缺乏专门而完善的法律法规体系，也没有清晰明确的监管部门。[①] 尤其对于注册为"经济信息咨询有限公司"和"投资管理有限公司"等的新型民间金融服务中介组织而言，更是没有明确的法律规定和监管主体。

在相关法律法规出台之前，如果政府自己成立服务中心引进中介机构进行监管，并吸引民间借贷双方进场交易和登记备案，则容易陷入无法可依的困境。但是，如果由企业为中介机构搭建平台并为民间借贷双方提供登记备案服务，则属于市场主体之间的合约关系，可以避开政府与中介机构以及民间借贷双方的直接接触，降低政府的法律风险。所以，区政府一方面选择以企业的形式来成立和运营服务中心，另一方面则积极推动和迫切等待相关法规的出台。下面是鹿城区金融办一位领导的讲述：

> 中心这种模式呢是这样，从法律层面讲，因为我们政府的很多职能的话我们上面有法规，相关的法规或者是政府的职能里面我们

---

① 1998 年国务院颁布的《非法金融机构和非法金融业务活动取缔办法》，以及 2003 年出台的《中华人民共和国银行业监督管理法》，分别将民间金融的监管权赋予人民银行和银监会，并要求地方政府协助相关活动，但对于人民银行和银监会在监管中的关系以及监管的具体内容没有做出明确规定，使得多数民间金融组织及其活动基本上处于无人监管的状态（陈蓉，2008）。

又没有这一块东西，那领导的意思是，政府没规定的如果能让市场来做的尽量让市场来做……因为政府做的事情都是必须有法律规定的，你看这些信息咨询公司本来属于灰色地带，没有相关法律的，用企业办嘛好点，他们自己签协议，是市场行为，现在也没有哪个机关负责管它们……省里面很早就开始起草《温州市民间融资管理条例》①，这个出来之后我们这儿会好些，登记备案也就有根据了。（访谈记录20130130）

（2）法律摩擦。民间借贷登记备案制度的建立还面临着与相关法律制度的摩擦问题，比较典型的例子是与税收制度的摩擦。② 民间借贷双方私下交易时，放款人的利息所得通常不会缴纳税收，然而一旦进入服务中心登记备案，就面临着是否缴税的问题。政府如果要求缴税，则会大大削弱民间借贷双方进场交易和登记备案的积极性；如果不要求缴税，又与现行税收制度存在冲突。两难之下，政府的理性选择是通过转换服务中心的组织形式来绕开与税收制度的直接冲突。区金融办一位负责人对此有一段表述：

> 虽然这个是作为金改的一个内容，但是上面的制度、政策都还没有突破，如果我们自己做就很麻烦……当时最担心的其实就是税收问题，税收国家是有法的！税法规定你政府有代扣代缴的责任，如果政府自己搞服务中心，那你说我到底扣不扣？一成交登记备案，数据全在我这儿，税务部门不查还好，要来查我怎么说？给不给他看？那一看我们没扣那不就是政府的责任嘛！企业办的话，法律规定是自主申报，那你不缴是企业自主行为，跟政府没关系啊！这个当时很麻烦很头疼的，我们也是没办法。（访谈记录20130620）

（3）法律实施的不确定性。虽然金融领域的基本法律规定为民间金融活动划定了不可逾越的红线，但这些法律规定本身还存在着很多不明

---

① 《温州市民间融资管理条例》于2013年11月22日浙江省第十二届人民代表大会常务委员会第六次会议通过，2014年3月1日正式实施。其中，第四条、第五条和第八条对市、区政府及服务中心的民间融资规范职能进行了明确规定。

② 《中华人民共和国个人所得税法》第二条规定，利息所得应纳个人所得税；第三条规定，利息所得适用比例税率，税率为20%。《国家税务局关于印发〈营业税问题解答（之一）的通知〉》（国税函发〔1995〕156号）规定，不论金融机构还是其他单位，只要是发生将资金贷与他人使用的行为，均应视为发生贷款行为，按"金融保险业"税目征收营业税，税率为5%。

确的地方。① 法律界定不明确，使得民间金融活动的罪与非罪界限模糊，导致法律实施过程存在着高度的不确定性。在这样的背景下，地方政府规范发展民间融资会面临较高的法律风险，因为地方政府认定为合法的民间金融活动有可能在出现问题之后被法院界定为非法，地方政府难以避开连带责任。具体到本文的案例，服务中心涉及对于民间借贷交易双方和中介机构的规范，如果政府自己成立和运营服务中心，会面临较高的法律风险。

2. 社会风险：自下而上的制度环境

已有研究指出，地方政府的公共物品供给面临着来自民众的社会风险（曹正汉、周杰，2013）。一方面，地方政府直接生产公共物品的过程中，可能触及民众利益或违反某些被民众广为接受的社会规范，引发民众的不满情绪和抗议行动；另一方面，政策对象利益意识的觉醒（吕方，2013）及其对于"上访"、"诉苦"等抗争方式的策略性运用，已经成为地方政府面临的重要制度环境，使得地方政府常常容易陷入合法性的困境。因此，在上级政府强调社会和谐的"维稳"体制下，地方政府会时刻警惕来自民众的社会风险。

民间借贷活动潜存着很多风险点，尤其是借款人的违约风险。在政府自己成立和运营服务中心的情况下，一旦经过政府直接规范的金融活动出现违约甚至诈骗，利益受损的当事人很可能要求政府承担连带责任。如果这种要求得不到满足，当事人可能运用各种策略与政府周旋，甚至通过上访的方式来表达对政府的不满和抗议。这也促使区政府放弃自己直接成立和运营服务中心的方案，而决定采用企业形式，"以便在政府和民众之间构建缓冲地带"（曹正汉、罗必良，2013）。一位领导讲述了当时的情况：

> 跟你说实话呢，我们政府当时做这个事情自己也怕，因为不管是温州啊还是其他地方，一个具体的情况就是，这个民间有个习惯，一般出事情都是找政府。如果是政府来做呢，我们自己也不知道这

---

① 例如，法律对于什么是"非法吸收公众存款"或"变相吸收公众存款"行为的规定就不明确；又比如，一些行政法规虽然对"非法吸收公众存款"和"变相吸收公众存款"行为做出了界定，但对于什么是"公众存款"的界定仍不清晰；再比如，行政法规对于"非法吸收公众存款"行为的界定能否作为"非法吸收公众存款罪"定罪量刑的依据在司法实践中存在不少争议。

个风险到底有多大。（访谈记录 20130130）

值得指出的是，无论采用直接规范方式还是间接规范方式，政府都会面临社会风险。不同之处在于，间接规范可以相对地弱化社会风险。在政府推动企业成立和运营服务中心的情况下，虽然民众也可能在交易风险发生之后要求政府承担责任，但此时政府是以监管者、协调者的身份出现，民众缺乏要求政府承担直接责任的合法性理据，政府所面对的社会风险因此要比直接成立和运营服务中心时小。

3. 为何选择企业？

在多重风险之下，政府直接成立和运营服务中心确实不是明智之举。那么，为什么会选择民营企业呢？区金融办一位负责人告诉我们，尽管"民办非企业单位"、"国有公司制"和"民营公司制"三种方案都有助于降低政府的风险，但具体选择还受到其他条件的约束。

> 我们和领导也讨论了很久，当时考虑是做成民办非营利部门，但是民办非营利有要求是社会事业，金融又不是这一块，当时跑到民政部门去和他们沟通啊，也没有这一块，那这么做怕有什么不好的地方我们也就没做。那就剩下国有企业或者是民营企业，但是我们区里面没有合适的国有企业。所以，我们就考虑用本地优质民营企业来做，用民营企业我们又考虑政府的领导作用在哪里体现，因为民营企业以赢利为目的，它可以按照你这个模式去做。但是它是市场主体，又考虑到赢利，又考虑到各个方面的因素，所以当时就很纠结。后来就考虑到我们的工商联，那么工商联毕竟是我们政府联系企业的桥梁和纽带，政府对它还是有一定的约束力的，相对来说它会考虑我们政府的一些意思。另外，工商联主席也是我们地方上很有威望的企业家啊，所以这样就考虑到由李总来牵头，因为他是工商联主席，我们就把方案给他们，让他们自己决定，后来就由 22 个副会长以上的企业成立了一个新的公司，就是这样的背景。（访谈记录 20130130）

可见，在既有条件约束下，民营企业是降低政府所面对的制度风险的最佳组织形式。值得注意的是，政府选择什么样的民营企业也并不随意，而是考虑到实施控制的难易程度。政府最终选择从工商联的会员企业中发起成立新企业来运营服务中心，凸显了工商联的政治意义。韩福国（2004）的研究表明，工商联在政府和民营企业之间扮演着"双重代理"的角色。这样一种双重角色的结构位置，赋予了工商联以较强的组织灵活性，使之可以依据不同的情景在公与私之间进行转换。区政府看重的正是这一点，工商联的双重角色及其组织灵活性，有利于实现公共物品的企业生产与政府控制之间的平衡。

(二) 企业生产为何呈现政府特征？

根据本文的分析框架，服务中心呈现的政府部门组织特征，是政府在技术环境约束下理性选择的结果。技术环境的约束集中体现为服务中心所面对的市场风险，即在民间信任体系受到重创的情况下，服务中心作为新生事物是否具有市场吸引力？如前所述，面对制度环境的约束，政府决定让企业来成立和运营服务中心。然而，企业形式虽然有助于降低制度风险，却不具有降低市场风险的比较优势。因此，政府需要在企业组织形式中加入政府部门的组织形式要素。

1. 企业的性质、政府的牌子

政府虽然让企业成立和运营服务中心，却并没有在服务中心的名称中加上表明其企业性质的字号，而是使用了"温州民间借贷登记服务中心"这个名称。换言之，政府在确定服务中心的企业性质的同时，却给了它一块政府的牌子。区金融办一位负责人讲述了其中缘由：

> 中心原来的名字叫"温州民间借贷登记服务中心"，这个是因为我们中心虽然是企业，但是是政府引导的提供民间借贷备案服务的特殊企业，如果对外称公司的话会给公众误导，所以就以工商注册为公司，对外称呼为中心这一模式。你想，一个公司我个人凭什么把我私人的信息提供过来备案？最起码吸引力不会这么大。政府想搞又怕搞不好，所以交给市场，再以名字的变化赋予其公信力。政府不是认为中心是事业单位，就是给中心这个名称。现在中心虽然是企业性质，但是大多数人还是认为这个是政府搞的，不然哪会有人过来登记啊，在他们的认识里面我是相信政府才过来备案的。（访谈记录20140225）

政府的选择逻辑在于，"温州民间借贷登记服务中心"这一名称更能体现服务中心的公信力，更有利于吸引民间资金供求双方进场交易和登记备案。这实际上是"以政府信用为信号"（张翔，2010）来减少服务中心与民间资金供求双方之间的信息不对称。服务中心是在民间金融危机背景下成立的一个新型组织，如果采用表明其企业性质的名称，则难以获得市场的信任。相比而言，政府的牌子是一个有效信号（Spence，1973），具有降低市场风险的比较优势。

2. 企业难以动员的资源

除了名称所赋予的公信力之外，服务中心要真正吸引民间资金供求双方进场交易，还必须在资金安全性、程序规范性和交易便捷性等方面取得比较优势。在信息高度不对称的情况下，服务中心需要向民间资金供求双方尤其是供给方发出信号，展示自身的运行方式和运行规则，凸显防控交易风险和提高交易效率的能力。

作为金融危机背景下成立的一个新型组织，服务中心如果仅仅以企业形式运作，依赖入驻的中介机构进行交易匹配和风险防控，则与一般的民间金融中介服务机构没有太大差异，难以获得市场的信任。相比之下，政府主导的资源动员则有利于提高服务中心的风险防控能力和运行效率。在风险防控方面，政府的资源引入涉及前期风险控制和事后风险处置两个环节，主要是人民银行征信系统的征信查询功能和人民法院的快速处置程序；在交易效率方面，政府的资源引入体现为公证处、车管所机动车抵押登记服务站等的直接入驻，以及房管、工商、公管等部门的联系单制度。

无疑，相比纯粹的企业组织形式而言，政府动员的这些资源是一个有效的信号（Spence，1973），而且是一个较为强烈的信号，有利于获取民间资金供求双方特别是供给方的信任。之所以有效，是因为政府动员的这些资源是一般民间金融中介服务机构所无法动员的，这一信号能够将服务中心与一般民间金融中介服务机构之间的风险防控和交易匹配能力区分开来。之所以强烈，是因为政府动员的资源规模和资源质量都不同寻常。从资源规模来看，如此众多的政府部门同时支持一个企业在民间金融领域是比较少见的，"一条龙"的配套服务机构事实上构成了一个"资源密集型"（周雪光，2005）工程，这种"资源密集型"工程引人注目、实在可测且随意性较小，信号强度相对较高。从资源质量来看，一些资源的动员是极为罕见的，例如人民银行征信系统就是全国首次进入非银行机构，这也是信号强度的重要来源。总之，服务中心呈现的政府部门组织特征，实际上是一种信号发送，是政府为了降低市场风险所做出的理性选择。

五　政府如何控制公共物品的企业生产？

如前所述，当政府为了应对环境约束而选择让企业生产公共物品时，会给自己带来一个难题，即政府对于公共物品生产的控制权可能因为企业的信息优势而受到削弱。如果政府认为掌握这部分控制权的收益高于成本，就可能力图夺取这部分控制权。因此，虽然政府将民间借贷登记备案制度这一公共物品交给企业生产，但并不意味着企业能够掌握实际的控制权。

在具体分析政府如何控制服务中心的实际运作之前，我们有必要说明政府为什么要进行控制。需要指出的是，由于服务中心是温州金融改革中的核心试点项目，而鹿城区政府正是承接这一项目的责任单位，因此服务中心能否平稳发展就直接关系到鹿城区政府的政绩。服务中心涉及的民间借贷业务中存在着大量具有隐蔽性和滞后性的潜在风险，这些风险一旦爆发，运营服务中心的民营企业很可能没有足够的能力进行化解，区政府也必然难以置身事外。因此，区政府必须要加强对企业的监管，以免企业的运营偏离正确的方向。这些监管不仅包括事后监管，而且包括大量的事前和事中监管。对于削弱企业因信息优势而掌握的实质权威而言，政府的事中监管显得尤为重要。

下面，我们从政府对于服务中心的监管制度以及对于服务中心实际运作过程的干预这两个方面，分析政府与企业之间的控制权分配。

（一）监管制度中的控制权分配

2012 年 12 月 12 日，区政府印发《温州民间借贷服务中心监管办法（试行）》，对服务中心、中介机构和配套服务机构等主体的行为做出了明确规定。其中的不少条款显示，政府虽然让企业来成立和运营服务中心，但绝不是简单地从企业那里购买服务，而是对企业的生产过程进行细致规定和审慎控制。例如，企业拥有一定程度的自主权来制定服务中心的运作制度和选择入驻中介机构，但都必须经过政府的审核批准；企业必须将民间借贷的交易数据和入驻机构的考核结果定期报送给政府；政府还会对企业的业务管理系统进行动态监测。[①] 这表明，服务中心实际运作

---

① 参见《温州民间借贷服务中心监管办法（试行）》第八条、第十二条、第十六条、第三十五条、第三十八条、第四十一条的详细规定。

的控制权，其实并非掌握在作为直接生产者的企业手中，而是更多地分布在作为监管者的政府一边。

（二）日常运作中的控制权分配

除了制定严格的监管制度以外，政府还通过更为微妙的方式控制服务中心的实际运作过程。一个典型体现就是，区金融办专门在服务中心设立了一个监管办公室（见图3），并派驻区金融办副主任专职负责对服务中心实际运作过程的近距离监督和日常干预。①

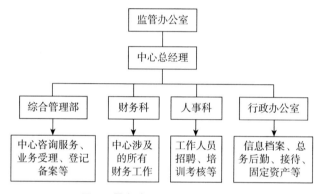

图3　服务中心的实际行政架构

服务中心本身的行政架构由中心总经理和四个科室组成（见图3）。中心总经理负责统筹服务中心的整体工作，拥有决策权；综合管理部承担服务中心的核心职能，为民间资金供求双方提供信息咨询、登记备案等服务；行政办公室除了负责一般行政事务以外，承担的一个重要职能是对所有成交登记备案信息的档案管理工作；财务科和人事科则分别负责服务中心的财务和人事工作。我们的田野观察表明，区金融办在服务中心设立的监管办公室，对服务中心的实际行政架构和工作流程产生重要影响，这种影响主要集中在监管办公室与中心总经理、综合管理部和行政办公室的关系上。

第一，从监管办公室与中心总经理的关系来看，监管办公室直接参与服务中心的决策，使得中心总经理的自主决策权受到制约。服务中心

---

① 需要指出的是，政府会避免这种实际控制权分配对于民众的外显化，因为外显化可能会增加政府自身的连带责任风险。我们观察到，政府的对外宣传中较少提到服务中心的监管办公室。

发展过程中面临的许多重要问题，如对市场各方的吸引力、与银行等外部机构的关系、对风险防控的管理制度等，需要领导层依据形势变化做出决策。根据我们的田野观察，服务中心的实际决策过程一般遵循两种程序：一种是自下而上的程序，即由综合管理部搜集整理相关问题资料，同时上报给中心总经理和监管办公室，之后三方开会做出决策，监管办公室拥有实际决策权；另一种是自上而下的程序，即由监管办公室向中心总经理和综合管理部传达区政府或者市政府的某项决策，中心总经理和综合管理部成为决策的实施者。

第二，从监管办公室与综合管理部的关系来看，监管办公室对综合管理部的日常管理工作实施近距离监督调控，事实上管理着服务中心的整个业务流程。综合管理部的日常管理工作涵盖场内民间借贷交易的整个业务流程，涉及信息发布与登记备案的工作安排、中介和配套服务机构的业务规范、服务中心与入驻机构之间的关系等各种具体问题。我们的田野观察发现，服务中心的实际管理过程一般遵循如下程序：综合管理部定期向监管办公室上交服务中心业务运行情况的分析报告，监管办公室根据报告中呈现的问题对综合管理部进行反馈，形成对综合管理部的工作意见，综合管理部根据意见实施管理。

第三，从监管办公室与行政办公室的关系来看，监管办公室对行政办公室的信息管理进行监控，事实上控制着服务中心的信息流程。民间资金供求双方在服务中心的整个交易过程会产生大量交易信息，保证这些交易信息的安全性是服务中心有序运行的基础。监管办公室从两个方面对服务中心的信息流程进行控制：一方面是采用信息技术限制服务中心各部门在网络平台上的信息获取权限；另一方面是监督行政办公室对民间借贷交易纸质备案材料的封档存库工作。

总之，监管办公室通过参与和主导服务中心管理层的决策过程，并介入综合管理部和行政办公室这两个部门的日常工作，实现了对于企业生产过程的实际控制。特别是，监管办公室对于服务中心的长期近距离观察，降低了政府与企业之间的信息不对称程度，削弱了企业在参与决策时的信息优势，使得企业虽然处于生产一线，却难以获得控制服务中心运营的实质权威。监管办公室对服务中心的组织渗透让我们看到，政府事实上直接主导着公共物品的生产过程，它不仅是公共物品的提供者，也是公共物品的实际生产者；而企业则更多的是政府生产公共物品的一种组织形式，是一种象征性的存在。

六　结论与讨论

本文的研究源于 2012 年至今各地金融改革创新中出现的一个现象，即地方政府将一种创新型的制度公共物品交给企业生产，但企业在生产过程中又呈现政府部门的若干组织特征。已有的理论都难以很好地解释这一现象，迫使我们去发展新的分析框架。通过引入组织社会学的视角，我们将地方政府的选择行为置于其所处的环境中进行分析。研究表明，创新型公共物品生产受到技术环境或制度环境高度不确定性的约束，为了减少这种不确定性可能带来的损失，地方政府的一种重要策略就是选择能够降低风险的组织形式进行生产，同时掌握组织运作的实际控制权。运用这一分析框架解读温州民间借贷服务中心的案例，我们看到政府在技术风险和制度风险的双重约束下，选择了服务中心的混合组织形式，并掌握着其实际运作的控制权。

对于地方政府将公共物品交给私人部门生产的选择行为，本文提供了一种不同于经济学解释的社会学解释逻辑。交易费用经济学和新产权经济学所强调的效率机制是在政府与私人部门的双边交换关系中研究政府的选择行为，而本文从组织社会学角度所揭示的风险规避机制则高度重视更大范围的外部环境对于政府的约束以及政府面对这种约束的策略行为。值得指出的是，我们并不否认经济学的效率解释，只是从社会学角度补充另外一种分析视角。所以，当地方政府选择由私人部门来生产公共物品时，既有可能是基于效率考量的供给方式选择，也有可能是基于环境约束的组织形式选择。如果要甄别地方政府行为的真实逻辑，就意味着我们不仅需要考虑地方政府与私人部门之间的双边交换关系，而且有必要关注地方政府所处的更大范围的外部环境以及公共物品的实际生产过程。尤其对于创新型公共物品生产的研究而言，本文所揭示的不确定性环境中的地方政府行为逻辑值得进一步关注。

本文虽然集中讨论创新型公共物品生产的组织问题，但背后映衬出中国社会中一类相似的组织现象。例如，组织社会学领域经常讨论的"红帽子企业"现象，就与政府以企业形式生产公共物品的现象较为相似，前者是企业戴上政府的"帽子"，后者则是政府穿上企业的"壳子"，二者都涉及政府与企业的关系，虽然刚好是一个方向相反的过程。政府渗入商会组织（刘世定，2012）的现象也与政府以企业形式生产公共物品的现象存在相似性，前者是政府推动商会组建然后积极渗透，后者则是政府选择企业组织形式并实施控制。政府推动慈善组织产生的现象（田凯，2004）与政府以企业形式生产公共物品的现象就更为相似了，二者都是政府通过培育一种组织形式而实现自己的特定目标。类似的组织现象还有很多。

那么，这些现象的共性何在？其背后是否存在某种共同的逻辑？又是否存在某种差异？抽象来看，这类现象的共性在于一个组织借用另外一个组织的组织形式去实现某种组织目标，组织的外在形式与内在运行之间名实不符。这类现象在理论上同时涉及组织间关系问题以及组织与外部环境之间的关系问题。组织社会学的新制度主义通常借助合法性机制（Meyer & Rowan，1977；Dimaggio & Powell，1983；Suchman，1995；周雪光，2003）对这类现象进行解释，认为组织会采用社会中被广为接受的具有合法性的组织形式来实现某种组织目标。这一机制对于解释"红帽子企业"等现象较为有力，即当某种组织形式在制度环境中被明令禁止用于实现某种目标的时候，组织会被迫采用具有合法性的组织形式。然而，这一机制对于解释创新型公共物品生产中政府的组织形式选择行为则略显不足。原因在于，合法性机制隐含地假定了稳定制度环境的存在，而在创新型公共物品的生产中，什么合法、什么不合法是高度不确定的，政府是在不确定的环境中进行风险决策。正是在这个意义上，政府并非选择被社会广为接受的确定无误的组织形式，而是选择合法性可能相对较高的组织形式，这种选择本身是有风险的。不过总体而言，对上述现象的解释都难以绕开合法性机制，差别主要在于合法性本身的确定性程度。

更为重要的是，本文讨论的组织现象还存在不同于上述相似现象的独特性，即组织对外部环境同时呈现混合组织形式或多重组织面孔。事实上，混合组织形式现象在其他领域也普遍存在。例如，沈原和孙五三（2007）的研究就以中国青少年发展基金会为例，分析了这类"形同质异"的组织在"二重制度空间"或"风险制度环境"中所呈现的双重面具。有必要强调，组织社会学领域已经讨论过的组织形式与组织运作之间的名实不符现象与本文指向的混合组织形式现象存在微妙差异：前者的核心特征在于组织外在特征与内在运行之间的不一致，后者的特别之处则在于组织外在特征本身的多重面向；前者只涉及单维环境中的组织形式选择问题，后者则涉及多维环境中的组织形式选择问题。这种微妙差异对既有的解释路径提出了挑战，即单维环境中的组织形式选择理论可能难以解释混合组织形式现象的出现。因此，我们亟须探讨多维环境中的组织形式选择问题。

本文为混合组织形式现象的研究提供了一种值得关注的解释路径，即混合组织形式的根源在于多维组织环境的压力，混合组织形式的可能性来自组织形式本身的外在性、稳定性与可塑性，混合组织形式的具体实现离不开组织依据不同组织形式的比较优势所做出的理性选择，混合组织形式背后的实际组织运作涉及不同组织之间的交换关系与权力配置。这一解释路径同时可能引发一些有趣的研究议题，即如何深入研究组织的多维环境？为什么不同的组织形式在减小不同环境压力时可能具有各自的比较优势？组织形式有助于组织减小外部环境压力的机制是什么？合法性机制能否完全解释多维环境中出现的复杂组织形式？目标不同的组织之间如何能够通过交换而促成混合组织形式的产生？组织如何获取和维持其混合组织形式本身的合法性？混合组织形式背后的实际组织运作如何协调不同组织之间的利益冲突？这些问题的研究将有助于我们发掘更为细致的分析框架，深入理解多维环境中的组织形式选择问题。

参考文献

曹正汉，2011，《中国上下分治的治理体制及其稳定机制》，《社会学研究》第 1 期。

曹正汉、罗必良，2013，《集权的政治风险与纵向分权——从历史视角看当代中国社会管理体制改革》，《南方经济》第 2 期。

曹正汉、周杰，2013，《社会风险与地方分权——中国在食品安全监管上实行地方分级管理的原因》，《社会学研究》第 1 期。

陈蓉，2008，《论我国民间金融管制的重构》，西南政法大学博士学位论文。

费孝通，2009，《中国士绅》，赵旭东、秦志杰译，生活·读书·新知三联书店。

韩福国，2004，《市场、组织与国家——中华全国工商联及民间商会（ACFIC）在制度博弈中的双重代理分析》，复旦大学博士学位论文。

刘世定，2012，《私有财产运用中的组织权与政府介入——政府与商会关系的一个案例分析》，载周雪光等主编《国家建设与政府行为》，中国社会科学出版社。

吕方，2013，《治理情景分析：风险约束下的地方政府行为——基于武陵市扶贫办"申诉"个案的研究》，《社会学研究》第 2 期。

毛寿龙，2005，《引咎辞职、问责制与治道变革》，《浙江学刊》第 1 期。

渠敬东等，2009，《从总体支配到技术治理——基于中国 30 年改革经验的社会学分析》，《中国社会科学》第 6 期。

荣敬本等，1998，《从压力型体制向民主合作制的转变：县乡两级政治体制改革》，中央编译出版社。

萨瓦斯，2002，《民营化与公私部门的伙伴关系》，周志忍等译，中国人民大学出版社。

沈原、孙五三，2007，《制度的形同质异与社会团体的发育——以中国青基会及其对外交往活动为例》，载沈原《市场、阶级与社会：转型社会学的关键议题》，社会科学文献出版社。

田凯，2004，《组织外形化：非协调约束下的组织运作——一个研究中国慈善组织与政府关系的理论框架》，《社会学研究》第 4 期。

王汉生、王一鸽，2009，《目标管理责任制：农村基层政权的实践逻辑》，《社会学研究》第 2 期。

张静，2001，《国家政权建设与乡村自治单位——问题与回顾》，《开放时代》第 9 期。

张翔，2010，《以政府信用为信号——改革后温台地区民营存款类金融机构的信息机制》，《社会学研究》第 6 期。

周黎安，2004，《晋升博弈中政府官员的激励与合作——兼论我国地方保护主义和重复建设长期存在的原因》，《经济研究》第 6 期。

周黎安，2007，《中国地方官员的晋升锦标赛模式研究》，《经济研究》第 7 期。

周雪光，2003，《组织社会学十讲》，社会科学文献出版社。

周雪光，2005，《“逆向软预算约束”：一个政府行为的组织分析》，《中国社会科学》第 2 期。

周雪光、练宏，2012，《中国政府的治理模式：一个“控制权”理论》，《社会学研究》第 5 期。

Aghion, Philippe and Jean Tirole. 1995. "Some Implications of Growth for Organizational Form and Ownership Structure." *European Economic Review*, 39.

Aghion, Philippe and Jean Tirole. 1997. "Formal and Real Authority in Organizations." *The Journal of Political Economy*, 105.

Cai, Yongshun. 2008. "Power Structure and Regime Resilience: Contentious Politics in China." *British Journal of Political Science*, 38.

Chandler, Alfred D. 1962. *Strategy and Structure: Chapters in the History of the American Industrial Enterprise.* Cambridge, MA: MIT Press.

Coase, Ronald H. 1937. "The Nature of the Firm." *Economica*, *New Series*, 4.

Coase, Ronald H. 1974. "The Lighthouse in Economics." *Journal of Law and Economics*, 17.

Demsetz, Harold. 1970. "The Private Production of Public Goods." *Journal of Law and Economics*, 13.

DiMaggio, Paul J. and Walter W. Powell. 1983. "The Iron Cage Revisited: Institutional Iso-morphism and Collective Rationality in Organizational Fields. " *American Sociological Review*, 48.

Goldin, Kenneth D. 1977. "Equal Access vs. Selective Access: A Critique of Public Goods Theory. " *Public Choice*, 29.

Grossman, Sanford and Oliver Hart. 1986. "The Costs and Benefits of Ownership: A Theory of Verticaland Lateral Ownership. " *Journal of Political Economy*, 94.

Hannan, Michael T. and John Freeman. 1977. "The Population Ecology of Organizations. " *American Journal of Sociology*, 82.

Hannan, Michael T. and John Freeman. 1986. "Where Do Organizational Forms Come from?" *Sociological Forum*, 1.

Hart, Oliver and John Moore. 1990. "Property Rights and the Nature of the Firm. " *Journal of Political Economy*, 98.

Hart, Oliver, Andrei Shleifer and Robert W. Vishny. 1997. "The Proper Scope of Govern-ment: Theory and an Application to Prisons. " *The Quarterly Journal of Economics*, 112.

Maskin, Eric, Yingyi Qian and Chenggang Xu. 2000. "Incentives, Information, and Or-ganizational Form. " *The Review of Economic Studies*, 67.

Meyer, John W. and Brian Rowan. 1977. "Institutionalized Organizations: Formal Structure as Myth and Ceremony. " *American Journal of Sociology*, 83.

Milgrom, Paul and John Roberts. 1992. *Economics, Organization and Management*. Engle-wood Cliffs, NJ: Prentice Hall.

Musgrave, Richard A. 1959. *The Theory of Public Finance: A Study in Public Economy*. New York: McGraw-Hill.

Ostrom, Vincent, Charles M. Tiebout and Robert Warren. 1961. "The Organization of Gov-ernment in Metropolitan Areas: A Theoretical Inquiry. " *The American Political Science Review*, 55.

Powell, Water W. 1991. "Expanding the Scope of Institutional Analysis. " in *The New Inst-itutionalismin Organizational Analysis*, edited by Walter W. Powell & Paul J. DiMaggio. Chicago: University of Chicago Press.

Qian, Yingyi, Gérard Roland and Chenggang Xu. 2006. "Coordination and Experimentation in M-Form and U-Form Organizations. " *Journal of Political Economy*, 114.

Ruef, Martin. 2000. "The Emergence of Organizational Forms: A Community Ecology Ap-proach. " *American Journal of Sociology* , 106.

Romanelli, Elaine. 1991. "The Evolution of New Organizational Forms. " *Annual Review of Sociology*, 17.

Samuelson, Paul A. 1954. "The Pure Theory of Public Expenditure. " *The Review of Eco-*

nomics and Statistics , 36.

Scott, W. Richard. 1991. "Unpacking Institutional Arguments. " in *The New Institutionalism in Organizational Analysis*, edited by Walter W. Powell & Paul J. DiMaggio. Chicago: University of Chicago Press.

Scott, W. Richard and John W. Meyer. 1991. "The Organization of Societal Sectors: Propositions and Early Evidence. " In *The New Institutionalism in Organizational Analysis*, edited by Walter W. Powell & Paul J. DiMaggio. Chicago: University of Chicago Press.

Spence, Michael. 1973. "Job Market Signaling. " *The Quarterly Journal of Economics* , 87.

Suchman, Mark C. 1995. "Managing Legitimacy: Strategic and Institutional Approaches. " The *Academy of Management Review*, 20.

Thompson, James D. 1967. *Organizations in Action: Social Science Bases of Administrative Theory.* New York: McGraw-Hill.

Williamson, Oliver E. 1975. *Markets and Hierarchies: Analysis and Antitrust Implications.* New York: Free Press.

Williamson, Oliver E. 1979. "Transaction-Cost Economics: The Governance of Contractual Relations. " *Journal of Law and Economics*, 22.

Williamson, Oliver E. 1985. *The Economic Institutions of Capitalism.* New York: Free Press.

环境约束与组织形式选择

——对向静林、张翔论文的评论

钟 珮[*]

　　向静林、张翔的论文研究了创新型公共物品生产的组织形式。作者考察 2012 年温州市金融部门成立"温州民间借贷服务中心"之决策过程，以及该中心的运作方式，发现了一个现象——政府将民间借贷登记备案这一项公共物品交由一家民营企业生产，而实际上，这家民营企业却又具有政府部门的若干特征，呈现一种混合组织形式。这一有趣的发现无疑是一个良好的切入点，作者借此指出以往公共物品供给理论的不足，并从组织社会学的视角揭示了这种特殊的组织形式与外部环境之间的关系。

　　首先，值得肯定的是，该研究具有非常扎实的经验基础。由于作者介入了"温州民间借贷服务中心"的创建过程，所以，对该中心成立的背景、决策过程和实际操作具有直观而深入的认识。作者从三条线索梳理了相关材料，向我们展示了"温州民间借贷服务中心"的混合组织形式是如何形成的：创新型公共物品面对不确定的技术环境和制度环境，组织形式选择的决策过程，以及实际控制权的分配。

　　通过作者的描述，我们确定了一些重要事实。第一，作者指出，作为一种创新型的公共物品，民间借贷登记备案制度所面临的环境风险与常规性的公共物品具有显著差异，政府很难在现有的法律框架下进行制度创新，以应对制度创新可能带来的维稳风险；第二，尽管服务中心采取了民营公司制的组织方式，然而，无论从公司字号、对政府资源的整

　　* 钟珮，浙江大学经济学院博士研究生，电子邮箱：piglet12345@163.com。

合能力还是从制度化的控制模式来看，该中心都不是按民营公司的方式来运作，其实质上依然是准政府组织。

这种组织方式与现有理论有相悖之处，为此，作者试图通过案例研究发展新的分析框架。针对地方政府将公共物品交给私人部门生产的行为，本文主要与供给效率论和政治风险论这两种具有代表性的理论进行对话。根据上述两个重要事实，这两种理论显得缺少解释力，因为在不确定的环境下我们难以比较供给效率和政治风险。此外，两种理论也无法说明，既然由私人部门生产公共物品，为何政府又要牢牢地掌握实际控制权？由此，作者提出应考虑更广泛的环境特征，运用组织社会学的理论研究政府在外部环境约束下的选择行为。通过对政府决策过程的研究，作者得出的结论是，面对高度不确定性的技术环境或制度环境，选择较低风险的组织形式就成为地方政府的一种策略。这一结论在理论上具有创新意义。

在研究方法上，该文是典型的个案研究。不过，从一个特殊的个案出发，试图提出一种针对混合组织形式的解释路径，似乎显得力有未逮。"温州民间借贷服务中心"的组织和运作形式，确实有助于指出经济学相关解释理论的不足。所以，作者在结论中提出，"混合组织形式的根源在于多维组织环境的压力，混合组织形式的可能性来自组织形式本身的外在性、稳定性与可塑性，混合组织形式的具体实现离不开组织依据不同组织形式的比较优势所做出的理性选择，混合组织形式背后的实际组织运作涉及不同组织之间的交换关系与权力配置"。然而，多维的组织环境究竟包括哪些因素？多维的因素通过何种机制有效地影响着各种组织形式之间的比较优势？如果外部环境约束再次发生变化，该组织的形式是否也会相应地进行调整？诸如此类的问题，仅仅通过一个个案，是难以回答的，也难以分离和测度各种因素的影响。因此，我认为，该文所提出的解释逻辑具有启发性和创新性。但是，如果要完善这种解释理论，还需要收集系统性的案例，以及做系统化的案例比较研究。当然，这不是一篇论文所能完成的工作，从这种意义上说，该文是良好的开端。

经济社会学研究 第四辑

第 178～218 页

© SSAP, 2017

"救市"是如何"政治化"的?

——中国证券市场一个"谈判"过程的经济社会学剖析

项　宇[*]

摘　要: 股市作为一个市场经济体系下的典型代表,是一种政治、经济、文化、制度混合的复杂体,股灾也可以说是一种研究谈判和博弈的理想模型。在股票市场,政府和国家不仅仅是监管者,更是参与者。股市既有经济属性,又具有"群体承诺"属性。经济属性意味着股市和国家宏观经济运行以及产业改革相挂钩,群体承诺属性意味着在集权体制和股市审核制下,国家信用一定程度上为股市背书,并在一定程度上保证了股票市场的稳定。在这种背景下,当股灾发生时,市场会主动使用退出、呼吁以及表示"忠诚"等一系列手段来整合动员,通过博弈和谈判使国家卷入市场中,并逐渐形成"聚点"。市场情绪在"极化现象"的作用下将做空势力和外国资本视为"政治敌人",从而形成一套敌对逻辑下政治化的话语体系。政治化是集权体制下国家介入市场的特点,也是权利结构不明晰导致的。

关键词: 救市　博弈　政治化

股市作为市场经济体系下的典型代表,是一种政治、经济、文化和制度混合的复杂体。证券市场的历史也是政治体制、交易成本、知识技

---

　* 项宇,社会学硕士,网易杭州研究院研究员,电子邮箱: Hsiang@ruc.edu.cn。

术与大众的心智观念不断摩擦构建的历史，发生在其中的形形色色的故事不仅是探讨市场摩擦的素材，也是研究博弈和制度变迁的经典案例。

随着经济的发展，股市在我国蓬勃发展。20 多年来，数千家上市公司和一亿多股民[1]组成了一个年成交额 133 万亿的超级市场。2014～2015年，中国股市上演的过山车一般的行情让股民瞠目结舌，上证指数从2014 年 7 月的 2000 多点一路上涨到 2015 年 6 月的 5178 点，涨幅超过150%；而在 6 月 12 日见顶后的两月内又暴跌 45%。

股灾是一种可以作为"实验研究的病态社会"的样本或模型，在股灾及"救市"中出现的各种因素：层级体系、市场经济、信心、公平、腐败与不诚信等，可以很好地帮我们分析市场、国家、股民在这样一个社会中的博弈行为。本文以 2015 年的"股灾"以及"救市"行为为研究对象，尝试探究股票市场与监管层之间的关系，分析市场中的行动主体如何进行博弈和"谈判"，剖析"救市"行为是如何被"政治化"的。

一　股市的博弈分析思路

对日益重要的金融市场，社会学界目前的研究成果并不是很丰富。早在 1999 年，周长城就指出："具有讽刺意义的是，以深入研究人群和制度生活为己任的社会学却一直将金融市场这一主要制度领域拒之于社会学门外"（周长城，1994：79）。数十年后，尽管金融市场跟过去相比有了爆炸式发展，但遗憾的是，对金融市场，尤其是股票市场的研究仍然寥寥。

社会学家对市场的关注主要集中在怀特和格兰诺维特的网络研究、鲍威尔等人的新制度主义，以及泽利泽等人的经济文化研究上。韦恩·贝克尔从社会网络化结构的视角研究美国股票期货市场，解读交易者行为、微观和宏观的网络结构以及市场中的价格波动（Baker，1984）。王茂福通过经济社会学和经济学价格理论的对比，发现了市场价格背后关系嵌入以及结构嵌入对交易成本和供需的影响（王茂福，2011）。这些社会学者的研究对于市场的研究都是有意义的。但社会网络的视角和嵌入性的分析方式，并不完全适用于非人际关系交易占主体的证券市场。

---

[1]　中国证券登记结算有限公司：《一周投资者统计情况》，2016 年 2 月 1 日，http://www.chinaclear. cn/zdjs/xmzkb/center_mzkb. shtml。

王国伟指出，除了金融市场的嵌入性之外，目前对金融市场的社会学研究主题还包括：金融市场运行的社会动力机制、金融技术对社会的影响、金融信贷与社会不平等、金融风险与风险社会等（王国伟，2012）。中国学者对金融的研究主题较为分散。王水雄提出，金融工具作为一种"群体承诺标志物"在借贷市场中具有特殊属性（王水雄，2014）。刘世定（2009）对金融危机向社会危机的传导机制也有比较深入的研究。周长城、殷燕敏（1999）梳理了股市参与者的特征与参与策略，用社会学理论来解释金融市场中的集体行为，分析了大众行为理论、价值增加理论、感染理论、收敛理论、认知失调理论以及社会比较理论在股票市场中的作用，是把社会学理论和金融市场相结合的一次有益尝试。

不可否认，金融市场领域中的社会学研究也必须从个人行为入手，但是仅仅局限于个人交易决策过程中所受到的符号行为主观因素影响是不够的。市场参与者的集体行为，尤其是不同参与群体之间的行为很难用这些理论来深入解读，这些方面正是目前研究所欠缺的。

社会主义市场经济条件下，干预市场的，主要不是人际关系化的交换，而是国家意识及其背后所构建的社会观念对市场存在的影响。分析股市中的"市场失灵"可以深入挖掘市场机制与政府的关系。

针对国家政策造成了股市大幅波动的这一问题，乔桂明、詹宇波从制度变迁的角度分析了我国股市成为"政策市"的主要原因和市场运行特征（乔桂明、詹宇波，2002）。有学者从数据统计入手，通过分析 1992～2000 年股市中的异常波动，发现政策的出台及变化是造成股市异常波动的主要因素（邹昊平等，2000）。

沈伯平通过分析利好消息下股市仍然保持低迷的"悖论"现象得出，股市低迷，不是因为宏观经济不景气、投资者素质不高，而是源于政府对股市高度集权的过度规制（沈伯平，2014）。不仅仅在中国，任何国家的股市都存在"政治化"趋势。"预测任何国家的股市动态，从本质上来看，我们不仅在预测经济，也是在预测政治，预测政府在目前政治环境中希望股票投资者有何表现"（希勒，2004：25）。

股市中存在着大量值得挖掘和深思的"博弈"现象。上市公司、机构大户以及中小散户是股市中的博弈主体。信息不对称以及散户的非理性跟风，使得机构相比于散户而言容易操纵和左右股市（江孝感等，2001：24）。在博弈模型方面，王冀宁对散户与上市公司之间的博弈策略进行了回顾，提出了散户与上市公司之间基于不完全信息的博弈模型（王冀宁、孔庆燕，2004：78）。刘晓斌等分析了散户与散户、散户与主力之间的博弈，认为主力在刺激股票交易方面有积极意义（刘晓斌、曾繁富，2004：43）。

但这些博弈模型仅仅是涉及散户与企业、散户与散户两方关系，事实上，在股市博弈中很难排除券商机构、国家政策的干扰。并且，这些关于股市博弈的研究往往以实现"均衡"为取向，而忽视了市场存在系统性风险的情况下各方的博弈可能存在的协作性过程。

二 分析框架与研究方法

我们选用一种"谈判"博弈的分析框架来对市场和国家的互动及其关系进行研究。零和博弈无益于展现该事件过程；"谈判"博弈的视角既重视利益冲突的存在，又关注博弈双方的共同利益；既重视合理追求价值最大化的行为模式，又关注一方的最佳选择取决于另一方的行为（Schelling，1980：12），从而能在彼此的互动中展现各方之间的关系。

如图1所示，股票作为一个复杂的"商品"，其背后有着两种不同属性：一种是它作为"群体承诺标识物"的属性；另一种是市场属性。当它作为一种群体承诺标识物时，由于制度设计和群体心理的原因，股价大幅下跌损害投资者利益是不被允许的，因为集权体制市场下的股市背后是国家信用，且民众对此抱有期待。在制度层面，国家需要通过一系列法律、行政乃至政治手段维护股价；而在群体心理层面，市场则会通过退出与呼吁来实现自己的目标。这两者背后的逻辑均为国家对市场的干预具有合法性。在此基础上，市场和政府在股灾的不同阶段会呈现不同的博弈策略，在"退出—呼吁—忠诚"的过程中，市场情绪开始极化，"聚点"最终达成：市场违法者以及外国资本被作为对立面遭受打击，国家通过政治手段介入市场。而最终的博弈共识通过国家－市场关系下的谈判策略来实现。

另外，股票的市场属性又要求股价可以随着市场的波动而波动，国家不能插手这一单纯的经济活动，这与国家干预的合法性形成了一股张力。监管层通常会在这两种力量间左右摇摆，而这种张力的实质则是国家和市场权利界定不明晰所导致的灰色空间（见图1）。

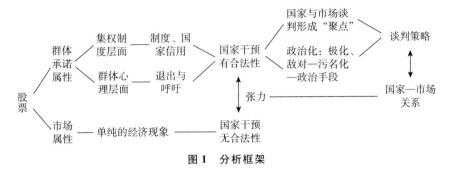

图1 分析框架

本文采用文献研究中的内容分析法。通过搜集媒体报刊、政策文件等资料来了解市场中的股民、机构等行为主体以及监管层的行为和态度，从而归纳出某一段时期股市发展的动态和行情。除了文献内容之外，内容分析还可以用来分析市场和监管层各方的原始动机，以及信息和"故事"传播的效果和影响等。

内容分析意味着把非数量表示的文献转换成用数量表示的数据，具体操作为：①选定研究分析单位，本文选择媒体关于"股灾"的新闻报道作为分析单位；②界定"总体"的范围，根据股市走势，将"总体"划定为2015年6月1日到9月30日这四个月的新闻报道，以6月12日为股灾开始节点，具体研究股灾前一周（6月5日至6月11日）、股灾开始后为期四周的第一轮下跌（6月12日至7月10日）以及为期两周的第二轮下跌（8月15日至8月28日）；③抽取样本，选择知名、热门且权威性较高的媒体或网站，本研究选择证监会官网、新华网、中国证券网、《第一财经日报》、《证券日报》等新闻媒体网站头版与股市相关的新闻，共计500篇新闻报道作为研究样本；④编码，根据新闻来源、市场涨跌、新闻中对后市的预期、政府政策偏好、市场反应情况等进行编码；⑤按照编码进行数据统计，并阅读样本文件；⑥统计并展开分析。

三 政府信用与股灾成因

（一）股票市场与政府信用

我国的证券市场在经济体制改革深入的背景下诞生，受到国家控制，政府信用是其基本保证。这为探究政府信号、"动物精神"、群体行为、社会关系网络与市场的互相影响奠定了很好的现实基础。

由于存在复杂的交易秩序，交易并非无摩擦无成本，但是竞争在一定程度上可以消除博弈论模型中给背叛行为带来收益的非对称信息。而中国股市很难做到这一点，从 2016 年 1 月证监会的通告"操纵市场类案件立案数创三年新高"① 能看出，中国股市中的市场投机、由于股份占有量带来的权利不对称、专业知识和信息不对称大大增加了交易成本，在这样的市场氛围下，政府作为监管层对市场的管控是有必要的，遏制股市中的违法案件，在一定程度上也就是守住政府信用。

在承认良序运作的市场需要政府的基础上，传统学界关注点在于制定一种"限制政府掠夺市场"的制度，这种制度既能够为市场的良序运作提供必需的公共物品供给，同时也能限制政府的权威和权力的滥用。但事实上，并不是任何时期政府都站在市场的对立面，尤其是在我国的社会体制下，政府更注重经济增长与市场有效性对维持其合法性带来的助益。

（二）股灾背景及过程

为了应对 2007 年美国次贷危机后产生的经济疲软，中国政府投入了 4 万亿元进行基础设施建设。虽然保证了经济的高增长率，但是也带来了通货膨胀和产能过剩问题，政府的负债率也居高不下。为了应对这些危机，政府采取了一系列措施，包括传统过剩产业的转型升级、推动利率市场化、推动"互联网＋"、"大众创业万众创新"等，大大促进了金融市场的发展和转型升级。

在金融创新的口号下，一些原本在线下集资放贷的贷款公司与信托利用机会转型成有合法化外衣的 P2P② 公司，借助互联网金融进行小额放贷。配资公司利用杠杆无形中放大了风险。③ 同时，这些配资公司采用阿里巴巴旗下的恒生 Homs 系统，绕过了证监会的监管体系。④ 配资融资利用银行理财资金增加杠杆后进入股市，形成规模庞大的伞形信托。这些

---

① 《证监会：操纵市场类案件立案数创三年新高》，证券时报网，2016 年 1 月 15 日，http://finance. sina. com. cn/stock/t/2016 - 01 - 15/doc-ifxnqriz9701017. shtml.
② P2P 金融指的是个人与个人之间通过互联网平台确立借贷关系并完成线上借贷交易的形式。
③ 简单地说，配资即借钱利用杠杆炒股。举个例子，10 倍杠杆的话即股民自己出 10% 的本金，配资公司帮助配套 90% 的资金，由于炒股资金总量扩大到本金的 10 倍，收益也很容易扩大 10 倍。但一旦跌 10%，配资公司就会强制平仓，股民损失所有本金。
④ 国内外资金通过 Homs 系统进入中国股市，不需要身份证与户口本，政府无从监管。

逐利的巨量资金利用互联网平台的便捷性[①]与隐蔽性[②]的特点飞蛾扑火般地涌入市场，引发了股市的高杠杆风险。

专业的投资者在场外配资、伞形信托、P2P 信贷等推波助澜下营造了股市一派欣欣向荣的景象，把本来很多低于开户门槛、低风险承受能力的、对股市一无所知但也想趁热打铁赚一笔钱的散户裹挟进了股市狂欢。

随着市场狂欢的进行，场外配资规模也越来越大，2015 年 4 月份大量投资者涌入股市，每天新增 A 股账户 61.4 万，沪市新增账户数环比涨幅居然达 206%，股票账户数也突破了 2 亿[③]，到 6 月 12 日，沪深股市市值超过 70 万亿元[④]，比 2014 全国 GDP 总量还要多。

如果政府再不干预股市，很可能社会中的闲散资金、银行体系的资金都会通过各种渠道源源不断流入股市。2015 年 6 月 13 日，证监会发布通告，要求禁止券商为场外配资活动提供便利[⑤]，这也是此轮股灾开始的标志。由于配资需要撤出，因此使用配资炒股的股民、机构开始大量抛售股票，并形成了市场恐慌。由于配资资金规模过于庞大、连续触及跌停，加重了市场的恐慌情绪，带动了又一轮抛售。由于跌到了跌停线，大量的投资者被配资公司强制平仓，随着配资被平仓，连续大跌让很多股票触及伞形信托和融资融券的平仓线，形成雪崩效应和恶性循环。上证指数从 6 月 12 日的最高点 5178 点一路暴跌，到 8 月 26 日的最低点 2850 点，52 个交易日内暴跌 45%。

（三）股灾阶段的划分

要分析政府是如何介入市场"挽救股市"以及救市如何走向"政治化"的，我们首先要对股灾的过程划分阶段，以探明股市不同阶段中行为主体的行动特征。结合内容分析法以及股市行情走势，可以把整个股灾过

---

① 最典型的是"分仓单元"方式，配资公司在 Homs 系统中给投资者开通权限分配交易账户，投资者即可在自己账户上做高杠杆融资。

② 分仓单元具有极强隐蔽性，二级子账户的开立交易和清算打破了证券公司和中登公司对开户权限的垄断，且账户的资金清算和账号注销极为方便，不会在交易系统中留下痕迹，投资者利用了分仓单元投融资不需要牌照，也不受监管的特性。

③ 中国证券登记结算有限公司：《中国结算统计月报》2015 年 4 月，http://www.chinaclear.cn/zdjs/editor_file/20150722095519579.pdf。

④ 《沪深股市总市值突破 70 万亿》，新华网，2015 年 6 月，http://finance.sina.com.cn/stock/y/20150614/080022426834.shtml。

⑤ 《证监会：禁止证券公司为场外配资活动提供便利》，证监会官方微博，2015 年 6 月 13 日，http://finance.sina.com.cn/stock/y/20150613/123122425154.shtml。

程分为三个阶段：第一个是股灾发生前的"牛市阶段"，6 月 12 日后第一轮暴跌为第二阶段，8 月 15 日开始的第二轮暴跌作为第三阶段（见图 2）。

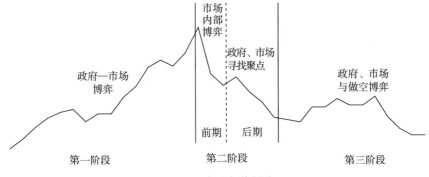

图 2　股灾阶段的划分

在内容分析中，根据统计新闻报道中出现的"政策救市"、"呼吁倡议"以及分析报道所传递出的乐观或忧虑的市场情绪和对后市的态度，以时间轴作为变量，相关发现如下（见表 1）。

表 1　三个阶段市场报道情绪分析

阶段	周次	救市政策	呼吁	乐观	忧虑	乐观/忧虑比	后市看涨	后市看跌
第一阶段	0	− 4*	0	48	6	8	54	9
第二阶段	1	12	1	11	3	4	47	8
	2	16	6	15	12	1	36	14
	3	60	52	12	30	0.4	24	0
	4	67	31	40	6	6.7	5	0
第三阶段	10	35	9	9	35	0.3	0	53
	11	14	5	12	18	0.7	29	27

　* 负值的原因是政策救市值为 2，而政策抑制股市的值为 − 6，负值表明监管层态度股灾前与股灾后相反。

基于表 1，可做图 3。如图 3 所示，在股灾发生前，"救市政策"对应值为负，也就是意味着监管层并不倾向于救市。在第一轮下跌中，"救市政策"和"呼吁"的新闻报道篇数逐渐增多，直到第 4 周和第 3 周达到峰值。呼吁的趋势也与政策救市十分类似，唯一不同的是呼吁的峰值比救市提早一周，这也正好解释了政府救市是在响应市场呼吁之后做出的回应，因此存在时间差。

可以认为正是由于呼吁带来救市政策的不断加码，使大跌得以被遏制。而在股灾第三阶段，由于前期已经有了政策基础，所以并不需要实行过多新的救市政策，因而救市政策被提到的频率是下跌的。

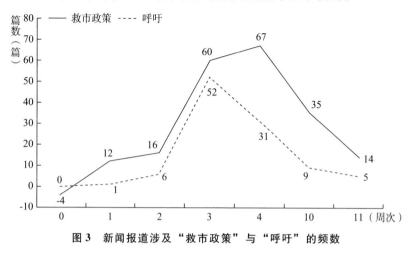

图3 新闻报道涉及"救市政策"与"呼吁"的频数

如图4所示，从股灾发生前一直到股灾发生的第3周，市场积极情绪迅速下降，但是到了第4周又大幅反弹，这可能与媒体在救市政策大量出台后在市场渲染的"救市成功"、"超跌反弹"以及"牛市继续"的舆论氛围有关。但是在第二轮下跌的第10周和第11周并没有较大幅度反弹，经历过两次大跌后市场情绪更为消沉。

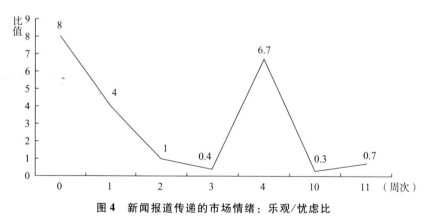

图4 新闻报道传递的市场情绪：乐观/忧虑比

如图5所示，媒体中对于股市涨跌的报道也很有特点，随着股灾发生，后市看涨的频数逐渐递减，这符合市场规律。但是当股灾下跌到第3周和第4周，也即第一轮下跌到了中后期的时候，市场上后市看跌的频数并没有显著增高，反而近乎为零。这一方面与国家开始出台一系列政策大力救市有关，给市场带来了信心，另一方面与国家可能有意识地控制市场舆论，避免"暴跌"等信息在市场扩散有关。并且，市场有学习记忆的行为，当第二轮下跌发生时，市场看空者的比例会迅速上升。

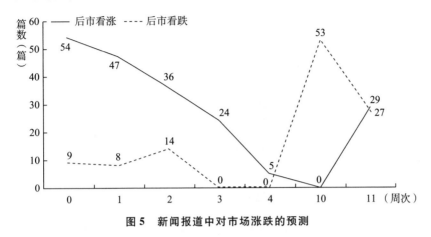

图5 新闻报道中对市场涨跌的预测

通过 Rost 软件对所有的新闻报道进行词性识别和词频统计，我们可以清楚地发现所选取的4个时间段内新闻报道侧重点的变化情况，这在一定程度上也反映了市场情绪和市场行为的变化。股灾发生前新闻媒体侧重描述股民的喜悦，吸引了源源不断的散户进入市场。然而，到股灾发生后股民的声音和形象迅速被湮没，被证监会和券商基金所替代。在股灾第二阶段的4周里，市场仍然摆脱不了"牛市"的包袱，尽管股市已经下跌了26%。而第二阶段后期则强调利好与理性，并认为下跌是阶段性的。而当股灾进行到第三阶段，股市风险暴露无遗，这一阶段伴随着股市的震荡整理，市场和监管层一起积极合力对付做空者，比如惩处各种违法行为等（见表2）。

表2 新闻报道样本中关键词频数统计

第一阶段	频数	第二阶段前期	频数	第二阶段后期	频数	第三阶段	频数
股民	1034	证监会	2477	市场	584	证监会	2230
牛市	456	股市	2431	股市	557	市场	1356
证监会	432	市场	1527	证监会	390	股市	1189
政策	388	股票	1083	基金	373	券商	783
股市	331	央行	1037	券商	322	经济	641
股票	276	资金	875	股票	319	证券	580
风险	258	牛市	872	利好	294	股灾	469

续表

第一阶段	频数	第二阶段前期	频数	第二阶段后期	频数	第三阶段	频数
疯牛	233	**上市公司**	851	**理性**	290	**减持**	437
		减持	829	证券	277	**风险**	410
		政府	807	进程	264	世纪	407
		股民	674	**阶段性**	261	**罚单**	399
		证券	646	国泰君安	246	牛市	387

四 市场博弈与政府介入

（一）谈判阵营：分歧与共识

如果我们把救市看作"博弈"，那么各个市场参与主体在股灾中是如何博弈的呢？

在西方传统理论中，往往是把国家与市场视为对立的存在，但是，中国市场中的行动者并非铁板一块。我们可以简单地把中国股市生态系统中的行动者分为以下几个阵营（见图6）。

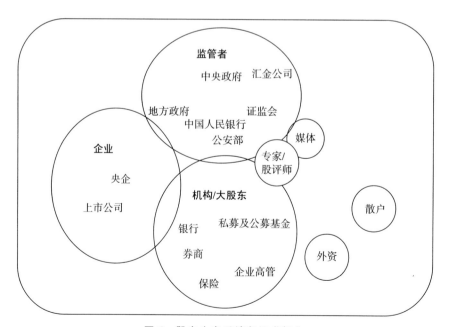

图 6 股市生态系统各组成部分

（1）监管者：中央政府、地方政府、证监会、汇金公司、中国人民银行、公安部等；

（2）企业：央企、上市公司等；

（3）机构/大股东：券商、银行、保险、企业高管、私募及公募基金；

（4）其他：外资、媒体、专家、股评师、散户。

国家与政府是"监管者"，其角色需要保证证券市场稳定发展。但难点在于：政府既没办法界定"稳定"的定义和波动的边界，也没有把握保证股市一直上涨；并且由于股市涉及的政府部门众多、层级不少，监管者内部难免会产生分歧，监管行为会出现滞后效应。

在中国的市场经济中，政府一向不单单是一种"守夜人"的角色，更是市场参与的重要主体。对此，新华社直接指出，监管层大力支持股市，可能是为了解 2008 年以来地方债务之围①。另外，牛市以来政府仅靠印花税就收入了将近 1 万亿元②，同时，国有股的上涨使政府账面财富增加了 40 万亿元，相当于 3 年财政收入。政府与股市利益相关，也使监管层对股市暴涨存在一定容忍区间。

监管者的行为主体不止一个，其内部也存在复杂的利益分歧。股市上涨一定程度上意味着金融创新政策的成功，在大多数股民眼中也代表着国民经济蒸蒸日上。而地方政府既是监管者，又与地方企业和金融机构有千丝万缕的利益关系，很多上市公司、地方商业银行的大股东都有地方政府的身影，股市上涨也有利于地方政府化解债务风险。

在今年 4 月 16 日证监会主席肖钢在两新期指上市日告诫股民要理性，肖钢提醒广大投资者，特别是新入市的投资者，参与股票投资要保持理性、冷静，决不可受"宁可买错、不可错过"等观点误导。③

在 2015 年 4 月股市火热的时候，证监会出于忧虑对市场进行"劝

---

① 《监管层卖力支持股市原因分析　或解地方债之围》，新华网，2015 年 4 月 25 日，http://finance. sina. com. cn/stock/marketresearch/20150425/081922043650. shtml。

② 《吴敏文：牛市最大赢家是政府　十个月印花税已近一万亿》，凤凰网，2015 年 5 月 31日，http://finance. sina. com. cn/stock/stocktalk/20150531/163122309808. shtml。

③ 《证监会再晒水降温　慢牛行情才符合各方所需》，《证券时报》2015 年 4 月 25 日，http://news. xinhuanet. com/fortune/2015－04－28/c_127743524. htm。

告"，发布 11 条投资者风险警示词条，用"股市潮来潮往"通俗易懂的方式给投资者提醒。在这个阶段，监管层还只是用口头劝导的手段试图引导市场走向。

这也意味着，监管层和市场的目标存在某种程度的背离。在牛市阶段，监管者与市场的相互提防是最主要的博弈，在市场目标一致的情况下，市场主要顾虑的是政府对股市的打压和抑制。市场通过各种方式来反击监管层的"劝阻"和"引导"。

> 在央广经济之声 25 日主办的股市"改革牛"——怎么看与怎么办论坛上，中国政法大学资本研究中心主任、中国企业改革与发展研究会副会长刘纪鹏表示，第一要深刻认识中国梦与新常态；第二，股市应成为奠定中国梦的第一块基石；第三，4000 点是中国崛起的基本点，希望不要再打压。①

> 股市现在不是牛了，而是疯了。……只有证监会，似乎总是跟牛市过不去。②

在第一阶段中，市场中各行动方的目的基本一致。散户依靠投资获利，企业也趁热打铁不断通过 IPO 和质押股权的方式在股市圈钱。③ 同时获利的还有配资公司和券商等金融机构，券商利润因为交易活跃增长超过了两倍。④

而当行情反转，市场成了击鼓传花的游戏，交易者都在寻找下一个"接盘者"使自己全身而退，市场中的"利益共同体"分崩离析。在局势行情不明朗的情况下，市场和政府都在犹豫观望。当市场大量抛售股票找不到买家时，股市开始崩盘，市场主体间的博弈变成了市场与政府之间的博弈，市场呼吁国家力量介入的过程也就成了市场与政府谈判的过程。

---

① 《专家：4000 点是中国崛起基本点　切忌政策打压》，《证券时报》2015 年 4 月 27 日，http://finance. qq. com/a/20150427/009763. htm。
② 齐俊杰：《证监会为什么老跟牛市过不去》，百度百家，2015 年 4 月 29 日，http://qijun-jie. baijia. baidu. com/article/55674。
③ 2015 年上半年，沪深 IPO 融资额领跑全球股市，共计 187 宗，融资 1461 亿元，上市公司通过股权质押抵押 2 万亿元股权给银行。
④ 《招商证券一季报业绩增长超两倍》，新华网，2015 年 4 月 27 日，http://news. xinhuanet. com/fortune/2015 - 04/27/c_127739252. htm；《东吴证券一季度净利润增 276% 因交易活跃》，《中国证券报》2015 年 4 月 27 日，http://finance. sina. com. cn/stock/s/20150427/163522054954. shtml。

政府和市场都不是完全的利益共同体。牛市时，市场行动者利益和目标总是一致的，博弈主要存在于市场与政府之间，市场甚至会排斥政府任何有损于市场的干扰（长远看并非有损于市场，而是有损于短期利益）。而转为熊市后，市场中基于利益的短暂共同体分崩离析，中小投资者与机构大股东博弈加剧，市场在不可控的状态下甚至主动要求政府介入。

（二）谈判视角下的救市过程

股市的第一轮暴跌可以分为前期和后期两个部分，前期市场和政府都处于观望和"乱序"状态，市场群龙无首，观点错综复杂，市场内部券商、基金等投资机构与大股东、散户之间的博弈构成了市场行为的主体。而在暴跌后期，市场通过一系列"退出-呼吁"的博弈过程逐渐统一了目标，市场各方和政府之间找到了一个"聚点"，达成了共识，为救市打下了基础。

在前期，市场各方的观点各异，在证监会禁止场外配资的禁令发出之后，一些分析师仍不断在公众媒体发布"牛市观点"，而实际上券商却在抛售股票清理配资，这一时期市场的信息是真假难辨的。

> 中国 A 股依然在一轮大牛市之中。如果目前点位是牛市结束了，熊市开始，那么市场会发生什么？没有牛市的全民创业还会成功吗？年轻人创业后建立的公司没有资本市场的 IPO 支持如何融资？国企改革是否还需要资本市场的牛市支持？本届政府刚刚上任，刚刚提出了"一带一路"、"国企改革"、"全民创业"等宏大的口号，牛市就结束了，你觉得有可能吗？[1]

> 牛市趋势并未改变。这是中国梦牛市，储蓄率与投资率裂口拉大，资金汹涌澎湃。[2]

> 首席宏观分析师任泽平称，尽管多因素导致短期资金面承压，但货币政策宽松方向未变，房市和实体经济分流资金不明显，牛市使命尚未完成、政策友好。[3]

---

[1] 刘强：《暴跌之后你应该知道的五件事》，新浪网，2015 年 6 月 22 日，http://finance.sina.com.cn/zl/fund/20150622/093422487632.shtml。

[2] 《海通：回调是过快上涨的高原反应　牛市趋势未改》，新浪财经，2015 年 6 月 17 日，http://finance.sina.com.cn/stock/jsy/20150617/131322455277.shtml。

[3] 《国泰君安：牛市使命尚未完成》，《每日经济新闻》2015 年 6 月 18 日，http://finance.sina.com.cn/stock/marketresearch/20150618/192322468962.shtml。

一方面，可以认为券商由于"既得利益"并不希望股市衰退，或期望"暴跌之后有大涨"，其至认为是短暂回调①，券商和媒体对后市盲目乐观的态度影响着市场情绪。

随着股价一路下跌，机构难以自圆其说，局势不明朗，市场中各行为主体质问是谁在诱导政府打压股市。当然，机构和媒体并不直接质疑政府和监管层，而把矛头对准"诱导"政府的人。

> 中国股市从来就不乏抹黑和拆台者，其目的就是打压中国股市的正常发展。近期的抹黑和打压手法又出现一些新的特点、新的趋势，第一类手法是，诱导和鼓励行政干预……②

市场中也开始出现批判的声音，如将股市暴跌归结于"抹黑者"和"拆台者"，其逻辑依旧是延续了前期批判做空者"诱导政府"的思路。批判做空者的媒体，并没有把矛头直接对准监管者，而是找了一个"合理的"对象进行批判，并逐渐反思暴跌的原因。

在质疑市场做空的同时，机构开始采取行动"自我救市"，如招行发布60亿额度的"员工持股计划"等。在该阶段后期，市场和政府的博弈是市场寻求合力，并通过种种渠道呼吁政府救市的一个过程。这不仅需要市场各方达成共识、统一行动，也需要监管层与市场形成"聚点"，才能推进救市方案。

在这个阶段的博弈中，政府的角色并非市场各方对错的"裁决者"，而是市场中的直接行动者。政府有经济利益的考量，也存在政治利益。一方面，监管者与市场经济是息息相关的，比如高盛指出A股牛市或助GDP提振0.7%③，不论是印花税还是资金流动性都能给监管者带来利益；另一方面，任凭股市暴跌反而会导致连锁反应：股票与基金亏损—市场投资者亏损—地方银行倒闭—企业生产与社会生活受影响，政府不会对影响到国计民生的股市坐视不管。

股灾发生后，监管者一开始并没有贸然干预市场，仅仅是对投资者

---

① 《安信证券徐彪：沪指今年或破6000点》，新浪网，2015年6月25日，http://finance. sina. com. cn/stock/marketresearch/20150625/140422515892. shtml？_t = t。

② 《谁在诱导中央政府打压股市》，《证券日报》2015年6月18日，http://finance. sina. com. cn/stock/stocktalk/20150618/015722459942. shtml？from = wap。

③ 《高盛：A股牛市乃稳增长神器 或助GDP提振0.7%》，《华尔街见闻》2015年5月7日，http://news. xinhuanet. com/fortune/2015 – 05/07/c_127773298. htm。

进行劝告，经历了"口头申明—行政严查—经济干预"的渐进过程。在市场提出更强烈的呼吁后，监管层开始用比口头劝告更强的行政手段，比如证监会严查造谣乱市、查处发行部处长李志玲违纪违法问题等。这些措施并不是经济手段，这些问题在任何市场中都会存在，也并非暴跌的主要原因，然而此时监管层密集出现并发声，是想给市场传递出一个信号，提出一个可以达成共识的"聚点"。

然而，监管层的一系列措施并没有平复市场焦虑，也未完全抑制股市大跌。在国家力量介入不深，依靠行政手段无法改变股市行情的情况下，市场各方力量开始抱团，继续与政府"谈判"，呼吁政府更强有力的救市手段。

在市场呼吁和退出行动的压力下，双方通过一系列谈判博弈达成了救市共识。在达成共识的过程中存在转折点：证监会紧急发声"股市平稳健康发展关系经济社会发展全局"①；政府高层也表态培育稳定健康的资本市场，要"守住不发生金融风险的底线"，这意味着监管者高层重视了愈演愈烈的股灾。监管者高层开始回应市场需求，反过来给证监会施以政治压力。

要实现政府与市场合力救市，其一要找到救市方法，其二要找出暴跌的"合适理由"。在这一过程中，市场和政府逐渐就"聚点"形成了共识性"故事"——把暴跌归咎为外国资本和违法乱市者。一些媒体在市场中暗示国际投行恶意做空，并对做空者给予警告。

在股市见顶17天之后，证监会采用了经济手段进行调控，比如宣布降低30%交易费、扩大券商融资渠道、让券商自主决定平仓线以及限制IPO等。市场自己也在护盘自救，② 市场行动者的抱团自救不仅包括"呼吁"，也包括直接退出市场。在大跌中，停牌似乎是最安全的举措，到7月2日，停牌企业达472家，到7月7日，停牌企业上升到769家，超过了上市公司总数的27%。③

"停牌潮"是股灾中经典的退出案例，企业并不是完全意义上的交易

① 《管理层合乎市场意图明显　释放五大利好》，新浪财经，2015年6月30日，http://finance.sina.com.cn/stock/marketresearch/20150630/084722550702.shtml。

② 《停牌、增持、补仓：大小股东史无前例"护盘"共识》，搜狐财经，2015年7月3日，http://business.sohu.com/20150703/n416092990.shtml。

③ 《A股历史最大停牌潮！近四分之一股票处于停牌状》，《证券时报》2015年7月7日，http://finance.ifeng.com/a/20150707/13822627_0.shtml。

方，却和市场中的交易方一起采用制度许可下的方式进行"抗议"。少数几家公司停牌只是个体的市场行为，而当一定规模的上市公司都选择退出市场时，退出便具有了威胁性。如果仅仅通过市场呼吁，很可能监管层感受不到这种冲击和威慑，而一旦退出市场，也就意味着市场可能失序，市场给监管层施压，此时"退出"与"呼吁"结合在了一起，这种"退出－呼吁"的组合有利于威胁监管层采取更有效的救市手段。

7月4日，中国金融期货交易所直接暂停19个卖空账户，国务院暂停 IPO，中央汇金宣布入市操作，央行也承诺给予中国证券金融股份有限公司流动性支持。在监管层积极救市的情况下，市场捕捉到了这一信息。从券商联合发布1200亿救市方案，到证券业协会维护资本市场稳定的倡议，再到各地上市公司倡议不减持，市场各方纷纷表态。

这也就意味着在救市的最后关头，国家动用经济、政治、舆论手段，与市场达成一致，形成合力。谈判过程中大量涌现出"承诺"、"表态"与"约谈"的字眼，监管层直接采用行政干预介入市场。

比如，全体央企做出不减持、积极增持以及提高投资者回报的承诺，这是向市场和监管层承诺自己的经济行为，但此时的经济行为已经具有了政治意义。央行承诺向证金公司提供无限流动性支持、183家浙江上市公司董事长承诺年内不减持等也是如此。除了承诺之外还有"约谈"，证监会约谈近6个月内减持的股东，要求其应主动增持，这是监管层采用政治威慑对经济行为做出的干预。再者则是更直接的行政命令指导市场经济行为，比如证监会要求上市公司"五选一"维护股价、国资委要求7月9日起每天报送国企二级市场增持情况等。而救市措施的极致——也是从口头劝告到经济干预再到行政指导最后到政治威慑——公安部对"恶意卖空"股票与股指的线索进行排查，这也就意味着做空将不再是经济行为，而会承担法律后果，是犯罪行为。

（三）"退出－呼吁"组合：谈判手段

在分析个股的时候，我们往往站在"竞争性市场"的立场上，一只股票、一个行业衰落了，逐利的资金会继续寻找下个目标。股票市值的涨跌是通过个股来实现的。对于大盘的涨跌，多数投资者是无力抗拒的，而对于个股的涨跌，投资者完全可以用退出的方式来避险。

但对于整个股票市场来说，"退出"的影响却不止于此。政府和市场的相互作用可以分为三种类型：当市场稍许动荡，政府可能听之任之无动于衰；当股市跌幅达到一定程度，政府采取措施，股市尚可恢复元气；当股市崩溃，金融系统动荡，政府此时方才介入则会错过最好时机。因此，修复大盘的契机在于，投资者对股价变动的弹性既不能太高（太高的话，还没来得及修复股市就已崩盘），也不能太低（否则监管机构对于市场动荡毫无感知）。这种节点的把握需要监管层在与市场的博弈中完成。

从广义的角度来看，股市更像是一个"垄断市场"，但垄断不意味着是一件坏事，因为投资者没有太多退出空间，所以会想方设法将不满情绪表达出来，这会促使监管者及时反应，因而让救市工作更有效率。如果国内外股票市场可以互转，股民的退出空间就很大，股市参与者发出呼吁的动力就会下降，A股容易迅速崩溃，以至于监管者都来不及反应。

但是，即便是垄断的市场，人们仍然能够通过"割肉"退出，就恰如"银行挤兑"一样。退出时，股民入市数量、开户数量减少，成交量持续下降，这是股市衰减的表现形式。此外，可以将股市中的交易者（股民、机构）在公共平台表达不满视为"呼吁"。一个自然而然的问题是：什么条件下股民选择呼吁而非退出？两种选择的背景和效率有何差异？退出－呼吁的效率最大化组合是什么？股市注册制的施行是否能使这两种机制日臻成熟、完善和兼容？

对此，可以借鉴赫希曼（阿尔伯特·赫希曼，2001）的"退出－呼吁"理论来进行解读。广义的退出与呼吁超出了单只股票范畴，退出从狭义的"抛售某只股票"变成广义的"在股市中清仓"，从退出某几只股票变成了退出整个股票市场，从股民的退出变成上市公司的大面积停牌。同样，呼吁从"呼吁单个企业重视经营"情况，变成"呼吁政府重视整体股票市场的波动和系统性风险"。

虽然呼吁可能是无法退出或退出失灵后的"无奈之举"，但股票市场中的行动者不可能忽视呼吁的作用。就此而言，只有近距离地观察市场运作过程才能获得全面的认识。市场过程纷扰繁复，通常会处于从一种均衡状态迈向另一种均衡状态的进程之中，非均衡状态下的市场（动荡市场）为政治和经济的互动提供了一个典型场域。在市场非均衡的状态下，单凭经济力量通常无法使市场短时间内恢复元气，达致最优状态，往往需要非市场力量的介入来进行校正。

当股市震荡时，散户和机构间博弈时的退出不但对股市修复于事无补，反而十分有害，市场中的投资者均一心退出，导致千股跌停的局面，大量的股票卖出造成了类似于"银行挤兑"的市场踩踏，使股市陷入暴跌循环。熊市中，投资机构面对股价下跌几乎没有退路，因为退出意味着割肉，甚至相当数量的股票已经跌停至无法卖出。此时退出选择对于机构来说并不是一个有效的恢复机制，退出机制的失灵对呼吁的产生在一定程度上起了推波助澜的作用。

机构投资者与监管层有着密切往来，也占据着市场话语权，在这种情况下，呼吁显得更加有效。甚至可以说，如果股票市场完全被机构垄断，或许救市措施可以采取得更早。因为当股市开始窄幅震荡后，如果市场中没有其他交易者接盘，机构和庄家会尽可能寻求其他方式向监管层呼吁，或者采取协约、员工持股等自救措施，自救的驱动力更强。所以，在这种垄断或者集权型的股市体制下，呼吁往往能发挥更大作用。

这种结论可能跟我们的常识大相径庭，但的确在松弛型或"易出谬误"的经济框架中，适度的垄断或许比竞争更可取。在某些情况下，高度垄断要优于松散竞争，如果把股市视为一个机构垄断的市场，当股市崩溃快速衰弱时，垄断机构肯定不会放任市场萧条。

股市的呼吁也分为两个视角：狭义的视角是面对股价下跌股民们抱怨企业经营不善或者股票"股性不好"；广义的视角是面对大盘暴跌投资者向监管部门呼吁采取措施救市。呼吁的表达方式也有很多，散户在股吧和网络论坛中的抱怨、投资机构在经济论坛中的讨论、专家学者在媒体中的发声、财经媒体报道引发的公众舆论，甚至是投资者直接向政府监管部门提出的诉求等。

长期以来，经济学家们主要把注意力局限在金融风险、宏观经济或者选股的技术指标方面；而社会学家们虽然关注社会中的冲突现象，但是要么对金融市场中的博弈与冲突视而不见，要么出发点通常聚焦在如何"化解"底层呼吁方面。

当我们进行呼吁时，就已经默认存在这样一种逻辑：如果监管者对呼吁给予关注并采取措施，便可以挽救市场于崩溃的趋势，或者减缓市场动荡。和退出一样，呼吁契机也分为几种：如果股市稍有动荡就呼吁，监管者可能认为是市场正常调整而置之不理；当股市波动达到一定程度且有一定数量投资者退出时，呼吁是最有效的；当市场趋于崩溃，纵然呼吁能迫使监管者采取手段，但可能已经于事无补。当然，如果仅仅在股吧论坛里喃喃自语，监管者也难以听到其呼声；在集权的社会体制中，谁最靠近监管者、谁的嗓门最大、谁最能引发舆论支持，其呼吁往往最为有效。

呼声大小与退出机会密切相关，当投资者退出之路被完全切断后，警示监管者的途径就只剩下了呼吁机制，此时投资者只能破釜沉舟。在退出与呼吁两两互动的模式下，退出与呼吁的地位关系不是一成不变的，其主次关系会随着市场变化而改变。当市场稳定均衡、波动不大时，市场可以视为一个竞争市场，退出是主要机制，投资者依靠退出绩效差的股票转而购入眼中的"优质股"来获取收益。而当市场动荡存在系统性风险时，无论购买哪只股票都存在极大的亏损风险；在没有退出空间的情况下，市场整体可以视为一个非竞争市场，呼吁成为市场中的主要机制，而退出居于从属地位。

这种"主次关系"并不意味着呼吁能够代替退出，而是作为退出的补充角色发挥作用，这种微妙组合的最佳效应是随市场而变化的，当股市下跌超过一定程度，投资者继续退出将对市场造成破坏。在均衡状态与波动有限的情况下，这种"退出－呼吁"组合是灵活的，而在急速下跌的非均衡市场中这种组合方式是刚性的——因为许多投资者已无退路可选。

但是，退出作为一种选择也并非无奈之举，有可能是一种很好的"威胁手段"。如果呼吁每次都是有效的，投资者很可能会放弃退出。也即，退出与呼吁的潜在效应有关，如果呼吁有效，他们就延缓退出甚至放弃退出。一旦选择了退出，呼吁的诱因可能就不复存在，在某些情形中，退出将是呼吁无效后所能选用的最后一件武器。

（四）呼吁与话语权垄断

在系统性风险面前，中小股东和大股东的利益是一致的，因此联合起来会是水到渠成的事；但同时也会由于资源的不对称而带来呼吁的话语权的不同。在网络社会信息畅通的情况下，中小散户是社会舆论的主力军，而大股东、金融投资机构和监管者关联度更强，在股市中对呼吁效果影响最大的是呼吁方的背景以及呼吁渠道的差异。

以上种种我们可以视为呼吁的结构性约束因素，包括呼吁对象的选择、呼吁的渠道、呼吁方拥有的资源、退出的成本等，这一系列因素制约着投资者"退出－呼吁"的权衡考量，呼吁也是一门艺术。选择呼吁是为了在最大限度降低成本的基础上寻求高收益，但有趣的是人们往往只有在退出成本过高时才想起呼吁。这种悖论从实物市场延续到股票市场，似乎成了市场中的一条颠扑不破的"真理"。或许我们需要一种新的机制在降低交易成本的同时实现"退出－呼吁"的最佳转化。

呼吁的话语权可以分为两类，我们往往只关注市场中媒体的话语权，却忽视了其背后监管层的话语权。在市场中，引导舆论最主要的是媒体，但因为媒体多是采用专业分析师或监管层的立场观点，基本上是为券商、政府等机构背书。从新闻的内容分析可以发现，股市未来行情的话语权掌握在这些机构手中，而中小散户在信息不对称的情况下只能选择相信。

在整个股灾中，散户的声音（至少从正式媒体报道来看）十分有限。这可能与散户的资源有关，散户没有足够的专业知识对股市做精准的判断，也影响不了舆论。大多数散户只能在股吧、微博、qq 群、操盘室等地方抱团取暖。除非有类似于"股民跳楼"等新闻爆出，社会才会为之震动。但是依靠这种方式获得话语权的代价太大了，而且仍然可能会被屏蔽掉。

在股市暴跌之后，不论是股灾刚开始时机构对行情的看好，还是在后期市场对救市的呼吁，话语权都是以机构为主导的。在前一阶段则通过各种信息试图向散户证明大跌是抄底良机；而在后期则通过专家、企业高管向监管层发出诉求。

从新闻来源也可以发现，政府与财经媒体是最主要的两个来源。首先，政府凭借其权威性和对股市的影响力，财经媒体以其专业性占据了话语主导权。其次，券商和分析师的观点对股市也有较大的影响力，而财经媒体的很多观点又是来源于券商机构。市场中很少有行动者真正把散户视为中坚力量，他们的话语被忽略也是很自然的事（见图 7）。

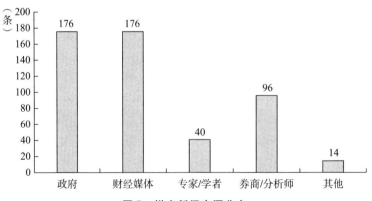

图 7　样本新闻来源分布

互联网的发展并没有使市场话语权发生彻底变化。分析师或企业高管不仅可以通过传统媒体渠道发声，而且在网络上也聚集了大量人气，通过网络平台可以影响更多的股民。虽然微博、微信等自媒体和社交网络平台打破了传统媒体的话语权垄断，但是分析师、股评师们依旧可以通过专业知识在新渠道拥有更大的话语权。他们与代表官方态度的官媒一起，构成了机构和监管层对散户的话语权垄断。散户在这样的情况下，只能期盼和等待自己的声音被关注到。

> Yao Lina（散户）：官媒的表态对我这样的散户特别有帮助，我有自己的工作要做，平时很忙。中国股市真的和其他国家的股市不一样。政府肯定会有一些措施来控制局面。[①]

另一种话语权是监管层内部的话语权。通过股灾的一系列救市措施我们也可以发现，证监会是监管层体系中最为敏感的，也是专业性最强、最早出手救市的。然而在错综复杂的市场形势和政治组织关系网中，证监会一开始并没有遏制住暴跌。下面这段被访者的说法很有代表性：

> kevin（股评人）：中国金融系统的稳定是在银行系统而非证券系统，证券系统的话语权太小。在更高层面上看，或许认为还没到出大招的时候。所以现在也只有证监会着急。

事实也是如此，最后的救市措施则是通过央行、汇金、社保等监管层体系发出的。显然，监管层内部也有一套博弈逻辑存在，但是囿于经验材料，对于此次股灾与救市中监管层内部的博弈也只能浅尝辄止了。

五 "聚点"共识与救市政治化

（一）聚点共识："活捉空头"

对"退出－呼吁"机制而言，其最重要的作用是使市场、政府在持续的博弈、妥协和谈判中达成救市共识，市场预期政府一定会救市，并且形成心理依赖，政府也预期自己需要介入和干预股市。谢林提出了"聚点"（focal point）这一概念，它是指"某种每人都预期对方预期他预期将被预期做什么的汇聚点"（Schelling，1980）。在救市共识达成之后，市场与监管层关于救市的认知也形成了一个"故事化"的聚点：打击国际炒家和造谣乱市者。

---

① 《钱荒＋心慌　股市在沉默中大跌官媒噤声》，《重庆时报》2015年6月27日，http://finance. sina. com. cn/stock/jsy/20150627/155022534058. shtml。

多空博弈本该是市场中最正常不过的现象，与买卖双方一样，没有多头和空头①的任意一方，市场将不会完整，也无法正常运行，更不会存在涨跌。然而一个有趣的现象出现了，不论是机构媒体还是普通股民，对多头和空头的话语表达都带有强烈的感情色彩和敌对逻辑。我们可以在贴吧、论坛、微博等各种渠道感受到股民对空头的不满和愤怒。

老艾（分析师）：空头故意砸盘，让杠杆资金被逼斩仓互相踩踏，而主力四两拨千斤，在期指上做空获取暴利。②

分析师虽然有很高的职业素养，却用"故意"来指责空头砸盘。在市场中的行动者都是理性人，任何一个交易操作都不会是无意识的，"故意"、"被逼"、"踩踏"、"暴利"等词显然是把空头的经济行为进行了道德上的评判，让空头为暴跌担责背书。当然，也有理性的声音发出，但很快就被湮没在舆论反对做空的浪潮中了：

马光远（学者）：大股东合法减持与逆势增持，都是生意和投资，千万别扣道德大棒或赋予道德光环。如果中国的股指靠道德优越感撑着，那是撑不住的。看到有人为浙商企业股票下跌时增持股票唱赞歌，真让人为这个市场感到悲哀。什么时候，道德的外套不再值钱了，这个市场也算进步了。③

通常散户把"获利"简单理解为股票上涨带来的收益，毕竟这种利益是最容易理解的，他们可能不会（也可能是政策不允许）通过做T、融券等行为在下跌中获利，因此他们对多空的理解就更变得简单粗暴：让股票涨的就是多头，反之即为空头。事实上，多头与空头并不是一个一成不变的指代，一个足够专业的投资者并不会把股票下跌视为损失，很可能对他而言是一种利好，因为可以用更低的成本买到股票。但在股市整体暴跌的情况下，机构和散户都持同样一种观点：空头是不义的、不道德的、不合法的。

---

① 多头指投资者看好股市，预计股价上涨，在低位买入股票待上涨后卖出赚取差价收益的一方；空头是指投资者不看好股市，预计股价下跌，在高位卖出股票等股价下跌再买进的一方。

② 《空头故意砸铁路股让融资盘爆仓吗？》，新浪财经，2015 年 6 月 16 日，http://finance. sina. com. cn/360desktop/zl/stock/20150616/154622446218. shtml。

③ 《马光远：股指靠道德优越感是撑不住的》，中国经济网，2015 年 6 月 30 日，http:// www. 51cc. com. cn/mobile/renwu/xfgd-xfxdg. html。

中国股市的成立有着特殊背景，它从"坚决试、不行可以关"到为国企改革服务，再到目前基本完成的股权分置改革，每个阶段无不带有明显的政府调控"烙印"，股市也因此被称为"政策市"。

在这种体制背景下，监管层可能需要考虑多种因素：第一是前期出台的一些政策推动了市场氛围，在市场还没有"越轨"之前，可以"摸石头过河"试错；第二，股市是经济的晴雨表，股市看涨对国企改革、地方债务等有好处，一旦收紧政策势必影响经济运行；第三，股市交易者背景复杂，券商、银行、保险及一些上市国企由地方政府控股，央企国企甚至拥有行政级别。这些因素可能对监管层介入市场产生影响，同时，市场中一直存在是否救市的争论。

> 朱宁（研究员）：中国监管者总是抱着呵护市场和保护投资者的心态，而投资者们又是清清楚楚地看到和利用监管者不愿意看到市场大跌和投资者受损的下场。其结果，往往只能是越来越强的投机心理和越来越紧凑的牛市节奏。[1]

> 黄益平（央行）：至于像股价应该处于什么水平、往哪里走、怎样走这类问题，政府还是应该相信市场，让市场参与者去决定吧……股票市场是"市场配置资源"的最典型的表现，股票可以自由买卖，价格也随行就市。[2]

一些市场参与者认为，监管者与市场形成的这种默契会产生市场扭曲——因为监管者保护市场和投资者，而投资者正好利用这种"有人兜底"心态投机，不利于市场长远发展。但股市暴跌使市场暂时抛弃纷争，转变观点形成一致意见，可能第一天的观点和第三天的大相径庭：

> 股市是市场，意识形态的激情通常无法对市场产生决定性影响……政府很可能无力通过调控手段帮助消化市场投机积累的泡沫，降低市场现实存在的风险。[3]

① 《耶鲁大学研究员朱宁：监管层到底该不该救市？》，《第一财经日报》2015年7月2日，http://caijiclub. baijia. baidu. com/article/98234。

② 《央行官员：股价往哪儿走 政府应让市场决定》，《华尔街见闻》2015年7月3日，http://finance. sina. com. cn/stock/jsy/20150703/135322584591. shtml。

③ 《社评：不能指望政府成股市"万能救星"》，《环球时报》2015年7月3日，http://opinion. huanqiu. com/editorial/2015 - 07/6845183. html。

> 政府下决心出面干预，表明对稳定当前股市重要性的认识在管理层面已经占了上风，这种认识显然不是政府独有的，它在市场上和专业理论界都有很大支持面……我们呼吁各界人士停止"该不该救市"的争论，对政府稳定市场的努力采取整体上支持的态度，为恢复市场信心做出各自的努力。[1]

因为股市进一步暴跌使市场行动各方失去退出的选择权，只能达成妥协。从政府与市场的关系来看，在集权体制国家，市场和政府地位不对等的情况下，政府管控市场有着天然的"合法性"，但也需要介入的恰当时机和理由。

聚点只有选择一个明确的、稳定的才有意义。如果说"做空者"这个聚点仍是比较模糊而神秘的话，一些市场主体则把关注点定位在了国外机构和金融炒家身上。打击国外机构对于股市主体的国内券商来说，所做的妥协让步是小的，但是能使国家在"打击外国做空势力"的旗帜下做出更大的让步，这也是聚点的一个特征。

> 是大摩的分析师信口雌黄，还是预测能力有限，抑或看似有失水准的预测背后，隐藏着某种不可告人的目的？国际投行如此翻云覆雨，目的何在？是为了背后的利益集团，还是刻意做空中国，以便扰乱中国经济改革步伐？[2]

谢林认为，所谓的"明示"谈判也包含了操纵、间接沟通、钩心斗角，或"窃听风云"，或被众多参与人以及利益的分歧所迷惑，预期收敛的需要以及具有协调预期能力的信号的作用也就会变得强烈有力。在媒体明示股市最大的敌人是国际投行，国际投行成为"聚点"后，一方面可以凝聚市场人心反击做空者，另一方面树立了标靶转移了目标，为监管层介入市场寻找掩护。

在这种情况下，政府在与市场的博弈中一旦捕捉到了市场发出的这一信号，就能顺水推舟。在政府的话语体系中把矛头指向了"造谣者"，批评"乱市"，而造谣乱市者其实即为空头。在证监会严查造谣乱市一系

---

① 《支持政府稳定股市，争论或应暂息》，《环球时报》2015 年 7 月 5 日，http://opinion. huanqiu. com/editorial/2015－07/6852963. html。

② 《央行主管报纸暗示摩根士丹利等国际投行恶意做空》，《金融时报》2015 年 7 月 5 日，http://world. huanqiu. com/hot/2015－07/6840286. html。

列行为之下，澄清"长沙股民并非因为炒股失利而跳楼"纯属股吧流言。① 在股市大跌时监管者表明立场，给了"严查做空"一件合法化的外衣。

（二）市场的"极化"："表忠心"

另一个有趣的现象：为何平时市场对股市涨跌的观点各不相同，但在暴跌后市场舆论却出奇地一致？

《上海证券报》（6 月 23 日）："杠杆牛"悠着点"改革牛"才更健康

《证券时报》（6 月 23 日）：资金牛歇歇脚　改革牛不停步

《中国证券报》（6 月 23 日）：稳增长政策不停歇　调整夯实慢牛走势

《证券日报》（6 月 23 日）：A 股不会被"泡沫论"吓倒②

在股灾第二阶段，市场已经无法依靠自己力量实现自救，必须依赖国家力量的介入，因此分散的市场主体通过博弈与政府形成了聚点。如果要呼吁政府加大力量救市，一方面，市场舆论必须与监管层的态度一致；另一方面，必须展现出对后市充满信心，市场才能凝聚人气逐渐恢复正常。这是一个"表忠心"的过程，前者是市场对政府和国家表忠心，后者是市场对前景表忠心。市场为何对政府和国家表忠心？

不论是媒体、机构，还是政府，在表述 2014～2015 年的这轮大牛市的时候，都把原因归结为改革和转型，出现频率最高的词是改革牛、国家牛。

证监会主席肖钢也认同"改革牛"的提法，他说，本轮股市上涨是对改革开放红利预期的反映，是各项利好政策叠加的结果，有其必然性和合理性。③

但 A 股的上涨逻辑是复杂的，从宏观经济来看，牛市部分是由于现

① 《证监会严查造谣乱市　将出拳整治》，《投资快报》2015 年 6 月 19 日，http://money. 163. com/15/0619/08/ASF6CE0N00253B0H. html。

② 《中国四大证券报头版齐发声，力挺 A 股后市》，《华尔街见闻》2015 年 6 月 23 日，http://money. 163. com/15/0623/12/ASPTR92S00254IU1. html。

③ 《"杠杆牛"悠着点　"改革牛"才更健康》，《上海证券报》2015 年 6 月 23 日，http://stock. caijing. com. cn/20150623/3910650. shtml。

金流的充裕导致的。

> 彭博（4月29日）：即使2014年的利润未达预期，差幅达6年之最……可是自去年10月中期以来，散户投资者仍推动上证综指飙升达90%。……收益预期和股价之间的脱钩程度超过全球前40大市场中的任何一个。[①]

> Richardson（外国机构策略分析师）：中国股市有泡沫的一切特征：散户推动行情、估值处于极端水平（甚至高于2000年美国科技股泡沫破裂的水平）、中国经济增长正在放缓、企业利润正在下滑。中国股市可能会面临50%的下跌幅度。[②]

那么，市场主体把牛市归结为转型和改革的逻辑体系是如何建构起来的呢？

第一，把大涨归结为国家宏观经济发展和产业转型升级更具有合法性外衣。第二，把股市大涨说成改革牛和转型牛，会让政府监管者对股市暴跌不能坐视不管。因为市场和社会会把股市下跌和"转型失败"、"经济下行"联系在一起，给政府"任责"的同时施加压力。

虽然"表忠心"展现出的忠诚降低了退出的可能性，但同时也拓展了呼吁的作用空间。市场各行动方呼吁政府救市的意愿取决于两点：一是退出股市的利弊权衡；二是呼吁对监管层的效果。当第二个因素确定时，呼吁的可能性和人们对市场、对监管层的忠诚度成正比。也就是说，越是忠诚于市场或组织的行动者越想发挥自身的影响力寻求呼吁，即越靠近权力中心的行动者越具备呼吁的动力，因为他们相信自己能促成监管层的行动。

因而，在呼吁的同时，表达忠诚是必要的。这也是向市场各方、向监管层表示，自己相信市场前景，因此不会退出。在退出与呼吁的选择中，退出虽然容易但并不能使市场好转，而呼吁有很强的不确定性，且需要足够的制度创新，所以表达忠诚的意义就在于，它提高了退出的成本，或者向公众表明断绝了退出的后路，这是一种博弈手段。

---

① 《彭博：6年来最差财报季或杀不死A股这头疯牛》，新浪财经，2015年4月29日，http://finance.sina.com.cn/stock/usstock/c/20150429/145622074090.shtml。

② 《英国机构：中国股市可能会跌去50%》，和讯网，2015年6月25日，http://forex.hexun.com/2015-06-25/177044834.html。

不少人把中国股市视为一种受政策影响程度大的"政策性市场"，正是政策使其与一般体制中的市场行为形成了很大差异。如果市场行情恶化，敏感行动者退出市场的行为是完全理性的也是可以理解的；但是在股灾中，很可能被视为"背信弃义"的临阵脱逃，经济行为变成了"背叛"一样可耻的政治属性的行为。

同时，不"忠诚"不仅受到政治性的"批判"，也会受市场的"惩罚"。当股价低迷时，退出市场的成本较高，虽然及时止损退出能够减少损失，但市场中大部分行为者按兵不动的原因可能还是基于潜在收益与成本的比较。一旦退出，那么亏损就难以弥补和逆转，但是如果政策来兜底，那么损失远远要比退出市场小得多。表面是政治化的口吻和心态，实质背后还有经济利益在驱使，"表忠心"只是一种博弈的策略和手段。

（三）救市政治化："为国护盘"

在市场"极化"的话语体系下，任何对股市上涨有益的举措不再仅仅有市场层面的意义，还附加了"国家"层面的认可；反之，看空股市也从市场行为附加上"否定改革成果、否定改革和转型红利"的意义，甚至批评"改革牛"是造成股市下跌的重要原因。

> 刘纪鹏（学者）：批评改革牛、国家牛是暴跌重要原因，一些经济学家对中国股市的改革牛、国家牛和上涨横加批判，这一舆论认为中国的改革在倒退，一定程度上动摇了市场的信心。①

市场中正常的买入行为变成"为国护盘"，媒体充斥着"完爆空头"等对抗性的字眼引导着市场舆论。券商与机构纷纷高举"为国护盘"的大旗，②"为国护盘，还看银行"，"华夏保险为国护盘：我们要大举建仓了"之类的报道激化了市场情绪。"为国"使市场行为套上了"政治正确"的外衣。

央行主管的《金融时报》暗示外国投行"恶意做空扰乱中国经济改

---

① 《批评改革牛国家牛是暴跌重要原因》，财经网，2015 年 7 月 1 日，http：//finance. sina. com. cn/stock/stocktalk/20150701/153522563458. shtml。

② 《华泰银行罗毅：为国护盘 还看银行》，新浪财经，2015 年 6 月 30 日，http：//finance. sina. com. cn/stock/jsy/20150630/111622552015. shtml；《华夏保险为国护盘：我们要大举建仓了》，《证券时报》2015 年 7 月 2 日，http：//finance. ifeng. com/a/20150702/138134 92_0. shtml。

革步伐",正常的经济行为上升到政治高度,市场把矛头锁定在卖空的国外金融炒家,使其成了全体股民,甚至国家改革转型的敌人,语气严厉地警告做空者:"不要敬酒不吃吃罚酒"①。

央行发出通告支持证金公司后,市场认为这是"表明国家态度、国家信心"②,《环球时报》发出社评——《国家队一定能赢,也必须赢》,把国家救市渲染成一场与恶势力搏斗非输即赢的战斗。股市变成了一场竞赛,或一场战争。监管层救市的资金变成了"国家队",而做空者变成了与"国家队"为敌的势力,国家队显然具有政治正确。市场行动方在监管层"撑腰"下一边倒地支持"国家队"的救市行动。

> 市场信心已经开始清理瓦砾,建立自己的全新阵地。"国家队最终一定会赢"……"国家队"实力雄厚,政府维护金融稳定的决心十分坚定……这次救市也是国家信心向股市信心紧急转换、输送的一次实战。③

同时,市场把卖空的私募大股东与"恶"联系起来,激化散户与"恶庄"的对立。

> 在这一轮牛市中,庄股、庄家、赌神层出不穷,不少散户也热衷于跟庄、抬庄,沦为帮手。整个市场已经处于是非不分、好坏不分的时代,一些机构投资者失去了道德约束和职业约束的底线。④

11月1日,徐翔被捕在金融圈掀起了轩然大波。官方给出的说法是"涉嫌内幕交易"、"操纵股市"。当然,市场中也有这样的声音——"徐翔陨落业内称可惜,曾拒绝参与救市",试图把徐翔被捕的原因与不救市关联起来。"徐翔案"不仅是经济事件,还受到了市场不救市的道德审判,其被拘留关押则上升到了政治高度。这种政治化的逻辑其实是与前面一脉相承的,只有在树立一个对立面,才能使国家与市场合力寻找到

---

① 《新闻晨报头条警告做空者:不要敬酒不吃吃罚酒》,《新闻晨报》2015 年 7 月 3 日,ht-tp://finance.ifeng.com/a/20150703/13815985_0.shtml。

② 《李大霄:央行支持证金公司表明国家态度》,中国证券网,2015 年 7 月 5 日,http://money.163.com/15/0705/20/ATPOU49000251LIE.html。

③ 《社评:国家队一定能赢,也必须赢》,《环球时报》2015 年 7 月 8 日,http://opinion.huanqiu.com/editorial/2015-07/6947321.html。

④ 《徐翔:私募巨鳄的陨落》,《经济参考报》2015 年 11 月 3 日,http://finance.ce.cn/rolling/201511/03/t20151103_6880573.shtml。

一个"聚点"。在形成聚点后，市场各方与"敌人"划清界限，表明自己对后市看好的忠诚，以此促使国家采取更大力度的措施救市，挽回自己的利益损失。而国家在这种话语体系下得以保持介入市场的合法性，营造一个市场认可的对立面，掩盖前期的"去杠杆化"的政策。

监管层监管转型的难点在于，执法从"宽松"变为"严厉"是简单的，而把法从"无"变成"有"是相对困难的。在政府没有和市场确权之前，市场必然奉行"法无禁止即可为"的逐利原则。那么如何界定"庄"是好是坏呢？一旦步入政治化的逻辑，政府和市场就两极化地形成了"谁做空就是坏庄"的逻辑。

（四）"谈判"中的市场策略

从博弈的视角研究谈判中策略的使用，能更好地勾勒出"市场－政府"的关系框架。谈判中的策略关键在于"威慑"而非"武力的使用"。侧重在救市中投资机构、散户、媒体与监管层等行动者之间的互动，以及通过"威慑"谋求合作的"聚点"，以此推行救市措施的过程。一旦双方就救市达成一致，"威慑"的目的也就达到了，也就意味着一个博弈回合的终结。

谈判策略的视角，意味着并不是以冲突的眼光看待博弈各方，而是视其为一种"协作博弈"。将冲突视为一个谈判的过程，有助于摆脱非敌即友的传统思维模式（Schelling，1980）。冲突的双方——市场与政府并不完全是誓不两立的敌人，更像是互存疑虑与共同利益的伙伴。而双方的关注点除了各自的利弊得失，还包括维护双方共同的利益，寻求一个一定程度上是"双赢"的结果。

市场稳定是双方的共同利益之所在。不同的是：市场的诉求是政府越早介入越好、救市力度越大越好；但国家对救市的担忧在于，一旦监管层做出让步开始救市，市场可能会得寸进尺，并形成依赖，以后，一旦市场行情堪忧，市场都会要求政府插手，让政府异常被动。

尽管没有法律条文要求股市暴跌时政府必须救市，也没有政策规定股市指数不能低于某个数值，先例对塑造市场与政府一致的救市期待起了至关重要的作用。2007 年的股市暴跌，监管层出台降印花税、降息、扩大投资等利好政策，使市场形成了固定思维：凡有暴跌，政府就会介入股市，并且将这种信念通过媒体传达给监管层，使政府了解到市场的预期，这是谈判过程的第一步。

谈判的第二步是市场与政府使用策略就救市的时机与力度达成一致。谈判中的讨价还价也是一个互相试探对方底线的过程，包括通过与第三方签订契约、亮出自己的底线、发表声明激发民意营造气氛、在压缩自己退缩空间的同时把谈判的空间缩小到对自己最有利的状态。这个过程如下：

（1）市场在谈判中不断"示弱"，通过示弱向政府表明自身已经无力挽回行情，以此希冀政府加大救市力度。市场看似是弱势的一方，但是通过示弱一定程度上抓住了谈判的主动权，从而将弱势转化为另一种意义上的优势。

（2）通过"利益捆绑"加快谈判进程。券商机构在市场中暗示股市崩溃将给社会经济带来动荡，政府监管层必须为此承担成本和责任，将政府与市场主体的利益和责任捆绑在了一起。

（3）市场与政府都会通过威慑手段来迫使对方尽量满足自己的预期。一方面，市场依托庞大的股民形成一种"民意"，运用民意对政府形成压力，压缩其谈判的底线；另一方面，市场利用政府"为人民服务"的宗旨以及重视民意带来的政权合法性的心态，塑造舆论氛围影响谈判。

"停牌潮"更大的可能是一种无奈之举，恰恰这种无奈之举可能使金融市场崩溃，而威胁的意义就体现在此。所以，这可能并不是市场对监管层的主动威胁，而是市场应对股灾的被动防御产生了一定程度的威胁，使监管层不得不加以重视，这与集权体制下的市场、政府力量不均等密切相关。

（4）市场与政府在持续博弈中寻求救市的"聚点"——将股灾归结为国际炒家及违法乱市的行为。造成股灾的原因是纷繁复杂的，市场和政府为何选出以国际资本与市场违法行为为代表的"做空势力"进行打击？为何需要这样一个聚点并达成共识？尽管我们知道，国际资本、内幕操作与市场谣言并不一定是导致股灾的主要原因。

从呼吁救市到券商自救再到"停牌潮"，这是市场不断逼近底线的一个过程，而监管层从口头呼吁到行政查处再到国家队出手，这也是市场不断迫使监管层亮出底线的过程。对救市的评价、对双方态度的判断以及对股市形势的把握使双方接受了对方的底线。

（五）政治化的解药：注册制？

"聚点"的形成意味着救市的开启，但是"聚点"同时也不可避免地存在问题。因为聚点产生的背后是博弈双方的期待，而期待的副作用是依赖性。

> 部分股民一直认为政府是最不能承受股市暴跌的一方，从而相信政府一定会当股市最后的守门员，并因此多少降低了自己应有的警惕性。也就是说，对政府的这一期待是股市泡沫失控、其自有调控力出现惰性的原因之一。①

因为坚信股灾时政府会救市，各方市场力量也就极容易造出泡沫形成股灾。这种依赖政府接盘的套路很可能在政府这次救市后会继续强化，形成路径依赖，这是值得警惕的。

那么，如何创造一个相对稳健些的金融市场呢？不少人寄希望于注册制。

相较于审核制，注册制确实更能够实现一种"开放的秩序"，也的确有助于降低某种风险。但是，如果没有考虑中国股市的以下几个特点就贸然跟风追求开放的市场秩序，必然导致问题重重。一是股市交易中个人拥有信息的不确定性，注册制比审核制可能更令人担忧，因为招股说明书可能做假。二是个人的心智能力有限，不同人之间差异甚大，金融门槛高，对专业素质要求高，因此市场可能需要最低限度的政府规制。三是随着投资者人口规模的庞大，市场各方的相互影响，会形成蝴蝶效应，形成波动，以及类似"银行挤兑"的博弈困境。四是党和政府最后兜底的角色没有根本性改变。

审核制虽然用结构化的制度框架限制了投资者的选择集合与企业的机会集合，但同时通过政府信用担保的方式（这个过程中可能会存在权力腐败的较大空间），在一定程度上降低了不完美市场中的交易成本，即源于市场双方在制造、获取和传播信息上的不对称所导致的交易成本。

事实上，制度的激励效应给参与者提供的是混合的信号。即使推行注册制，仍然会有欺诈、"搭便车"、内幕交易。不过，注册制的确能够实现某种"风险自担"的信号传递，这种制度界定了市场中各方力量的权责利，能减轻一些政府的压力——尽管不是全部压力。

毋庸置疑，推行注册制这种更强调市场竞争的体制的确可以抚慰市

---

① 《不能指望政府成为股市的"万能救星"》，《环球时报》2015 年 7 月 3 日，http://opinion.huanqiu.com/editorial/2015‒07/6845183.html。

场，可以把对监管者的不满转化为对单只股票及上市公司的不满。但在投资者数量庞大、能力差异甚巨、羊群效应明显的中国股市，市场的系统性风险常常不可避免，这时注册制可能又成为一种负担。

同时，开放的市场是有条件的。我们一直纠结于市场权势背后的内部交易、主力动作等，而忽视了政治权势给市场带来的影响。尤其是当股市暴跌时，市场会把政府作为最后的救命稻草，而忽略监管层管理不善或者官僚作风对市场的损害。最典型的是，如果在政府监管和政策能力自身欠佳的情况下推出注册制，那么很可能带来市场风险——证监会没有充分考虑中国股市特点推出熔断机制，导致千股跌停的教训发人深省。

六　结论与讨论

把市场和政府视为对立的观点并不符合中国实际，在股灾中政府会出手"救市"，这是市场与政府通过不断互动博弈逐渐形成的"默契"。这是因为在我国市场体系中，政府与市场形成了一个利益共同体，政府和国家不仅仅是监管者，更是参与者。股市既有经济属性又具有群体承诺的属性。经济属性意味着股市和国家宏观经济运行以及产业改革相挂钩，股民与媒体会因为股市暴跌质疑宏观经济运行状况以及产业改革转型。群体承诺属性意味着在集权政体和股市审核制下，证券市场严进严出，国家信用在一定程度上为股市背书，国家会保证股市稳定。此外，国家在过去几年股市不景气时采用各种提振股市的措施形成了惯例，加深了社会对救市的心理依赖。所以，政府救市不可避免。通过救市行为干预市场的出发点在于，第一是为了维护政府利益，第二更重要的是维护政府信用以及合法性。

由于市场投机、股份占有带来的权利不对称、专业知识和信息不对称等种种原因的存在，股市是一个高交易成本的市场。在这种市场秩序下，监管层对市场的干预是有必要的。尤其在中国这样一个注重政权合法性的国家，政府与市场更趋向于一种控制与被控制、保护与被保护的关系。

市场与政府的关系并不是全然对立的，并且市场内部与政府内部也都不是铁板一块的，而是存在多种主体，它们之间形成了错综复杂的关系。这也导致市场聚点的分散——这在中国股市体现得尤为明显。甚至政府内部利益都可能存在分歧：地方政府有债务、中央关注创新政策、国企和银行有自身的利益、证监会对股市也有自己的看法等。政府不仅是市场的守夜人，还是市场的参与者。券商、银行、基金为主的投资机构依靠资金优势、信息优势和知识优势在市场中占据主导权，与散户和企业关系微妙，专家媒体则充当了政府和金融机构代言人的角色，形成了一整套的股市系统。

因而，政府"救市"的介入节点可被视为市场各方，包括投资机构、企业、散户、媒体等与政府不断"谈判"形成的。在股市行情不断恶化，市场各方通过退出、呼吁以及表示"忠诚"等一系列手段进行整合、动员，形成"聚点"的同时，使政府卷入市场之中。这一系列"谈判策略"的背后也是政府－市场关系在金融领域中的展现。

市场通过一系列博弈与政府达成一致。一是需要对股市暴跌的性质做出"股灾"解读，二是需要自下而上的市场压力，三是靠媒体呼吁。监管层介入市场是伴随着市场"退出－呼吁"的博弈而逐渐深入的一个过程。从刚开始的口头劝告，到后来的行政劝告，再到政治查处，最后到经济调控。

"退出－呼吁"是实现聚点的手段，在"政府会出手救市"的预期下，当股灾发生时，市场会主动通过使用退出、呼吁以及表示"忠诚"等一系列博弈和谈判手段来整合动员力量。市场和监管者的对立面（国际做空机构和市场违规者）在这个过程中被树立起来。

政治化倾向的特征不可避免地凸显出来。市场动荡的原因最终归结为"敌对势力破坏"，而不单单是一个经济现象。做空本来是正常的市场行为，但是股灾时做空则背负了道德骂名；而企业、媒体、机构纷纷表示看好市场，是一种"表忠心"。任何认为股市下跌的观点都被贴上了否定国家改革红利的标签。"为国护盘"被提了出来，买入股票也从一个单纯的市场行为成了一件"政治正确"的事。而官方抓捕徐翔，则是把做空者作为打击对象，市场充斥着敌对逻辑。救市中形成了一套政治化的话语表达体系，这是权利结构不明晰所导致的，也进一步带来了权利结构的不明晰。

政府干预市场存在着某种风险：其一，不计成本；其二，在这种思维模式下，再有危机发生，可能首先想到的还是树立某种对立面，而不是反思政策是否存在问题。

这样的市场呼唤制度性变革，注册制一定程度上体现了"开放秩序",但在中国股市散户居多、信息不对称、散户专业化程度低的情况下,注册制并不是能一蹴而就的。在政府监管和政策能力欠佳的情况下贸然推出注册制,很可能会带来意料之外的市场风险——熔断机制就是一次经验教训。

参考文献

阿尔伯特·赫希曼,2001,《退出、呼吁与忠诚》,卢昌崇译,经济科学出版社。

曹德骏、左世翔,2012,《新经济社会学市场网络观综述》,《经济学家》第 1 期。

车文辉,2003,《证券交易行为的经济社会学分析》,《湘潭大学社会科学学报》第 4 期。

陈林生,2012,《市场场域:经济社会学对市场研究的新转向》,《江淮论坛》第 2 期。

陈林生,2013,《市场的社会结构——场域理论对市场社会学的应用》,《华东理工大学学报》(社会科学版)第 4 期。

陈林生,2013,《作为社会结构的市场——市场场域的应用及其方法论问题》,《学术论坛》第 10 期。

陈志武,2015,《我为什么不主张救市——基于市场、制度和逻辑的考量》,《探索与争鸣》第 11 期。

道格拉斯·C. 诺思,2008,《制度、制度变迁与经济绩效》,杭行译,格致出版社。

董彦岭、王菲菲,2010,《金融危机背景下各国政府救市政策的比较分析》,《山东经济》第 2 期。

杜启明,2007,《中国股票市场发育史初探——关于我国股市政府调控的历史研究》,广西师范大学硕士学位论文。

杜松林、左柏云,2006,《政策性因素对中国股市影响的博弈分析》,《重庆工商大学学报·西部论坛》第 4 期。

冯仕政,2007,《国家、市场与制度变迁——1981—2000 年南街村的集体化与政治化》,《社会学研究》第 2 期。

符平,2013,《市场社会学的逻辑起点与研究路径》,《浙江社会科学》第 8 期。

符平,2015,《新世纪以来中国经济社会学的成就与挑战》,《社会科学》第 11 期。

胡光志、田杨,2011,《宏观调控法基本原则新探——从金融危机中"救市"需要法治化谈起》,《重庆大学学报》(社会科学版)第 1 期。

江孝感等,2001,《非对称信息条件下股市博弈模型》,《系统工程理论与实践》第 8 期。

李若洋,2014,《我国证券市场个人投资者非理性行为分析》,天津商业大学硕士学位论文。

刘光哲，2008，《沪深股市参与各方之间的博弈行为研究》，西安理工大学硕士学位论文。

刘世定，2009，《危机传导的社会机制》，《社会学研究》第 2 期。

刘晓斌、曾繁富，2004，《股票价格受庄家影响的博弈分析》，《吉首大学学报》（自然科学版）第 25 期。

罗伯特·J. 希勒，2004，《政治化的股市》，吴畏译，《商务周刊》第 14 期。

罗伯特·J. 希勒，2014，《非理性繁荣》，李心丹等译，中国人民大学出版社。

吕江林、王庆皓，2010，《论政府救市的必要性及其最优边界》，《江西社会科学》第 10 期。

乔桂明、詹宇波，2002，《我国股市中政府与投资者的行为博弈分析》，《财经研究》第 12 期。

沈伯平，2014，《政府适度退出、投资者信心重构与中国股市困局化解》，《经济问题探索》第 2 期。

托马斯·谢林，2006，《冲突的战略》，赵华等译，华夏出版社。

汪建坤，2000，《中国股市的博弈分析》，《财贸经济》第 2 期。

王国伟，2012，《金融市场的社会学：经济社会学研究的新议题》，《江淮论坛》第 1 期。

王冀宁、孔庆燕，2004，《信念、偏好及策略：基于股价波动的机构与散户的博弈研究》，《财政研究》第 6 期。

王茂福，2011，《新经济社会学的价格理论论析》，《社会学研究》第 5 期。

王水雄，2014，《中国金融市场化的层级性与边界性——着眼于中小企业融资担保的一项探讨》，《社会学评论》第 2 期。

王水雄，2015，《"为市场"的权利安排 VS. "去市场化"的社会保护——也谈诺思和波兰尼之"争"》，《社会学研究》第 2 期。

王索娅等，2010，《中国特色股市博弈分析》，《合作经济与科技》第 14 期。

夏永祥，2009，《利益集团博弈与决策均衡点的形成》，《江南大学学报》（人文社会科学版）第 3 期。

薛克鹏，2009，《金融危机中政府救市的正当性》，《政治学研究》第 4 期。

易宪容，2015，《中国股市如何回归常态——A 股暴涨暴跌的原因及政府救退市之路径》，《探索与争鸣》第 8 期。

周长城，1994，《市场：在社会学的视野下》，《技术经济与管理》第 3 期。

周长城、殷燕敏，1999，《金融市场的社会学视野》，《社会学研究》第 6 期。

朱民、边卫红，2009，《危机挑战政府——全球金融危机中的政府救市措施批判》，《国际金融研究》第 2 期。

邹昊平等，2000，《政策性因素对中国股市的影响：政府与股市投资者的博弈分析》，《世界经济》第 11 期。

Baker, Wayne E. 1984. "The Social Structure of a National Securities Market." *The American Journal of Sociology*, Volume 89, Number 4.

Edward, C. Banfield. 1961. *Political Influence*. New York: Free Press of Glencoe.

Schelling, Thomas C. 1980. *The Strategy of Conflict*. Massachusetts: Harvard University.

政治与金融关系视角下的金融化及其挑战

——对项宇论文的评论

刘长喜*

令人高兴的是，近年来越来越多的社会学者开始关注金融方面的研究。《"救市"是如何"政治化"的？——对中国证券市场一个"博弈"过程的剖析》（以下简称"救市"）一文以 2015 年的股灾为案例，系统地解释了"救市"被"政治化"的博弈过程。我作为一个屡战屡败的"小散"，对这一"股灾"现在想起来依然心有余悸。"救市"一文非常精彩地展现了各个行动者在救市过程中的利益诉求和行动策略。整个"救市"不仅仅是一个市场逻辑，同时还是一个政治逻辑和社会逻辑的演绎。在该文的基础上，我谈谈自己的想法。

一 金融化带来的挑战

从世界范围来看，金融在经济社会中的地位不断提升，已经从工业社会中的从属地位，上升至后工业社会的核心地位。20 世纪 80 年代以来，西方资本主义国家都经历了金融化的历程，金融逐渐成为经济社会的中心。2011 年 10 月，美国发生的"占领华尔街"运动，就是美国社会对金融系统对社会的"吸血"反抗。2012 年德国畅销书《反社会的人——上层阶级与下层阶级是如何搞垮德国，而谁又在从中获利》的作者伍伦韦伯就指出德国上层社会通过金融手段全球获利，与德国其他阶层已经不能再构成一个社会，原有的社会整合机制彻底失灵。

* 刘长喜，经济学博士，上海财经大学人文学院经济社会学系教授，电子邮箱：liuchangxi@hotmail. com。

就中国而言，金融在中国经济社会中的地位变迁是有目共睹的。我认为，近十多年来金融已逐渐成为中国经济社会的中心系统，越来越多的资源向金融系统积聚，中国的金融化速度之快令人瞠目结舌。当然，中国的金融化机制与西方的金融化机制具备本质的区别。在我 2014 年与桂勇教授合作的《金融化与国家—社会关系的演变》一文中，我们把金融划分为两种类型：利益集团主导型和国家主导型。西方资本主义的金融化一般是利益集团主导型，而中国的金融化是国家主导型。"救市"一文从另外一个角度也印证了我们当时的判断。同时"救市"一文也更加丰富了我们对中国国家主导金融化的认识（后文再进一步论述）。

由此可以看出，金融在当今的地位和意义已经无须赘述，其研究意义则更加凸显。经济学家在研究金融时往往注重金融资源的优化配置问题。金融与国家、社会的关系在实践中是各个国家面临的重大问题，如何看待国家 – 社会 – 金融三者的关系，这不仅是政治学或金融学的问题，也是社会学更有能力更应该回答的理论问题（刘少杰，2013）。

二 中国是国家主导金融化的典型案例

如前文所述，中国的金融化是典型的国家主导型，换而言之，整个金融化要服从国家需要和政治目标。"救市"一文揭示的救市过程在全世界来说都是非常具有中国特色的。回顾大萧条时代美国股灾以来的多次股市大崩盘，没有哪一个国家可以动用这么多力量和资源来救市。大部分国家面临股市大崩盘都是手足无措，更无法领导整个市场来救市。

中国的国家主导型金融化是特有的历史背景下各种因素共同作用演进的结果。新中国成立以来，中国根本没有真正意义的现代金融体系，更是把所谓的极具资本主义特色的证券市场（特别是股票市场）彻底消灭。改革开放以来，国家开始逐步恢复银行主导的金融体系，但对建立以股票市场为主的证券市场体系还是噤若寒蝉。到 20 世纪 80 年代后期，面临各界对股票市场是否建立的大争议，国家领导人邓小平发挥了高超的政治智慧，提出股票市场要为社会主义服务，可以先做起来，如果实在不行的话再关掉，以此消除了发展股票市场的意识形态障碍（邓小平，1993：373）。同时，国家对中国股票市场也赋予了特有的政治使命，为社会主义服务。20 世纪 90 年代，中国股票市场的发展使命就是为国有企业改革服务。由此中国股票市场呈现特有的股权分置——大量不能流通的国有股、法人股和少部分流通股。由此可以看出，以银行为主导的中国金融体系事实上是被国家控制的，要服从国家发展大局。国家主导的金融化机制是通过金融化把资源集聚到金融系统里来，然后再主导金融系统服从国家目标。比如面临 1997 年亚洲金融危机和 2008 年的全球金融危机，国家都可以通过动员天量的金融资源投入到保增长的投资上来。

从这个意义上说，不仅仅 2015 年的救市是一个被政治化的过程，事实上，包括股票市场在内的整个中国金融体系都是被政治化形塑的。需要指出的是，我们对金融化理论上区分为利益集团主导型和国家主导型，而现实中并非黑白分明。利益集团主导型的金融化并不是说国家与金融是分割的，国家不对金融系统产生任何影响。其实在西方国家，金融系统也是被规制最严的一个领域。国家主导型的金融化就是金融系统要完全服从国家目标，其实其中利益集团的作用也不可忽视。2015 年救市过程并非一开始就那样乐观，甚至可以称为"屡败屡战"，这说明国家对金融系统的主导机制与原来发生了重大变化，或者说金融系统再也不是整齐划一地听从国家安排。一个主要原因就是，在金融化过程中，各个利益集团也逐渐发展起来。从 2015 年救市过程中各个行动者的博弈也可以看出，许多行动者在打着"为国护盘"的旗号中饱私囊，比如被市场称为"救市队长"的中信证券在救市中趁机牟利被查处。

三 "救市"一文的几点进一步讨论

首先，作者系统揭示了救市的政治化过程，但对 2015 年股灾发生前"牛市"的解释值得讨论。在我看来，2014 ~ 2015 年的"牛市"的确如作者所言是市场的动力使然，但是国家对"牛市"的期待和催生作用不容忽视。正是市场力量精明地领会到了国家的期待才投其所好。如时任证监会主席的肖钢在有些场合对股市大盘做了远超市场预期的判断，让市场力量更放大了想象的空间。

其次，作者完整地呈现了救市过程中行动者各自的表现，但各类行动者的利益偏好和对救市的认知值得进一步丰富。比如公募和私募基金都算机构投资者，但是由于地位和偏好的不同，他们在行动中的表现也各异。各个行动者对救市的认知更加有趣。比如"活捉空头"，好像真的有敌对方一样，但事实上这些敌对方更多的是救市者建构的和逐渐催生的。

再次，"救市"一文提的熔断机制也可以纳入分析的范围。监管层推出的熔断机制可以算作整个救市的一部分，其中各个行动者和话语权的建构更加丰富了我们对中国金融与政治关系的解读。

最后，2015 股灾虽然渐行渐远，但是股灾不会离我们而去。对股灾的社会学研究事实上刚刚起步，包括股票市场在内的中国金融发展历程为社会学研究提供了丰富的研究案例。愿更多的社会学家对金融带来的挑战和变革做出有力的回应。

参考文献

邓小平，1993，《邓小平文选》第 3 卷，人民出版社。

刘少杰，2013，《西方经济社会学史》，中国人民大学出版社。

刘长喜、桂勇，2014，《金融化与国家－社会关系的演变》，中国社会学会 2014 年学术年会论文（未刊稿）。

经济社会学研究　第四辑

第 219～262 页

© SSAP，2017

从数字鸿沟到红利差异

——互联网资本的秘密

邱泽奇　张樹沁　刘世定　许英康[*]

摘　要： 接入鸿沟曾经是数字鸿沟的基本形态。伴随互联网基础设施的发展，接入鸿沟缩小、应用覆盖增强，但人们从互联网技术应用中获得超额收益（红利）的差异依然存在。本文提出互联网资本框架，用于考察红利差异的来源和影响红利差异的机制，认为与接入鸿沟缩小相伴随的是互联网连通性和平台的发展，它提供了机会，让人们把以往投入的各类资产在互联网上转化为有差别的互联网资本（组合资本），从中受益。本文进一步认为，资产转化的规模和转化率的差异正是红利差异的来源，它既受两个"乘数效应"的影响，也受互联网市场平台的影响。

关键词： 互联网资本　互联网红利　乘数效应　数字鸿沟

一　对两个现象的理论追问

在中国，互联网技术的应用不到 30 年，如果从提供大众接入算起，

---

[*] 邱泽奇，北京大学中国社会与发展研究中心教授，电子邮箱：qiuzeqi@ pku. edu. cn；张樹沁，北京大学社会学系博士研究生，电子邮箱：zhang5255@ 163. com；刘世定，北京大学中国社会与发展研究中心、上海高校社会学 E-研究院教授，电子邮箱：liushd@ pku. edu. cn；许英康，北京大学社会学系博士研究生，电子邮箱：yingkangxu@ 163. com。

则刚满 20 年。然而，它正在成为大多数人工作与生活的重要组成部分。在城镇，人们的工作和生活离不开互联网；在农村，人们甚至早就在倡导"在外东奔西跑，不如回家淘宝"①。中国的这一变化正是一个崭新时代的部分场景，互联网技术应用给人类社会带来的影响是全面的和深远的。

本文的讨论基于对以下两个现象的关注，试图从两个现象及其关联的事实中探讨影响人们从互联网技术应用中受益的一个机制——互联网资本（capital of connectivity）及其发挥效用的条件。

第一个现象是数字鸿沟（digital divide）的发展。2004 年，DiMaggio 等（2004）在回顾数字鸿沟的文献之后提出：在不平等意义上，数字鸿沟的发展经历了两个阶段，第一阶段是因接入（access）机会差异导致的数字鸿沟；第二阶段是因对互联网使用的差异（differences in usage）而产生的数字不平等（digital inequality）。他们指出："（现阶段）具有更高社会声望的用户更倾向于把互联网用于自我拓展、参与社区事务或政治事务。"更早的时候，DiMaggio 和 Hargittai（2001）就观察到，美国 2000 年综合社会调查（GSS）数据显示，受教育程度高、收入高、在认知测试中得高分的互联网用户更倾向于用互联网"积累资本"，而不是用于娱乐。Bonfadelli（2002）对 1997 ~ 2000 年瑞士互联网用户的研究也表明，不同收入和受教育程度影响了人们使用互联网获取内容的差别，受教育程度高和收入高的使用者一般将互联网用于获取经济收益，而社会经济地位较低和受教育程度低的使用者则更多地将互联网用于娱乐。

中国互联网络信息中心（CNNIC，2016a：52）于 2016 年 1 月发布的数据显示，根据应用分类，在总用户数中，把互联网用于即时通信的有 90% 以上，用于网上游戏的有 57%，用于网上银行的有 49%，用于健康的有 22%，用于在线教育的有 16%。公开的数据没有把互联网使用特征与用户社会特征进行关联，从应用类型的结构来看，同样也看到了娱乐与"积累资本"之间的使用差异。

尽管 DiMaggio 等人已经注意到互联网运用和资本积累之间的联系，但他们并没有深究这里所积累的是何种意义上的资本，以及是何种机制造就了这种资本的积累。

---

① 各地农村的标语千差万别，意思却非常一致，就是打工不如开淘宝店。

第二个现象是所谓数字红利（digital dividends）①的显现。如果说早先的互联网技术应用并没有产生显见的经济收益的话，那么，来自商务部的数据显示，2011~2015 年，中国电子商务交易额年均增长超过 35%，2015 年达到 20.8 万亿元人民币；②网络零售总额年均增长超过 50%，2015 年达到 4 万亿元人民币，位居世界首位。综合多方数据可知，自阿里巴巴创造了"双十一"网购节以来，2010 年"双十一"的成交额为9.36 亿元人民币，2013 年达到 191 亿元，2015 年更高达 912 亿元，互联网交易额呈现倍数增长。

更值得注意的是，被认为是互联网技术应用荒地的农村电子商务发展迅速。至 2015 年，阿里巴巴集团于 2010 年开发的"淘宝·特色中国"项目已覆盖中国大陆的全部省份，在 75 个城市开设了城市馆。截至 2015年 12 月，农村淘宝（"村淘"）③已经在全国 22 个省的 202 个县落地，建立了 9278 个村级服务站。《中国淘宝村研究报告（2015）》④报道说，中国淘宝村⑤的数量从 2013 年的 20 个增加到 2015 年的 780 个，同比增长268%，分布于 17 个省区市。除了淘宝村，2015 年还产生了 71 个淘宝镇，⑥分布于 6 个省区市。在一些区域，淘宝村和淘宝镇的发展成为当地经济发展的重要支撑。⑦

把两个现象联系起来，令人感兴趣的问题自然浮现：数字红利来自哪里？数字红利差异与数字鸿沟之间有着怎样的关系？如果说互联网接入鸿沟曾产生了数字红利差异，那么随着互联网技术应用的普及和互联网接入鸿沟趋向填平，红利差异是否会继续存在？如果说仍然存在，那

---

① "数字红利"是世界银行 2016 年推广的概念，参见世界银行（2016）。对文献的研究表明，更早的出处可能是德文文献，参见 Arnold Picot & Herbert Tillmann（2009）。本文在后面的讨论中，将使用"互联网红利"（dividends of connectivity）概念，两者略有不同，后文将有讨论。

② 数据来自新华网 2015 年 12 月 28 日的新闻报道。

③ 阿里巴巴的"村淘"计划的目的是促进互联网商务下乡、激活农村的网购市场。

④ 《中国淘宝村研究报告（2015）》是阿里研究院每年发布的一份研究报告，旨在报告农村互联网商务的发展。

⑤ 淘宝村促进了农村产品的网上销售。根据阿里巴巴的定义，淘宝村指的是交易场所以行政村为单位，互联网商务年交易额在 1000 万元以上，本村活跃店家数量在 100 家以上，或活跃网店数量占当地家庭户数的 10% 以上。

⑥ 根据阿里研究院的定义，如果一个镇、乡或街道符合淘宝村标准的行政村大于或等于 3个，即为"淘宝镇"。

⑦ 例如江苏省徐州市睢宁县、浙江省丽水市、山东省滨州市博兴县、陕西省咸阳市武功县等。

么导致红利差异存在的更深刻根源何在？而要回答这些问题，我们首先要说明数字鸿沟的现状如何。

本文采用"理论探讨'对话'经验事实"的方法探讨上述问题，将首先回顾数字鸿沟的发展，指出数字鸿沟已从接入鸿沟转向了运用鸿沟；其次探讨产生和影响运用鸿沟的机制，提出在互联网上人们把既往投入的各类资产转化为互联网资本，转化规模差异和转化率差异影响了人们从互联网中获得超额收益（互联网红利）的差异；再次探讨影响转化规模和转化率的两个因素，即因连通性带来的两个乘数效应和互联网平台；最后试图将互联网资本作为分析工具揭示数字鸿沟与数字红利中隐藏的社会现实。

需要说明的是，文中引用的江苏省沙集镇、耿车镇以及其他未注明出处的典型互联网技术应用相关事实均来自作者的田野调查，而更广泛的经验事实来自作者从 20 世纪 80 年代中期开始不断参与的从乡镇企业到淘宝村的调查。文中引用的其他调查者调查的经验事实，皆标注了出处；宏观数据则来自公开统计资料以及作者参与的对互联网平台的调查。

二 接入设施发展与数字鸿沟的转向

在信息与通信技术（Information and Communication Technology，简称 ICT，以下简称"互联网"）产生之初，人们就意识到了"连接"（connection）将给不同人群带来发展机会的差异，譬如托夫勒就提出过电子鸿沟（electronic gap）概念（托夫勒，1991：433～438）。不过，正式提出数字鸿沟的可能是 Morrisett（参见 Hoffman et al.，2001：47–98）。他认为数字鸿沟是信息富有和信息贫穷之间的差异。[①] 但是，他没有对信息富有与贫穷差异的来源和影响进行探讨。之后，对这类差异较为系统的讨论则是来自美国政府的系列报告（NTIA，1995，1998，1999，2000）。这些报告试图说明在互联网进入美国大众生活后引发的各阶层人群之间接入互联网的差异，[②] 并敏锐地提出了随着互联网技术扩散而孕育的另一

---

① 我们认为，信息富有和信息贫穷有差异又怎么样才是值得追问的问题，也是本文提出"互联网资本"概念的问题来源之一。

② 请注意，在这个时期，人们认识到的仅仅是使用差异，即因为可及性而产出的机会性差异尚未关注到因使用的不同而带来的受益差异。

种机会不平等①，这就是"数字鸿沟"。

从广义上看，数字鸿沟是指在给定社会中不同社会群体对互联网在可及和使用上的差异（Riccardini & Fazion，2002：9－19）。值得注意的是，人们对"使用差异"的理解并不相同，呈现了对数字鸿沟认识的不同指向：围绕接入可及性差异和围绕接入后的运用差异（using for what）。前者指向一个国家的公共政策和基础设施建设，后者指向因互联网技术应用差异而产生的不平等。

（一）接入可及性差异的缩小

在接入可及性（accessibility）上，人们最先关注的是国与国之间、社会不同群体之间在互联网接入上的差异。如 Stevens 和 O'Hara 将数字鸿沟定义为信息拥有者和信息缺乏者之间的鸿沟（Stevens & O'Hara，2006）。Mack 则将数字鸿沟定义为接触电脑软硬件及新媒介等信息渠道的差异（Mack，2001）。为此，人们还发展了一些测量技术（Norris，2001；NTIA，1995，1998，1999）。

在中国，互联网出现在 1989 年。可直到 1995 年瀛海威的创立才为互联网的大众接入打开了通道。1997～2000 年，互联网用户规模从 62 万人增长到 1690 万人。由 CNNIC 于 1997～2000 年发布的数据可知，在那个时段，互联网用户群体的主要特征是：接受过或正在接受高等教育，年龄在 18～30 岁，居住在北京、上海、天津和广东，在教育、科研、信息产业或国家机关工作的男性（邱泽奇，2001）。

在随后的发展中，有三个关键因素影响了可及性的动态：基础设施、使用设施，以及互联网技术的有用性。

第一，互联网接入设施覆盖性的扩展几乎为每个人提供了接入机会，明显地缩小因设施覆盖不足带来的可及性差异。在中国，初期提供互联网接入设施的大多数是教育机构、信息产业企业和政府部门；不在这些部门的人群，接入可及性大大下降。随着接入设施如宽带、无线网络覆盖性的扩展，城市区域的接入可及性大大提高。不仅如此，2004 年开始的中国原信息产业部主导"村村通"电话工程，到 2007 年底也让 97% 以上的乡镇具备了互联网接入条件、92% 的乡镇开通了宽带（张新红等，2010）。

---

① "机会不平等"是不平等研究的一个核心议题，"接入机会"则是测量数字鸿沟的核心指标之一，进而也成了数字不平等的核心指标之一。

根据 CNNIC 的数据（中国互联网络信息中心，2016a：37），截至 2015 年 12 月，中国互联网用户规模已达 6.88 亿人，占总人口的 50.3%。特别要注意的是，这个数据并不意味着只有一半的人口接入了互联网，而是意味着几乎每个家庭都接入了互联网。这是因为中国依然是一个家庭主义社会（邱泽奇，2014），一个家庭只要有一个人接入互联网，就相当于整个家庭都接入了互联网。因此，真实的、以家庭为单位的互联网接入率，远远高于以个体为计量单位的比例。如果以 4.3 亿个家庭计算，则互联网接入可及性在中国的比例，几乎等于全覆盖。

第二，使用设施的便利化，明显地降低了使用门槛。互联网技术应用的早期有较高的门槛，需要有一定技能才可使用计算机上网（邱泽奇，2001）。智能手机、平板电脑以及其他移动设备与技术的发展，为更多类型的人群提供了接入机会，是互联网接入可及性的转折点。2007 年，中国使用手机上网的用户数量仅为 5040 万人，占上网总用户数的 20.4%；2008 年使用手机上网的用户数就突破 1 亿人，不过，占上网总用户数的 39.5%；2015 年底，使用手机上网的用户数达到了 6.20 亿，占上网总用户数的 90.1%（中国互联网络信息中心，2016a：39）。在互联网接入者群体中，农村用户的比例也达到了 28.4%。[1]

两个来源的数据都说明，在中国的城乡，不仅可及性差异在迅速缩小，使用设施（备）差异的影响也在逐年减弱。由此，让我们看到了使用设施便利化对接入机会的影响，进而对接入可及性的影响。

第三，有用性的发展，则有效地激发了人们接入互联网的动机，促进了接入行动。在中国互联网发展初期，使用者大多限于教育与科研系统，网上资源的数量和种类非常有限，且与人们工作和生活的关联不大（Nurmela & Viherä，2004）。另外，运用互联网的行业相对较少，多数行业无需互联网，甚至没有接入的必要。

在前两个因素的影响下，接入用户数量的增加意味着连通性[2]的增强，让互联网的有用性增强。2003 年，中国用户更多地将互联网用于收发电子邮件（88.4%）和搜索资料（61.6%）；如今，互联网技术应用几乎渗透到了工作与生活的方方面面，苹果应用软件商店上的应用已经超过

---

[1] 显然，城镇化的发展让众多原本的农村使用者进城，在一定程度上掩盖了农村互联网普及工作的成果，农村使用者的比例应该远远高于这个比例。参见中国互联网络信息中心（2016a：41）。

[2] 关于连通性的讨论，参见邱泽奇等（2015）。

170 万个，中国互联网用户在 2014 年的网络依赖程度已经超过了 50%。①

有用性的发展还可以从用户的使用上可见一斑。即使是在中国农村，也约有 7714 万的互联网用户有网络购物经历，较 2013 年提高了 12.1%，占农村互联网用户的 43.2%，与城市互联网用户网络购物使用率的差距从 2013 年的 24% 缩小到 17%。农村互联网用户中使用网上支付的达到了 6276 万人，比重达到了 35.2%，较 2013 年提高了近 10%，与城镇互联网用户的使用率差距从近 22% 下降到了约 15%（中国互联网络信息中心，2015：38～40）。

由上述讨论可知，数字鸿沟的初始意义仅体现在"是否接入"的区分上。如图 1 所示，即使接入，也是一个个的局部网络，"用或不用"并未对人们的工作、生活或社会经济产生多大影响，接入鸿沟两边的群体也未由此产生可感知的不平等。在那个时段，大量对不平等的讨论并非来自对互联网用户的实证研究，而是来自政府部门和学术界对发展趋势的预判。

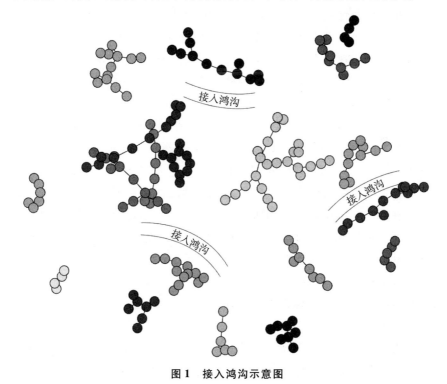

图 1　接入鸿沟示意图

① 苹果应用商店上应用软件的数量的数据来自互联网，中国用户对互联网应用的数据则根据 CNNIC 历年发布的数据综合而成。

这些预判影响了各国的公共政策，促进了把互联网接入可及性作为国家或地区基础设施的发展，以及相关公共政策的拓展。

随着互联网基础设施的广覆盖，使用设施的便利化与人们对互联网的使用之间，逐步形成了正向强化。在中国，如果以家庭作为接入的计算单位，则在 20 年之间，接入可及性差异几乎趋于零。

当然，依社会分层视角，一部分弱势群体的互联网可及性或永远不可能达到优势群体的水平（Shelley et al. , 2004），可及性差异在不同群体之间亦将长期存在（Willis & Tranter, 2006）。在中国，互联网可及性在人群之间、地区之间、城乡之间，甚至弱势群体内部也有差异（国家信息中心，2015）。那么，接入可及性差异的缩小，消除了数字鸿沟吗？答案是否定的。

（二）接入之后，运用差异的显现

在接入可及性差异缩小的同时，新的问题接踵而至，人们对互联网技术运用（usage，即用互联网做什么）的差别逐渐显现出来。

邱泽奇（2001）认为，在具备接入可及性的前提下，是否运用互联网（来改变自己的社会经济地位）成为社会分层的新维度，打破了职业对社会流动的决定性影响。Dijk 等人（2003）也认为，在运用数字技术或 ICT 的进程中，ICT 所有权、技能和运用等对社会不平等会产生复杂的影响。胡鞍钢、周绍杰（2002）则认为以互联网为代表的新兴信息通信技术在普及中带来了新的社会不平衡。Hargittai（2002）进一步讨论了不同上网人群使用互联网检索信息的能力，以此来测量群体之间在互联网运用维度上的差异。在进一步的研究中，DiMaggio 等（2004）在传统二分法（即上网或不上网，使用或不使用）的基础上，用 5 个维度（设备、使用主动性、技巧、社会支持和使用目的）讨论了基于运用差异（differences in usage）的数字鸿沟在不同群体中的表现形式，强调应用差异是数字鸿沟的进一步发展。与对可及性差异的探讨一样，学者们在运用差异的探讨中也发展了相应的测量技术（Hargittai, 2002; Lenhart et al. , 2004）。

顺着差异思路，一部分学者进一步将关注点放到互联网使用目的差异上。本文开篇陈述的第一个现象正是人们对这类差异的关注。

使用目的差异不仅存在于中国以外的社会，也存在于中国社会。郝大海和王磊（2014）运用 CFPS 数据考察了社会经济地位对人们使用互联网目的的影响，获得了与 Bonfadelli 一致的观察，即收入和职业地位越高的人群，越倾向于将互联网用于个人发展，而收入和职业地位较低的人群则更多地将互联网用来娱乐。韦路和张明新（2006）运用皮尤研究中心 2004 年一项政治传播研究的数据，讨论了不同互联网用户在获取政治知识方面的差异，证明在同等可及性条件下人们运用互联网的方式大相径庭，从而影响了人们获取知识的差别；其中，人口特征变量组解释了总变异的最大份额。

简言之，人们观察到了在接入可及性机会迈向平等的时候，运用差异显现甚至凸显。问题是，运用差异又意味着什么？既有研究（Dijk，2012；Goldfarb & Prince，2008）的进一步追问是，运用差异是否映射了在信息化时代社会不平等的新形态和新发展；也有一些研究（DiMaggio et al.，2004）探讨了此类不平等具有的特征以及改善不平等的公共政策（Bach et al.，2013）。

不过，在接下来的讨论中，本文不打算沿着不平等框架继续探讨运用差异与不平等之间的关系，而是试图追问：运用差异产生了什么社会经济后果？如何产生那样的后果？其中，什么是重要的影响因素？

三 互联网红利与红利差异

归纳前述讨论可以发现，互联网用户的设备、技能、运用方式和运用目的，都是测量运用差异的维度。尽管如此，我们认为，上述维度总会因应用而产生实际的社会经济后果。在接下来的讨论中，我们将从后果维度来探讨运用差异的影响，并以与数字鸿沟关系密切的互联网市场为例加以讨论。

（一）互联网红利

运用差异最直接的后果是有人在经济上受益。先看一个受益的例子。吐鲁番果业有限公司在 2013 年 8 月 1～5 日投放 10000 件共 1800 吨以无核白为主的鲜食葡萄，面向江、浙、沪、皖部分地区在淘宝网促销，每件为 2.2 公斤，每公斤售价近 23 元，瞬时即被抢购一空。① 如果这些葡萄面对的是吐鲁番本地市场，不仅会面对同质性竞争而不得不降低价格的局面，而且市场容量也仅限于本地的 63 万人口。仅以人口数量蕴含的

---

① 参见天山网，http://topic.ts.cn/201308/tlfly/2013 - 08/12/content_8550842.htm。

市场规模为例，以等量转换，江浙沪皖的总人口约为2.2亿，是吐鲁番市总人口的近350倍。这就意味着，一个"连接"带来的市场规模放大了近400倍。

按照世界银行的说法，相对于在本地市场售卖而言，吐鲁番果业有限公司通过互联网售卖而产生的超额收益，被称为数字红利。世界银行认为，数字红利就是由数字投资带来的增长、就业和服务收益。[①]

我们则认为，数字投资并不会自动带来收益。吐鲁番果业的例子说明，数字红利的核心在于把地域产品的声誉、产品规格、配送配置，以及定价策略等在互联网技术应用中组合起来受益。显然，它是一组资产的组合，而不是抽象的数字投资，因此，本文更愿意将这样产生的超额收益称为互联网红利。一如开篇呈现的第二个现象，互联网平台在中国的发展展示了由互联网运用带来的红利。

再看另一个例子。孙寒是江苏省徐州市睢宁县沙集镇东风村的村民，众多互联网红利的受益者之一。2006年，在村民依旧热衷于乡镇企业时代的废旧塑料加工时，孙寒买下电脑，连上互联网，开起了淘宝店，赚到了第一桶金。直到2008年，在互联网上开淘宝店能赚钱的事，他只告诉了两个人。后来，迫于邻里的压力，孙寒向街坊邻居透露了开网店的"秘密"，进而成就了东风村互联网商务的发展。

在互联网上，东风村以仿制韩式和宜家家居而闻名。在这个约有4800人的村子，有近一半人从事互联网商务，年网络销售额约为20亿（储新民，2015）。在沙集镇，到2015年已发展出家具网商6500多位，网店8100多家，家具厂1590家，实现销售额超过40亿元人民币；吸引了物流快递企业67家，营业额约为5.7亿元人民币；从业人员有24000余人；业务不仅遍及中国城乡，还远及世界几十个国家和地区。[②]

类似于东风村这样的淘宝村，2013年以来在中国农村迅速涌现，形成了不同的发展模式。除了像东风村通过承接乡镇企业基础发展出来的"网销+工厂"模式以外，还有像浙江省义乌市江东街道青岩刘村依靠义

---

① 世界银行的报告认为，数字技术降低信息成本，从而大幅降低公司、个人与公共部门的经济社会交易成本，让创新得以蓬勃发展；让现有的活动、服务效率更高；让人们得到以前难以获得的服务，包容性得以扩大。

② 涉及东风村的数据，如未专门注明出处，均来自笔者于2016年1月在江苏省徐州市睢宁县的实地调查。为此，特别感谢睢宁县相关机构、个人为调查活动提供的便利，也感谢受访者接受笔者的调查访问。关于东风村更加生动的个案，参见陈恒礼（2015）。

乌小产品市场的"网销 + 线下市场"模式、山东省滨州市博兴县湖滨镇湾头村依靠当地草柳编手工业传统的"网销 + 传统手工业"模式，以及浙江省临安市清凉峰镇新都村依靠特色农产品的"网销 + 特色农产品"模式等①。

不管是哪一种互联网商务模式，都意味着人们在互联网技术应用中获得了超过传统商务模式的收益，即互联网红利。

（二）互联网红利差异

值得注意的是，互联网技术应用提供了受益机会，却不意味着每个用户从中的受益是均等的。在中国，类似于孙寒、东风村这样的例子很多；同样多的还有受益的差异性。我们把在不同人群、地区甚至城乡之间从互联网红利中受益的差异定义为"互联网红利差异"（简称为"红利差异"）。

世界银行（2016：2）认为，在连通性快速发展的同时，全球生产力的增长速度却在放缓，劳动力市场更趋于两极分化。这样的反差不仅在富裕国家凸显，在发展中国家也日趋显现。中国也呈现类似的现象和趋势。

让我们回到东风村。在越过接入鸿沟之前，村民们之间曾因乡镇企业带来的发展机会差异而出现过受益差异。孙寒在开网店之前没有正式工作，不曾从工业化的发展机会中直接受益。因此，他甚至被村民们嘲笑。与孙寒类似的还有程怀宝，他娶了东风村的姑娘为妻，却因为没有正式进厂、进店工作而被人看不起。

可一旦越过接入鸿沟，互联网技术应用对这个人群的影响呈现出另一种格局。在互联网商务平台上开店让孙寒获得了先行者优势，也让程怀宝在 5 年之内从没有栖身之地的外来女婿变成了年网络销售额超过6000 万元的东风村网商明星。

不仅在东风村，在几乎所有具有互联网技术应用的群体和区域中，互联网红利的受益差异也正逐步显现，且清晰可见。以淘宝村为例，淘宝村之间的红利差异不仅显现在群体之间，也显现在地区之间。表 1 的数据至少说明两点：第一，淘宝村之间的互联网红利差异明显；第二，产业之间的互联网红利差异明显。

---

① 关于农村互联网商务的各种模式，散见于媒体报道、阿里研究院的报告，比较集中呈现的，可参见阿里巴巴（中国）有限公司（2015）。

表 1   淘宝村的互联网红利

	所在省份	村民数（人）	主要产业	网络销售额 （万元）
湾头村	山东	7000	传统草柳编	10000
东风村	江苏	4800	家具	200000
青岩刘村	浙江	2000	义乌小产品	200000
军埔村	广东	2000	服装、皮具等	100000
北山村	浙江	2000	户外运动产品	10000
新都村	浙江	1817	山核桃	7000
灶美村	福建	1650	藤铁家具	18000
白牛村	浙江	1528	山核桃	7050
顾家村	山东	1423	老粗布	6000
西山村	浙江	976	简易衣柜	2400
西岙村	浙江	870	玩具	12000
培斜村	福建	725	竹凉席	1000

资料来源：根据《中国淘宝村》整理。据可查询到的数据核对，表中的数据系 2014 年的数据。

在村民数量基本一致的条件下，互联网技术应用既给青岩刘村和军埔村等地带来了超过 10 亿元的网络销售额，也给北山村、湾头村带来了 1 亿的网络销售额，更有规模不同的、类似于西山村和培斜村等在 5000 万元以下的网络销售额。从产品品类来看，依靠自然资源和传统工艺的淘宝村，网络销售额基本都在 1 亿元以下；而依靠原有工业基础或创建新兴加工产业的，网络销售额则多在 1 亿元以上。

如果把观察层次提高，从中国范围来看互联网红利受益的分布就会发现，处在前沿的、从互联网红利中受益更多的地区主要集中在东南沿海地区，与 20 世纪 80 年代初期的区域工业化的状态同构（魏后凯，1997；沃森、乌，1996），即在地区之间呈现出巨大的差异。根据阿里巴巴中国县域互联网商务发展指数来看，2014 年，在 1934 个县域样本中，排名居于前 100 名的，有 41 个来自浙江省，16 个来自福建省；东南部地区共有 86 个，中部地区仅有 7 个，西部地区也只有 7 个。从排名的平均数来看，东南部地区的排名平均数约为 523 名，中部地区约为 930 名，西部地区约为 1283 名；中西部地区和东南部地区的差距十分明显（见图 2）。再看一个指标，县市互联网商务指数排在前十名的，除河北省有一个县以外，其余的均为东南部地区的县市（见表 2）。

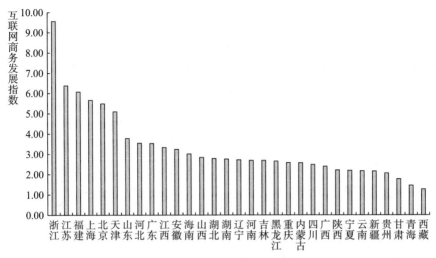

图2　中国部分省区市电商指数平均数

表2　中国县市互联网商务指数①前十排名

排名	县	市	省	网商指数	网购指数	电商发展指数	淘宝村个数	网店数（万个）	特色产品	电商交易额（亿元）
1	义乌	金华	浙江	43.825	25.207	34.516	37	14	小产品	1153
2	石狮	泉州	福建	15.309	22.195	18.752	1	4	服装	600
3	永康	金华	浙江	21.543	15.424	18.483	6	3	五金	260
4	桐乡	嘉兴	浙江	13.710	20.389	17.049	5	4	针织衫	680
5	海宁	嘉兴	浙江	15.482	16.358	15.920	12	2	皮革品	200
6	天台	台州	浙江	14.988	15.883	15.436	10	2	车用品	30
7	德化	泉州	福建	12.727	17.600	15.164	6	0.8	陶瓷	12
8	昆山	苏州	江苏	8.062	21.789	14.925	6	3	电脑	88
9	清河	邢台	河北	13.901	15.374	14.638	14	3	羊绒品	30
10	常熟	苏州	江苏	13.419	15.419	14.419	8	7	服装	60

资料来源：阿里研究院。

注：淘宝村数量为2015年数据，其他为2014年数据。

可以检验的另一份数据是国家信息中心发布的《中国信息社会发展报

---

① 阿里巴巴电子商务发展指数（aEDI）是一个基于阿里巴巴平台大数据的指数，从一个侧面反映各地县市小企业和消费者应用互联网商务的情况，取值范围介于0～100，数值越大，说明当地互联网商务发展水平越高。

告（2015）》。2007～2015 年，东、中、西部地区信息社会指数年均复合增长率分别为 6.15%、6.43% 和 7.08%，西部和中部的信息社会年度发展速度超过了东部地区。但从绝对值来看，在同一时期，东西部地区信息社会指数的差值从 0.1248 增加到了 0.1760，绝对差距在扩大（见图 3）。

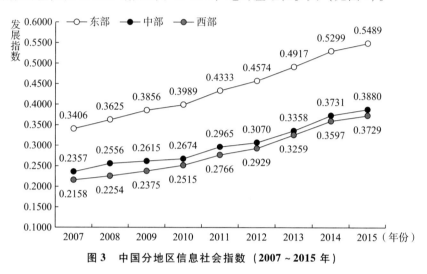

图 3　中国分地区信息社会指数（2007～2015 年）

事实说明，在中国，接入鸿沟缩小似乎并没有立即消除互联网在人群之间、地区之间、城乡之间的运用差异。值得注意的是，与运用差异相一致，由互联网技术应用带来的互联网红利受益分布与工业化红利受益分布在人群、地区、城乡之间形成了同构。比较城乡、地区、人群之间的差异，尤其是表 1 和表 2 提供的数据，很容易让人推测，互联网红利差异是否是工业化红利差异的延续与扩展。

细致的观察却让我们发现，在 2015 年的 780 个淘宝村（阿里研究院，2015：9～10）中，也有 17 个来自中西部的 7 个省区市，甚至国家级贫困县的淘宝村数量也从 2015 年的 4 个增加到了 10 个，而来自省级贫困县的淘宝村数量则达到了 166 个，似乎并不完全是工业化红利差异的延续与扩展。

由此引发的一个追问是，藏在互联网红利差异背后的秘密到底是什么？或者说，是什么因素影响了人群之间、地区之间、城乡之间的互联网红利差异呢？它是否真的是工业化红利差异的延续？

四　互联网资本如何影响了红利差异

世界银行（2016：9～10）的解释是，互联网对发展的推动有三种机制，并例举了中国。第一个机制是包容。东风村"凭借电子商务，（使）乡镇生产者可以参与到中国乃至世界经济生活中"，让曾经的社会边缘群体如女性、失业者、身体残障者参与到了人类经济活动之中。第二个机制是效率。在线贸易促进了生产和出口部门之间的贸易，为外国企业在中国销售产品提供了便利，增加了农村居民的收入，提高了购买效率，也让消费者受益，还催生了难以计数的物流企业。第三个机制是创新。互联网商务面对着众多前所未有的挑战，而每一次在线贸易，都积累了面对这些挑战的资源，那就是数据；凭借这一资源，互联网平台企业进行了重要的创新，例如对信用的自动评价、为小企业提供风险极低的贷款等。

可仔细推敲，世界银行提出的三种机制与其说是机制，不如说是连通性影响的一部分，也可以被看作互联网对人类社会影响的一部分。对于任意互联网用户而言，包容、效率、创新的机会是均在的。问题是，在机会均等的前提下，又如何产生了红利差异呢？

我们提出"互联网资本"① 框架，认为藏在互联网红利差异背后的深刻基础正是个体、群体、地区、城乡之间的互联网资本差异，以及对互联网资本运用的差异。互联网资本如果不是决定性地，至少是直接地并主要地影响了用户从互联网受益或获取互联网红利的差异。

（一）资产的互联网资本化

在数字鸿沟讨论中，首先使用"资本"概念的并不是我们。Bach 等（2013）提出过"数字人力资本"（digital human capital）概念，他们认为，人力资本与知识经济构成了数字人力资本的理论基础，互联网越来越成为影响人们日常生活，并把能力转化为生产、教育以及参与社会的工具。遗憾的是，他们只是在主流经济学的流行意义上，即在"投出－产出分析"的投入要素意义上提出了数字人力资本概念，并没有深入挖掘数字人力资本可能的内涵，而是转向借助这个概念从排斥与包容的视角来理解影响低收入社区的公共政策，并提出了"使命、参与、技能、学习环境"等政策建议。

---

① 从后面的讨论中会发现，互联网资本的本质，并不来源于互联网，而是来自以互联网为表达形态的连通性，因此，准确的表述是"连通性资本"。因连通性概念对社会科学研究者群体而言过于生僻，因此采用了通俗易懂的"互联网资本"这一概念。不过，英文概念还是采用了概念原意。

从前面给出的事实来看，数字人力资本尚不足以解释红利差异。如果从互联网技术应用中获利，即使不深究人力资本的复杂性，也可以看到，不仅有人力资本、知识经济的因素，还有技术因素和平台因素，以及更值得关注的连通性带来的影响。

与 Mach 等的探讨类似，还有研究把互联网与社会资本相关联。同样遗憾的是，这些研究大都以社会资本为因变量，并未将之与红利差异联系起来。譬如黄荣贵等（2013）的研究认为，使用互联网有助于扩大并维持个人的社会网络，有助于用户从网友中获取支持，有助于建立虚拟的社会联系，包括网络游戏的使用频率与虚拟社会关系的社会支持也存在正向联系。付晓燕（2013）的研究则认为，接触互联网并不必然带来社交网络的扩大和社会资本的提升，用户使用社交工具的素养、社交网络的结构及其使用内容影响了"虚拟社会资本"累积的多寡。邓建国（2007）的研究显示，博客、网络大众分类网站和社交网站使用者比非使用者具有更多的网络社会信任、更广更多样的社会网络，更倾向于认为上网增加了或没有降低其线下的社会参与，其中受影响最大的维度是社会信任。

问题是，增加或减少社会资本并不能直接解释红利差异。倒是 Bach 等人在讨论中提到的"把能力转化为生产、教育以及参与社会的工具"的观点让我们有兴趣继续追问其可能的内涵，包括何种生产？何种参与？如何转化？为了进一步讨论的便利，先有必要澄清"资本"概念及其在本文中的使用。

在学术文献中，资本曾是一个多歧义的概念。庞巴维克在其 19 世纪末期的著作中，曾离析出对资本概念的 11 种解释（庞巴维克，1964：60～70）。虽然早期的资本概念是指生息的本金，但是，自近代以来，对资本概念主要沿着两条路径理解并凝聚成两种不同的运用。一种是把资本理解为一种生产要素，另一种是把资本作为与市场经营活动相联系的价值实体。这两条理解路径都和斯密的研究有联系。在斯密的经济学中，资本是与土地、劳动不同的生产要素，同时它作为收益的源泉，又是和市场相联系的（斯密，1972）。

当代经济学中的主流做法是沿着前一条路径理解资本，即在"投入—产出"分析框架中，将资本界定为有赖于先前的投入而形成的生产要素。具体而言，生产工具因凝聚着以往的投入而成为物质资本；劳动力凝聚着教育等投入则成为人力资本；社会关系如果是此前建构的产物则成为社会资本。按照这种运用，不论在市场经济，还是在非市场经济中，都存在资本。

一些社会学者则倾向于第二条理解路径，即把资本和市场营运联系在一起。这和古典社会学者马克思和韦伯的影响有关。马克思把资本理解为能增值的价值，而价值及交换价值的存在是以市场为前提的。在资本的循环和周转中，马克思还特别分析了资本依次经过货币—生产要素—产品—货币的过程（马克思，1975）。韦伯曾写道："所谓资本，是指企业营运目的下所能处分的营利手段、在资本计算时为了资产负债的决算而切结出来的货币估算总额。"（韦伯，2011：158）

综合以上两种理解，我们将"资本"界定为凝聚以往投入而形成的、具有市场进入机会、因而能够通过市场获益的资产。它既是要素，也是特定的社会机制。在一定意义上，我们也可以将其视为内含特定社会机制的发展要素。

正是在这样的意义上，被《时代》和《福布斯》杂志称为世界上最具号召力的改革家之一的索托（2007）着力关注了资产转化为资本及其影响，他强调的是"取得真正所有权"，进而将资产转化为资本对穷人摆脱贫穷的意义。不同于索托的是，我们探讨的是在给定连通性条件下，各类互联网技术应用者的资产向资本的转化及其从资本的获益。

资产转化为资本的过程，即资产获得市场进入机会的过程，本文称之为资本化[①]。在资产向资本的转化中，促使资本增长的途径有两条。①提高资本化程度。对于给定资产而言，资产的资本化程度越高，资本的增加便越多，此为资本的内涵性增长途径。②增加资产数量。对给定资本化程度而言，资产的数量增加，便意味着资本的增加，此为资本的外延增长途径。这两个途径可以表达为：

$$c_s = tr_a \times a_v$$

公式中，c_s 为某种资本；tr_a 为该资产转化为资本的转化率，即资本化程度；a_v 为可转化的该资产的规模。

我们把索托（2007：5、28）的资本概念引入互联网技术应用条件下，既意味着资产规模的扩张，也意味着资产资本化程度的提高。则互联网资本为：

---

①　在经济学文献中，资本化（capitalization）常常用于将资产参照利率而形成现值关系（present value）。本文讨论的"资本化"不同于此，而是索托意义上讲的资产向资本的转化。

$$C_c = \sum_{s=1}^{n} c_s \qquad (n = 1, 2, \cdots, k)$$

即在给定连通性条件下，互联网资本（C_c）为每一类转化后的资本（C_s）的和。

索托认为，世界各地的穷人掌握有各式各类的、各种形态的资产，从劳动力到物质资产如房屋、土地、自然资源，当这些资产因各种因素无法进入市场的时候，都是僵化的资本。

在因互联网技术应用带来的高度互联条件下，各类人群也掌握有各式各类的资产，在农耕时代、工业化时代，因各种约束而没有获得市场进入机会，前文列举的例子都说明了这一点。恰恰是互联网激活了这些僵化的资产，让各种形态难转化为资本的资产转化为了互联网资本。因此，我们将互联网资本定义为任何因既往投入形成的、具有互联网市场进入机会的并可以通过互联网市场获益的资产。

（二）互联网资本的特征

为说明互联网给市场进入机会带来的影响，进而给资产以及资本化带来的影响，我们举两个例子。

一个是在淘宝村随处可见的情景，以沙集镇为例。中年妇女陈淑珍，小学受教育程度，怀里抱着孙辈，打理着自己的网店，每年网销额有几百万元。如果访问者一定要问陈淑珍的网店挣多少钱，得到的回答肯定是模糊不清的。不是陈淑珍不愿意回答，真实的情形是，她根本就没记过账。陈淑珍叙述：家里有一个洋铁盒，需要零钱，就从支付宝把钱取出来放在盒子里。给小孩买奶粉的钱和买菜的钱从里面取；工人的工资、买木料的钱和给物流的钱，有时从支付宝出，有时也从盒子里取。所以挣多少钱，陈淑珍真弄不清楚。

另一个是在淘宝天猫店随处可见的情景，以海尔为例。网店展示了海尔从小家电到大家电的几乎所有产品，每一个品类的每一个型号，既有形态展示，也有特征数据，还有售前售后服务相关的详细指引，包括个性化需求的定制，客服也始终在线。与消费者需求联系在一起的则是从设计、原材料采购和配置，到生产排产、质检、物流配送、财务结算等一系列超越了纯粹工业生产模式的企业管理制度和流程安排。

两者都是网店，可差异却跨越了人类社会经历的三种生产经营模式。第一，两者的交易方式都是21世纪的：电子商务、产品定制化、"先预订、后生产"、物流、数据化等。第二，生产方式则至少跨越了两个形态。陈淑珍的生产方式是工业化时代之前的、作坊式的，海尔的生产方式则是工业化或后工业化的。第三，管理方式则相差着三个形态。陈淑珍的管理方式是小农式的，甚至没有基本的会计制度；海尔的管理方式则进入了后工业化形态，即基于数据化和大数据的模块式管理。

如果说不同的时代有着不同的资产，历史观察显示，每个时代对既往资产的运用，通常仅限于与之相应的部分，难以跨越不同的多个时代。譬如，在工业化时代，陈淑珍的女性性别、低受教育程度等都属于僵化资本，让她没有机会进入工厂，更不用说进入海尔的后工业时代；即使她有很好的学习能力，也无处发挥。在互联网技术应用中，陈淑珍每年却有几百万元的网销额。让一个没有"用处"的老妇获得互联网红利的，正是在互联网技术应用中将索托意义上的僵化资本及其关联资本（如学习能力）激活，转化为陈淑珍从互联网红利受益的资本。这正是互联网资本的核心特征。

在互联网技术应用中，不同时代资产都有可能成为可转化的资产：一方面，实现了对可转化资产种类和规模的扩展；另一方面，经由连通性提高了资产的资本化程度，即提高了转化率，进而在互联网上形成了不同于既往的资本，这就是互联网资本。对此，还可以有四点延伸讨论。

第一，如果人力资产和互联网设施资产结合，却没有和市场营运结合起来，便仅仅构成了特定主体拥有的互联网技术资产，如孙寒拥有的互联网使用技能。在将互联网技术资产和市场机会的发现、捕捉、利用结合起来时，便转化为互联网技术资本。在前述讨论中，一些学者注意到的运用差异，部分属于这一层次的资本化差异。

第二，互联网技术资产扩大了人们的社会交往范围，增加了社会资产，也形成了互联网信誉资产。网络大咖就是具有丰富互联网社会资产和信誉资产的人。互联网技术资产和互联网社会资产、信誉资产相结合，构成了特定主体拥有的互联网组合资产。如果互联网组合资产仅用于信息交流和发布、情感互动、游戏娱乐，则资产尚没有转化为资本。当互联网组合资产和市场营运结合起来，进而从互联网上获益，便转化成了互联网组合资本。

第三，当互联网组合资本和其他实业资产结合起来，并将实业资产通过互联网组合资本与市场营运结合起来，便形成了"互联网＋"资本。"互联网＋"资本是互联网组合资本和实体产业资本的结合，并通过互联网产生效用。

第四，也是最重要的，在各类资产向互联网资本的转化上，互联网平台是基础设施。在互联网出现之前，资产的资本化采用的必要形态是货币，在此，货币发挥了市场认可的连接功能。在互联网出现之后，平台发挥的正是市场认可的连接功能。

基于上述四点，互联网资本区别于 Bach 等（2013）提出的数字人力资本。首先，数字人力资本是生产要素框架下的资本，而互联网资本是内含市场进入社会机制的、发展意义下的资本。其次，数字人力资本是知识经济框架下的资本，强调的是知识经济条件下，人力资本的特征；而互联网资本是包含资产资本化机制的资本，强调在高度互联条件下，人力资产的资本化及其对发展的影响机制。最后，数字人力资本在本质上还是人力资本，是由劳动力体现的单项资本；而互联网资本则是组合资本，人力资本只是组合中的一项。

互联网资本也区别于作为生产要素的人力资本。明塞尔（2001）指出，人力资本是与工作岗位相对应的技能、劳动质量，是在人力身上体现的岗位能力和产出。在舒尔茨（1990）、贝克尔（1987）的讨论中，尽管各自的关注点不同，也基本保留了对人力聚集能力和产出的核心，甚至在人力资本的广泛应用中，都把因工业化带来的科层制岗位要求作为判断人力资本的默认标准。互联网资本也强调资产汇聚，不过其更强调资产组合；在互联网资产组合中，人力资本仅是其中的一种资产。

互联网资本也区别于黄荣贵等人（2013）、付晓燕（2013）、邓建国（2007）等把互联网带来的影响作为社会资本或社会信任的扩展的观点。作为与个人资本相对应的概念，Bourdieu（1986）意义上的社会资本被定义为现实或潜在资源的集合体。在后来的扩展中，Coleman（1966）把个人拥有的社会结构资源作为社会资本；而 Putnam（1993）则把社会组织特征如信任、规范、网络等都作为社会资本，以解释社会效率。之后的社会资本研究更走向了关系，把个体拥有的直接和间接社会关系作为了社会资本。由此可以看到，社会资本在本质上是基于个体的社会关系资源。显然，在互联网资本中，互联网技术使用者拥有的关系资源是一种资产，且仅仅是其资产组合中众多资产的一种。

不仅如此，既有的对人力资本和社会资本的讨论强调占有，强调工业化制度作为默认的制度，且不区分资产与资本；而互联网资本强调通过互联网平台进入市场的机会与对资产的运用，即把资产转化为资本的资本化，同时强调运用互联网资产在互联网平台上受益。

从陈淑珍到海尔，互联网造就的众多例子说明的正是因连通性带来的互联网资本从人力资产到实业资产的互联网资本化的大尺度变异性。当然，对互联网资本的透彻阐释需要将其放在资本理论、资本发展演化的历史脉络中进行细致考察，不过，这些内容已经超出了本文的范围，拟另文探讨，此不赘述。

（三）互联网资本发挥效用的条件：两个"乘数效应"

在前述讨论中我们已经强调过，让互联网资本发挥效用的条件之一是互联网平台。在事实层面，我们观察到淘宝、京东、微信、百度，以及众多专业平台如大众点评、携程等互联网平台的影响；不过在理论上，对平台影响的探讨才刚刚开始（Evans & Schmalensee，2016；Choudaryet al.，2016；Choudary，2015；Moazed & Johnson，2016）。限于可用的数据与证据，本文尚不能对此展开深入讨论。

让互联网资本发挥效用的另一个条件是两个乘数效应，以本文讨论的互联网市场为例，即市场规模乘数效应和潜在需求差异规模乘数效应。

纵观 1998 年以来中国互联网用户数量的增长（见图 4），从技术扩散（罗杰斯，2002）的视角看，2003 年还处在"创新"阶段，2007 年也还在"早用"阶段，直到 2010 年才越过"早期多数"的临界点，进入快速增长期。即使以家庭为单位计算，越过"早期多数"的临界点、进入快速增长期的时间也不会早于 2007 年。在中国农村，把互联网用于增加收入的快速发展，正是在互联网用户规模进入快速增长期之后才出现的，2009 年中国淘宝村的数量只有 3 个，到 2013 年也只有 20 个。

图 4　中国互联网用户规模（2003～2015 年）

对此事实，技术扩散理论可以解释互联网用户规模的增长，却不能解释用户规模增长带来的社会经济影响，也不能解释用户规模增长对用户运用行为的影响。需要提醒的是，这两个"影响"正是理解互联网红利的起点。为此，在下面的讨论中将正式引入"连通性"概念，并运用连通性来阐述市场规模乘数效应。

连通性（connectivity）意指互联网用户在互联网上建立连接（connected）所产生的网络特征（邱泽奇等，2015）。互联网技术应用发展使互联网用户连接到的网络规模越来越大，被其他用户连接到的机会也越来越多。

在人类社会活动的范围内，如果存在大规模的连通网络，在事实上便形成了复杂、充分互联的社会网络，如图5中的B；即使落下了少数规模较小的局部网络，如图5的A和C，也不可以否认接入鸿沟已经缩小，且说明接入鸿沟只存在于尚未连接到互联网社会的局部网络，即A、C与B之间。

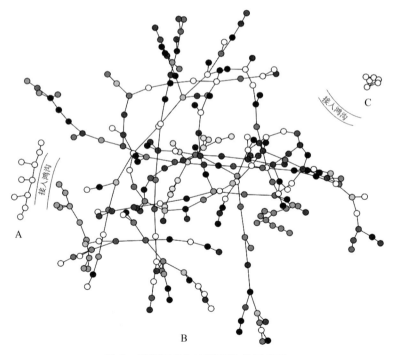

图5 局部网络与互联网络的示意图

此时，任意用户只要连接到B，就意味着他成为了大规模互联网的一个节点，具备了与网络中任意其他节点之间的连通性。

与中国的情形一样，世界银行的报告指出，连通性在过去一段时间里得到了前所未有的发展。在世界范围内，处于收入底层 1/5 的人口中，有近 70% 的拥有手机；在同一时期，企业的连通性也发展迅速（世界银行，2016：2），到 2015 年底，中国企业的互联网使用率已接近 90%①。戴维德（2012）的研究则指出，在连通性发展的进程中，互联网外部性的正反馈会不断加强，使人们有足够的激励在更多情形下更加频繁地使用互联网，同时也会强化未使用者的使用意愿。

连通性带来的影响是复杂的。本文无意遍历连通性的影响，仅聚焦于其对互联网市场规模的影响，如给一个普通售卖者或潜在售卖者带来的影响。

在中国，最典型的传统售卖者是农村集市的货郎。施坚雅（1998：20~41）②认为，中国农村集市呈六边形结构，辐射范围平均为 18 个村庄。如果把施坚雅集市售卖者的市场范围放入互联网情境，18 个村庄只是一个局部市场。依据小世界原理（Milgram，1998），在互联网上，任何一个售卖者面对的市场范围在理论上将是整个人类社会活动的范围，近似于一个趋于无穷大的集。市场范围如此巨大的变化，③正是连通性带来的影响，即售卖者把店铺从集市搬到了互联网商务平台上。

在互联网上，每个用户都是一个节点，互联网用户规模扩张的直接影响是节点数量的增加。对市场而言，节点数量的增加并非仅意味着卖家或买家数量的增长，也意味着市场规模的乘数效应，即正反馈（戴维德，2012）。

为了讨论的简洁性，我们需要做一些约定。假定售卖品的供给充分，市场容量仅取决于买家规模。如果市场为传统农村集市，则范围为 18 个村庄，鉴于事实上每个村庄的家户数或人口规模为有限集，且市场容量会随着时间而波动，则市场规模为：

$$v_l = \rho \sum_{i=1}^{n} x_i \qquad (n = 1, 2, \cdots, 18)$$

---

① 根据中国互联网络信息中心的数据，截至 2015 年 12 月，中国企业计算机使用比例、互联网使用比例与固定宽带接入比例，分别达到 95.2%、89.0% 和 86.3%（参见中国互联网络信息中心，2016b）。

② 为证明结论的有效性，施坚雅除呈现自己的调查数据以外，还引用了杨懋春、杨庆堃等人的研究，以及《鄞州通志》，运用能找到的早期如 19 世纪 90 年代的文献以及 20 世纪 70~80 年代的调查数据。

③ 当然，连通性带来的远不止市场范围的变化，参见本文后续讨论。

公式中，v_l 为某售卖者售卖任意产品所面对的市场规模，ρ 是区间为 0～1、随时间波动的市场容量参数，n 为村庄的数量，x_i 为某个村庄市场规模的有限集。鉴于局部市场需求的同质性，则 v_l 始终为一个有限集。

一旦接入互联网，相对于局部市场，n 即变成一个趋于无穷大（∞）的集，售卖者的选择性随即得到增强，ρ 会趋于 1（即使存在随时间波动的市场容量，售卖者也可以通过变换产品组合来抵消单品市场容量的波动）。此时，售卖者面对的市场规模为：

$$v_v = \rho \sum_{i=1}^{n} \quad (n = 1, 2, \cdots, \infty)$$

在同等条件下，因 $\rho \rightarrow 1$，且 x_i（需求规模）的和是一个趋于无穷大（∞）的集，则接入互联网后的市场规模（v_v）将是趋于无穷大（∞）的集。此为连通性给市场带来的一重影响：市场规模乘数效应。

连通性给市场带来的另一重影响是，由市场需求的细微差异和规模乘数共同作用带来的潜在需求差异规模乘数效应。

来看例子。20 世纪 80 年代，江苏省淮阴市宿迁县耿车乡[①]以手工劳动进行初级产品加工，在户、联户、村、乡四个层次兴办企业，让村民亦工亦农，形成了从家庭经济到合作经济的循序渐进式的发展，被称为"耿车模式"。[②]耿车模式曾经是不少贫困的、以农业为基础的农村地区学习的榜样。具有传奇色彩的是，耿车镇与前面讨论的沙集镇紧邻，在农村工业化年代里，耿车镇一直是沙集镇学习的榜样，沙集镇的废旧塑料加工工业是向耿车镇学习的，直到 21 世纪初依然如此。具有讽刺意味的是，在农村互联网商务的发展中，沙集镇先行一步，通过"网销＋工厂"模式[③]，快速超越了耿车镇的社会经济发展水平，变成了耿车镇学习的榜样。如今，耿车镇正在积极地向沙集镇学习，发展农村互联网商务。

那么，沙集镇与耿车镇发展地位的转换说明了什么呢？让我们回到

---

① 20 世纪 80 年代的耿车乡现在已变为耿车镇，行政隶属关系也变为了江苏省宿迁市宿迁区。

② 参见李阳，1986。根据贾静安的报道，1984 年耿车乡乡办企业有 26 个，户办联户办企业有 2548 个，到了 1986 年已分别达到 59 个、4567 个。企业产值也由 1984 年的 2111 万元上升到 1986 年的 4691 万元。形成了以"四轮驱动，双轨并进"为特色的发展模式，即在乡、村、户、联户的四个层次上办企业，在镇、村集体所有制与双层经营的家庭和联户所有制的双轨上运转。参见贾静安，2010。

③ 走在沙集镇的村户中，工厂的生产情境与 20 世纪 80 年代的乡镇企业毫无二致，却因为"网销"的运用，让乡镇企业的工厂在本质上改变了传统乡镇企业的特征，把"因产促销"变成了"以销定产"，而且由此改变了生产要素组织方式。

20 世纪 80 年代。假设耿车乡某废旧塑料加工厂厂长希望从工业生产中获益，则他要么增加产量；要么提高产品质量；要么既扩大生产规模，也提高产品质量。对乡镇企业而言，多重因素的约束让其很难仅通过提高产品质量获益，则扩大生产规模成为其现实的选择。

但是，增加生产并不必然意味着获益，影响获益的还有销售，甚至只有实现产品销售才能获益。为了扩大市场，销售员需要运用社会关系网络，甚至不惜采用非法策略和手段。可以看到，在那个时代，市场规模是一个拓展的过程。则市场规模可以表达为：

$$v_i = \rho \sum_{i=0}^{m} s_i \qquad (m = 0, 1, 2, \cdots, k)$$

式中，v_i 为工厂产品面对的市场规模，ρ 依然是区间为 0 ~ 1 的随时间波动的市场容量参数，m 为工厂销售员的数量，s 为一个销售员开拓的市场规模。

显然，m 为一个有限集，s_i 的和亦为一个有限集，则 v_i 必定为一个有限集。即市场开拓如何会直接影响产品的市场规模，进而影响到工厂从生产中的受益。

让我们换一个场景，假设耿车乡销售员的儿子李元到沙集镇开起了淘宝店。如果采用他父亲的模式去开拓市场，淘宝店将无法运营。原因是，在网络销售平台上，看起来每个节点都可能是买家，可事实上，售卖者根本不可能知道谁会真的购买，因而也无法主动推销产品，而只能等待平台在供需之间撮合或买家通过平台搜索而找上门来。[①]

对买家而言，在工业化模式下，批量化的生产模式让买家不得不遵从标准化的消费。以手机为例，在只有诺基亚的时代，诺基亚生产什么，买家只能消费什么。在现实生活中我们都知道，每个买家都有自己的个性需求。在生产过程数据化的支持下，个性化的需求获得了满足的机会，连通性又为个性化需求提供了表达的机会。因此，在互联网市场上，"需求差异"便成为了一个自然现象。

假设买家对产品有差异化的需求，那么，买家需求的细微差异便是对产品特征细微差异（d）的需求。与之相应，对差异化产品需求的满足，会刺激潜在的差异化需求的进一步扩大和显性化。

---

① 从这里可以看到，平台对互联网资本发挥效用的一种影响。

进一步来说，假设在规模乘数效应中，产品特征的细微差异化不仅是可组合的，也是可汇聚的、可类别化的，那么在互联网平台上对细微差异需求的汇集，[1] 便形成了售卖者满足潜在差异化产品需求的机会和激励。由此形成的交易双方在差异化产品需求与满足之间的相互强化，恰恰是连通性条件下的正反馈机制。

在供给为有限集的条件下，则运用规模乘数效应的模型可以修正为：

$$cdd = \varphi \sum_{d=1}^{n} d_d \qquad (n = 1,2,\cdots,\infty)$$

$$v_d = \sum_{i=1}^{n} (\mu \times cdd_i) \qquad (n = 1,2,\cdots,\infty)$$

在这里，每个差异化需求类别（cdd, category of differentiated demands）为可类别化参数（φ）与差异化需求（d_d）的函数。差异化需求（d_d）是一个趋于无穷大（∞）的集，即总是且不断产生；假设不是每种差异化需求都可汇集、可类别化，即可类别化参数（∂）的取值区间亦为 $0 \sim 1$。给定 μ 为每一种差异化需求区间为 $0 \sim 1$ 的随时间波动的市场容量参数，则差异化的市场规模（v_d）依然是一个趋于无穷大（∞）的集。

由此证明，从互联网市场的受益也将是趋于无穷大（∞）的集。长尾理论证明的正是这一点（安德森，2012）。在沙集模式中，孙寒和程怀宝等互联网用户的实践为这个模型提供了直接的例证。

市场需求的细微差异通过互联网平台的撮合、买家的主动搜寻、卖家对销售数据的分析而获得匹配，进而让卖家面对的潜在需求差异规模也获得了乘数效应，并本质性地改变了工业化的受益模式。

拿李元与其父辈的受益模式比较，假设李元采用了沙集镇的"网销＋工厂"模式，则看起来一样的生产过程，其获益的逻辑却改变了：①把"先生产、后销售"模式改为了"先销售、后生产"模式；②把"标准化、批量化"模式改为了"定制化、个体化"模式；③把"拓展市场"模式改为了"积累市场"模式；④把"多层客户"模式改为了"扁平客户"模式等。[2] 红领服饰案例（吴义爽、盛亚、蔡宁，2016；张越，2014）也证明了这一点。

---

① 从这里可以看到，平台对互联网资本发挥效用的另一种影响。

② 当然，如果细致比较，还有更多的差异可以列举。不过，已经列举出的 4 类足以说明将要讨论的观点。

两个乘数效应对从互联网技术应用中受益都是重要的。由两个乘数效应带来的不仅有产品需求量的增长，还有产品价格的竞争性稳定。如果把局部市场竞争形成的价格波动（γ）纳入考虑，则从局部市场受益（p_l）的区间始终是一个可估计的有限区间：

$$p_l = \gamma v_l$$

也就是说，从局部市场中的受益（p_l, profit from local market）不仅与局部市场规模（v_l）有关，也与价格波动有关（γ 是区间为 0 ~ 1 的价格波动参数）。在互联网市场上，两个乘数效应带来的市场是一个趋于无穷大（∞）的集，进而从互联网市场的受益也将是受限于且仅受限于供给而趋于无穷大（∞）的集。理论上，由于价格相对稳定，即使存在一定范围的波动，其对受益的影响也可以通过产品组合来抵消。如此，互联网红利则为：

$$ps_c = p_i - p_l$$

公式中，ps_c 是互联网红利，p_i 为在互联网市场售卖的获利，p_l 为在局部市场售卖的获利。从理论上讲，在正常的市场环境和状态下，ps_c 始终为一个正数。

（四）对互联网红利差异的解释

作为互联网资本分析的一个应用，我们看看红利差异的来源。经验事实表明，汇聚不同时代资产，并将其转化为互联网资本的差异，如果不是决定性地，也是主要地影响了不同用户从互联网红利中受益的差异。影响互联网资本化的因素，则涉及了互联网资本内涵增长与外延增长相关的各类资产的转化。鉴于数据可得性约束，下面的讨论以人力资产转化为例。

从中国淘宝村的发展来看，淘宝村的形成常常是在先行者获得互联网红利后，其他村民开始仿效，淘宝村的店家数据（阿里巴巴，2014）曲线也符合创新扩散的"S"分布（罗杰斯，2002）。对具体案例的剖析表明，店家之间的受益差异在本质上反映了互联网资本及其效用的差别。[①]

以先行者为例，他们往往具有冒险精神，有应对创新可能带来损失

---

① 鉴于篇幅和本文关注的焦点，将不讨论互联网资本效用议题。

的预案，有运用技术的能力并能付诸实施，还有应对创新中高度不确定性的能力。但是在工业化时代，这些人力资产要么是附加值较低的资产，要么是无处可用的资产，甚至大学以下的受教育程度在工业化时代几乎是无差别的低附加值资产。譬如，孙寒玩电脑游戏积累的互联网操作技能，很难在科层制的岗位上转化为资本；程怀宝捕捉细节和挖掘学习资源的能力，在工业化流水线上就几乎等于僵化资产；陈淑珍的性别和受教育程度在工业化时代的资产附加值极低；青岩刘村刘文高的生意经类似于沉默资产；北山村吕振鸿多次创业失败的经历要么是负资产，要么是僵化资产。

这些积累的、无法在工业化中转化为资本的资产，在连通性条件下，被不同程度地激活且转化为了有效用差异的互联网资本。以受教育程度为例，作为人力资产的一部分，陈淑珍和孙寒受教育程度的差异在互联网资产化中切实地展现了差别，崔丽丽等人对浙江丽水的275位淘宝商户的研究发现，受教育程度对于淘宝销售额有显著影响（崔丽丽、王骊静、王井泉，2014）。由此，向互联网资本转化中，以往的资产特征差异形成了影响互联网资本内涵性增长差异的重要因素。

海尔的案例则说明，除了激活僵化资产以外，还有整合以往的资产、增加新的资产等形成的互联网资本的外延性增长。

需要特别注意的是，不管是互联网资本的内涵性增长还是外延性增长，都必然会面对互联网平台的影响、面对市场规模乘数效应和潜在需求差异乘数效应的影响。

正如已经证明的，在施坚雅的集市体系理论中，农村产品（不一定是农产品）面对的是同质性较强和消费能力较弱的局部市场，此时，无论是哪一类资本，都只能通过局部市场获益，资本的差异也难以在局部市场中凸显。可一旦局部市场与网络化社会联结，在互联网平台的匹配（操纵）下，市场规模乘数效应和潜在需求差异乘数效应便会让互联网资产差异也呈现乘数效应，进而放大从互联网中获益的差异性，甚至也让从互联网红利中的受益出现乘数效应。这就是人们在互联网上常见的如程怀宝在短期内获得滚雪球般发展，陈淑珍却依然维系着不大不小获利的基本原理。

图6中的每一个节点类似于图1、图5中不同颜色/编号[①]节点，因互

---

① 为清晰起见，对每种颜色做了编号。图1、图5、图6的生成，得到了陈维政博士的帮助，谨此致谢。

联网资本受益差异放大后类别化的结果示意。假设每一个节点代表一种
互联网资本的组合形态，则每个组合形态之间一定存在特征差异，在图
中用颜色/编号和节点的大小表示。在网络化社会中，尽管不同节点加入
的是同一个网络，且节点之间充分互联，但互联网资本的差异依然会让
不同节点之间从互联网红利中受益的份额也不相同。

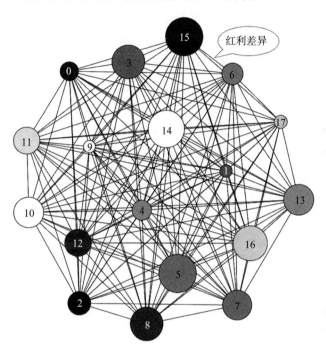

图6 互联网资本差异在连通条件下的类别化与差异化示意图

如此，在充分互联的网络中，互联网资本的差异获得了充分彰显，
一方面汇聚到同类之中，另一方面在不同类别之间将互联网资本的差异
在互联网红利受益份额中放大。此时的市场规模为：

$$v_c = C_c \rho \sum_{i=0}^{n} x_i \qquad (n = 0,1,2,\cdots,\infty)$$

公式中，市场范围（$\sum_{i=0}^{n} x_i$）可以是从 0（完全没有市场范围）到趋于
无穷大（$n \to \infty$）的集，互联网资本（C_c）则是一个变异区间极大的有限
集。即使 $\rho \to 1$，握有不同互联网资本的用户面对的、可以从中获取红利
的市场规模（v_c）也将是一个随互联网资本差异而变动极大的区间，红利
差异进而也表现出极大的变异性。

除了人群之间的互联网资本差异，在村与村之间乃至地区之间，红利差异还受到其他因素的影响，这是因为在行政区划之间、地域之间，互联网资本的组合要素除了个体性因素以外还包括了行政区划范围内的社会资产、文化资产以及其他任何具有市场进入机会的资产，如区位优势、资源禀赋、制度安排等资产。这些资产的差异，通过影响人群、区域、地域各类资产的资本化程度与范围，进而影响到互联网资本效用的差异（见表 2）。在互联网资本中，创意资产尽管具有不同的转化率，却往往具有更高的定价。依霍金斯（2001）对创意产品的观点来看，创意产品是来源于创意且有经济价值的产品，每次交易都包含了无形知识产权的价值和有形载体的价值。显然，创意产品是创意资产的产品形态，而创意资产的更高定价则来自于与工业化产品和农业产品的低创意空间比较，即在创意产品中，创意资产具有了更大内涵性增长空间。日本和韩国试图通过将农产品艺术化来增加农产品的创意性，[①] 世界主要经济体试图通过工业产品的智能化来增加工业产品的创意空间，都说明了这一点。

淘宝村的产品创新有力地证明了创意资产在互联网资产组合中的意义，特别是运用已有的优势条件。譬如青岩刘村毗邻浙江省义乌市的小产品城，通过"买义乌，卖中国"的方式，以自己的区位优势创造了极高的销售额。在给定产品属性的前提下，已有要素的创意组合差异，直接影响了红利差异的变异性。在农产品中，就有每斤枸杞卖到 2000 元的案例。[②]

在接入鸿沟逐渐消失的进程中，若产品不具有市场独占性，则极有可能在短时间内被跟随和仿造。例如，东风村的家具行业在经历了早期的互联网资本外延性增长之后，因内涵性增长的快速衰减，在接踵而来的价格战中，利润率从早期的 70%～80% 迅速下降至 30% 以下，有些网商的利润率在 2015 年甚至下降至 10% 左右。这些事实从另一个方面说明创意资产作为互联网资本的一部分具有更加重要的意义。

由此我们可以看到，互联网资产通过其资产组合差异而形成的互联网资本组合差异及其面对的两个乘数效应，形成了互联网资本差异的乘数效应，直接并主要地影响了从互联网红利中受益的差异，甚或乘数

---

① 参见荒井正吾（2015）。荒井正吾作为奈良县知事，不断重申日本农业生产和农业产品的农艺化，通过在农业生产和农产品中加入艺术性和科学性创意来提高农业活动的竞争力。
② 参见阿里研究院（2014）。

效应。

简单地说，互联网红利差异（dps_c）是互联网资本（C_c）与市场规模乘数效应（v_v）和潜在需求差异乘数效应（v_d）的函数，可以表述为：

$$dps_c = f(C_c)(v_v \cap v_d)$$

还需要注意的是，沙集镇与耿车镇的比较以及孙寒和程怀宝的实践表明，连通性触发的或许不是某种固定的互联网资本组合，而是适合特定时点市场的组合，曾经在耿车镇大显身手的工业化资本对互联网时代的沙集镇则不一定适用。

由此引发的议题是复杂的，譬如，假设潜在需求差异随时间的变化是一个无穷集，则意味着随时间变化的潜在需求差异乘数效应始终是一个变化着的无穷集。如此，从互联网红利中受益的互联网资本组合必须始终能适应潜在需求差异的变化。假设互联网用户捕捉潜在需求差异并满足需求的互联网资本组合是一个有限集，则互联网红利将不可能集中到固定人群、固定组织甚至固定区域。在理论上，这意味着每个用户从互联网红利中的受益不可能自然地形成垄断，进而也意味着为所有人群提供了机会，即新的机会分配形态，权且称之为"新平等主义"①。瀛海威的倒下是例子，淘宝店家的快速更迭也是例子（邱泽奇，2012），估值90 亿美元的 Theranos 在 6 个月内的倒下②则是最近的例子，每天都在新生的受益者更是特别值得关注的例子。

有鉴于此，互联网红利差异根本不是工业化红利差异的延续与扩展，而是基于互联网资本差异的新差异类型。

如此，陈淑珍现象、孙寒现象、海尔现象等，甚或"分享经济现象"之类的互联网经济现象也得到了解释。同样，我们还可以用互联网资本来解释其他的互联网现象，如网红、阿拉伯之春中的舆论传播，以及由脸书进行的一系列实验。

五 结论

既往的研究关注了互联网接入可及性带来的影响，提出了"数字鸿

---

① 对"新平等主义"可以有更加深入的讨论，因超出了本文主题的范畴，暂且搁下。

② 参见《90 亿美元估值到灰飞烟灭》，网易财经，2016 年 5 月 5 日，http://money. 163. com//16/0505/12/BMA5R5EJ00253987. html。

沟"概念。联合国机构把数字鸿沟作为影响社会不平等的重要因素，并采用多种方式促进各国改善互联网基础设施，提高互联网可及性。即使如此，到2015年底，世界上依然有近60%的人口被可及性难题隔离在互联网世界之外。

在互联网基础设施短缺的条件下，互联网可及性差异是数字鸿沟的主要表现形态。即使互联网用户的数量在增长，但是一方面由于用户规模不大，另一方面由于用户分散在规模较小的局部网络之中，进而互联网技术应用在整体上表现为大量分散的、相互隔离的小规模网络。在这样的条件下，由互联网带来的发展机会有限；即使存在运用差异，相对于可及性差异对受益的影响而言，也是极小的、可以忽略的差异。更加重要的是，互联网红利尚未显现。这就是数字鸿沟的初期表现形态，即"接入鸿沟"。

在过去的10多年里，中国互联网的可及性获得了极大的发展。随着互联网设施、设备和应用的发展，互联网用户数量从2003年的5900万增长到了2015年的68800万，如果以家庭计算，则平均每个家庭有超过一个半人在使用互联网。互联网技术应用已经成了人们日常工作和生活中重要的一部分。

在多样化的运用中，以互联网市场为例，在现实中，我们既看到了淘宝村的出现与快速发展，也看到了海尔等实体企业的"互联网+"的发展，还看到了在互联网环境中诞生的韩都衣舍之类的用户驱动的互联网技术应用。

人们运用互联网市场获得的、相比其他市场而言的超额收益，即互联网红利。在多种形态的互联网技术应用中，从互联网红利中受益的差异，替代早期的接入鸿沟，成了数字鸿沟的新形态。如果说接入鸿沟是基础设施短缺的后果，可以通过公共政策改善来促进普遍接入——中国的事实也说明了这一点，那么影响人们从互联网红利中受益的主要因素则是互联网资本，即凝聚以往投入而形成的、具有互联网市场进入机会，因而能够通过互联网市场获益的组合资产。

在互联网技术应用中，一方面，人们把覆盖多个时代、多个形态的，甚至僵化的资产转化为互联网资本；另一方面，通过互联网平台的匹配或操纵扩大可转化资产的规模、提高资产向资本的转化率。通过因连通性带来的市场规模乘数效应和潜在需求差异规模乘数效应让互联网资本面对的市场规模近似于一个趋于无穷大的集，进而让多种形态、多样化的互联网资本成为影响从互联网红利中受益差异的主要因素和机制。

在这个机制中，由连通性带来的乘数效应是重要的。它让市场规模变成一个趋于无穷大的集，同时也让原本在局部网络中没有价值或价值极低的需求差异和（或）潜在需求差异变得有意义，让类别化的市场在类别与规模两个维度也近似于一个趋于无穷大的集。这两个乘数效应提供了各类资产差异化的资本化程度。在这个过程中，互联网平台不仅扮演了媒婆的角色，在关系结构上，也有操纵互联网资本和两个乘数效应的机会。

另外，互联网资本的组合性让用户很难具有完全同质、等量的资本，即互联网资本在用户之间，甚至同一个用户的不同时点之间都是有差异的。用户握有的互联网资本差异性，如果不是决定性地也是主要地影响了其从互联网红利中获益的差异性，进而造就了数字鸿沟新的表现形态——红利差异。不过，鉴于在互联网资本中创意资产的重要性使用户对差异性机会市场的捕捉与满足始终是一个有限集，则互联网红利亦无法始终集中在少数人身上。

从 2014 年开始，移动终端呈爆发式渗透，移动终端上的应用也呈爆发式增长。看起来，设备和应用的变化给互联网资本组合及其差异化引入了新的因素，譬如社交网络类微信平台上微店、微商的兴起，各类专门应用的发展如大众点评、途牛等，还有携程、中国国航等传统企业业务的应用化；实质上，却正好检验了互联网资本在捕捉两个乘数效应条件下的效用，即用户用自己的互联网资本，运用差异化、规模化获取差异化（譬如与桌面端使用者不一样）的互联网红利。

这就是互联网资本的秘密，也是连通性影响数字鸿沟发展的机制。在已经高度互联的中国，如何发挥连通性带来的积极影响，如何促进互联网资本的公平发展，让中国社会公平地从互联网红利中受益，将是中国公共政策需要关注的焦点。

参考文献

阿尔温·托夫勒，1991，《权力的转移》，刘红等译，中共中央党校出版社。

阿里巴巴（中国）有限公司编著，2015，《中国淘宝村》，电子工业出版社。

阿里研究院，2014，《枸杞逆袭：农业电商的性感营销 1 斤卖到 2000 块》，http:// www. aliresearch. com/blog/article/detail/id/19127. html。

阿里研究院，2015，《中国淘宝村研究报告（2015）》。

埃弗雷特·M. 罗杰斯，2002，《创新的扩散》，辛欣译，中央编译出版社。

安德鲁·沃森、哈里·森·乌，1996，《中国乡镇企业发展中的地区差异》，郭晓鸣译，《经济体制改革》第 6 期。

陈恒礼，2015，《中国淘宝第一村》，江苏人民出版社。

储新民，2015，《集沙成巨塔，网助东风新》，载阿里巴巴（中国）有限公司编著《中国淘宝村》，电子工业出版社。

崔丽丽等，2014，《社会创新因素促进"淘宝村"互联网商务发展的实证分析——以浙江丽水为例》，《中国农村经济》第 12 期。

邓建国，2007，《Web2.0 时代的互联网使用行为与网民社会资本之关系考察》，复旦大学博士学位论文。

付晓燕，2013，《中国网民的"虚拟社会资本"建构——基于中国网民互联网采纳历程的实证研究》，《中国地质大学学报》（社会科学版）第 3 期。

国家信息中心"信息社会发展研究"课题组，2015，《中国信息社会发展报告（2015）》。

郝大海、王磊，2014，《地区差异还是社会结构性差异？——我国居民数字鸿沟现象的多层次模型分析》，《学术论坛》第 12 期。

赫尔南多·德·索托，2007，《资本的秘密》，于海生译，华夏出版社。

胡鞍钢、周绍杰，2002，《新的全球贫富差距：日益扩大的"数字鸿沟"》，《中国社会科学》第 3 期。

荒井正吾，2015，《日本农业课题与奈良县农业》，《2015 东亚地方政府三农论坛论文集》，韩国忠清南道，9 月 14～16 日。

黄荣贵等，2013，《互联网对社会资本的影响：一项基于上网活动的实证研究》，《江海学刊》第 1 期。

加里·S. 贝克尔，1987，《人力资本——特别是关于教育的理论与经验分析》，梁小民译，北京大学出版社。

贾静安，2010，《费孝通与"耿车模式"》，《团结报》5 月 13 日。

卡尔·马克思，1975，《资本论》，中共中央编译局译，人民出版社。

克里斯·安德森，2012，《长尾理论：为什么商业的未来是小众市场》，乔江涛等译，中信出版社。

李阳，1986，《耿车模式诞生记》，《人民日报》5 月 16 日。

马克斯·韦伯，2011，《社会学的基本概念》，顾忠华译，广西师范大学出版社。

庞巴维克，1964，《资本实证论》，陈端译，商务印书馆。

邱泽奇，2001，《中国社会的数码区隔》，《二十一世纪》第 2 期。

邱泽奇，2012，《谁在开网店？》，阿里研究院。

邱泽奇，2014，《中国人为谁而奋斗？》，载包智明主编《社会学名家讲坛》（第三辑），中国社会科学出版社，第 103～132 页。

邱泽奇等，2015，《回到连通性——社会网络研究的历史转向》，《社会发展研究》第 3 期。

施坚雅，1998，《中国农村的市场与社会结构》，史建云等译校，中国社会科学出版社。

世界银行，2016，《2016 年世界发展报告：数字红利》（中文版概述）。

威廉姆·戴维德，2012，《过度互联：互联网的奇迹与威胁》，李利军译，中信出版社。

韦路、张明新，2006，《第三道数字鸿沟：互联网上的知识沟》，《新闻与传播研究》第 13 卷第 4 期。

魏后凯，1997，《中国象征企业发展与区域差异》，《中国农村经济》第 5 期。

吴义爽等，2016，《基于互联网＋的大规模智能定制研究——青岛红领服饰与佛山维尚家具案例》，《中国工业经济》第 4 期。

西奥多·W. 舒尔茨，1990，《论人力资本投资》，吴珠华等译，北京经济学院出版社。

雅各布·明塞尔，2001，《人力资本研究》，张凤林译，中国经济出版社。

亚当·斯密，1972，《国民财富的性质和原因的研究》，郭大力、王亚南译，商务印书馆。

张新红等，2010，《聚焦"第四差别"中欧数字鸿沟比较研究》，商务印书馆。

张越，2014，《红领西服用工业化效率个性化定制》，《中国信息化》第 23 期。

中国互联网络信息中心，2015，《2014 年农村互联网发展状况研究报告》。

中国互联网络信息中心，2016a，《中国互联网络发展状况统计报告》（2016 年 1 月）。

中国互联网络信息中心，2016b，《第 37 次中国互联网络发展状况统计报告》。

Bach, Amy, Gwen Shaffer, and Todd Wolfson. 2013. "Digital Human Capital: Developing a Framework for Understanding the Economic Impact of Digital Exclusion in Low-Income Communities." *Journal of Information Policy*, 3: 247–266.

Bonfadelli, Heinz. 2002. "The Internet and Knowledge Gaps: A theoretical and empirical investigation." *European Journal of Communication*, 17 (1): 65–84.

Bourdieu, Pierre. 1986. "The Forms of Capital." In J. Richardson (Ed.), *Handbook of Theory and Research for the Sociology of Education*. New York: Greenwood, pp. 241–258.

Choudary, Sangeet Paul. 2015. *Platform Scale: How an Emerging Business Model Helps Startups Build Large Empires with Minimum Investment*. Platform Thinking Labs.

Choudary, Sangeet Paul, Marshall W. Van Alstyne, and Geoffrey G. Parker. 2016. *Platform Revolution: How Networked Markets are Transforming the Economy*. W. W. Norton & Company.

Coleman, James. 1966. *Equality of Educational Opportunity*. U. S. Dept. of Health, Education, and Welfare, Office of Education.

Corrocher, Nicoletta and Andrea Ordanini. 2002. "Measuring the Digital Divide: A Frame Work for the Analysis of Cross-country Differences." *Journal of Information Technolo-*

gy, 17：9 – 19.

Dijk，Jan A. G. M. van. 2012. "Evolution of the Digital Divide：The Digital Divide Turns to Inequality of Skills and Usage." In *Digital Enlightenment Yearbook*. 2012，edited by J. Bus and M. Crompton：IOS Press.

DiMaggio，Paul , Ester Hargittai，Coral Celeste，and Steven Shafer. 2014. "Digital Inequality：From Unequal Access to Differentiated Use-A Literature Review and Agenda for Research on Digital Inequality." In Kathryn Neckerman ed. , *Social Inequality*. New York：Russell Sage Foundation，pp. 355 – 400.

DiMaggio，Paul and Eszter Hargittai. 2001. "From the 'Digital Divid' to Digital Inequality：Studying Internet Use as Penetration Increases." Working Paper 15，Princeton University，Center for Arts and Cultural Policy Studies，Princeton，NJ.

Evans，David S. and Richard Schmalensee. 2016. *Matchmakers：The New Economics of Multisided Platforms*. Harvard Business Review Press.

Goldfarb，Avi and Jeff Prince. 2008. "Internet Adoption and Usage Patterns Are Different：Implications for the Digital Divide." *Information Economics and Policy*，20（1）：2 – 15

Hargittai，Eszter. 2002. "Second-level Digital Divide：Differences in People's Online Skills." *First Monday*，7（4）.

Hoffman，Donna L. ，Thomas P. Novak，and Ann E. Schlosser. 2001. "The Evolution of the Digital Divide：Examining the Relationship of Race to Internet Access and Usage over Time." In Benjamin M. Compaigne，*The Digital Divide：Facing a Crisis or Creating a Myth*，ed. Cambridge，Massachusetts：MIT Press.

Howkins，J. 2001. *The Creative Economy：How People Make Money from Ideas*. London：Penguin Group.

Lenhart，A. ，J. Horrigan，L. Rainie，et al. Retrieved. 2004. *The Ever-shifting Internet Population：A New Look at Internet Access and the Digital Divide*. Washington，DC：Pew Internet and American Life Project.

Mack，Raneta Lawson. 2001. *The Digital Divide：Standing at the Intersection of Race and Technology*. Durham：Carolina Academic Press.

Milgram，Stanley. 1967. "The Small World Problem." *Psychology Today*，1（1）：60 – 67.

Moazed，Alex and Nicholas L. Johnson. 2016. *Modern Monopolies：What It Takes to Dominate the 21st Century Economy*. St. Martin's Press.

Norris，Pippa. 2001. *Digital Divide：Civic Engagement，Information Poverty and the Internet Worldwide*. New York：Cambridge University Press

NTIA. 1995. *Falling Through the Net：A Survey of the "Have Nots" in Rural and Urban America*. Washington，DC：US Dep. Commerce.

NTIA. 1998. *Falling Through the Net II：New Data on the Digital Divide*. Washington，DC：

US Dep. Commerce.

NTIA. 1999. *Falling Through the Net III*: *Defining the Digital Divide*. Washington, DC: US Dep. Commerce.

NTIA. 2000. *Falling through the Net*: *Toward Digital Inclusion*. Washington, DC: US Dep. Commerce.

Nurmela, Juha and Marja-Liisa. Viherä. 2004. "Patterns of IT Diffusion inFinland: 1996 – 2002." *IT & Society*, 1 (6): 20 – 35.

Picot, Arnold &Herbert Tillmann. 2009. *Digitale Dividende*. Heidelberg: Springer.

Putnam, Robert D. 1993. "The Prosperous Community: Social Capital and Public Life." *The American Prospect*, Spring, 13.

Riccardini, Fabiola and Mauro Fazion. 2002. "Measuring the Digital Divide." IAOS Conference on Official Statistics and the New Economy, August 27 – 29, London, UK.

Shelley, Mack, Lisa Thrane, Stuart Shulman, Evette Lang, Sally Beisser, Teresa Larson, and James Mutiti. 2004. "Digital Citizenship: Parameters of the Digital Divide." *Social Science Computer Review*, 22: 256.

Stevens, David and Kieron O'Hara. 2006. *Inequality. com*: *Power*, *Poverty and Digital Divide*. Oxford: One World Publication.

van Dijk, Jan and Ken Hacker. 2003. "The Digital Divide as a Complex and Dynamic Phenomenon." *The Information Society*, 19 (4): 315 – 326.

Watts, Duncan J. and Steven H. Strogatz. 1998. "Collective Dynamics of 'Small-World' Net Works." *Nature*, 393 (6684): 440 – 442.

Willis, Suzanne and Bruce Tranter. 2006. "Beyond the 'Digital Divide': Internet Diffusion and Inequality in Australia." *Journal of Sociology*, 42 (1): 43 – 59.

"网络红利"逻辑的局限条件

——对邱泽奇、张樹沁、刘世定、许英康论文的评论

王水雄[*]

正如电视广播等传播技术会带来演艺人员人力资本市场价格的巨大变化一样，互联网也会带来一系列资产价格的变化，甚至常常会将原本认为是"非资产"的东西"资产化"、"资本化"，形成"红利"。当然，互联网所涉及的不仅仅是演艺人员的人力资本（尽管演艺人员受其影响非常之大，如果不是最大的话），同时还涉及许多其他社会成员的其他资本、资产或"非资产"。关于这一点，人们是有直观的经验感受的，否则就不会有那么多人热情地拥抱"互联网+"，也不会有那么多淘宝村的繁荣了。但是，互联网与资本之间的关系，或者"网络红利"的逻辑机制，很少有人说得清楚明白，直到我们看到邱泽奇等人所写的《从数字鸿沟到红利差异——互联网资本的秘密》（邱泽奇等，2016）这篇文章（下面简称《红利差异》）。

《红利差异》一文提出了互联网对经济社会如何形成巨大影响的基本框架，有助于对未来的相关考察指明方向，甚至能对互联网背景下的个人和企业具体的经济社会实践提供指导作用。当然，也需要特别指明的是，互联网所能带来的帕累托改进，或者说互联网的红利逻辑，并非总能毫无摩擦地实现；"乘数效应"导向的结果并不是对所有资产都有利。"网络红利"的达成是需要以特定的社会条件的满足为基础的，换句话说，缺乏这种条件，"网络红利"可能会是一场泡影。甚至形成"网络红利"的同样的路径和逻辑机制也并非不会带来意外后果——不限于文章已经关注的"互联网红利差异"这样的后果，可能还涉及"资产"和

---

[*]　王水雄，社会学博士，中国人民大学社会学理论与方法研究中心副教授，电子邮箱：xiongshui@ ruc. edu. cn。

"非资产"的剥夺，乃至人类生活上的新困境与新灾难。

一 主要的逻辑

在基本表述中，《红利差异》一文存在"资产—市场进入机会获得—资本—红利—红利差异"这样一个逻辑链条。"资产"包括世界各地的穷人所掌握的"各式各类的、各种形态的资产，从劳动力到物质资产如房屋、土地、自然资源"①。"红利差异"被界定为："不同人群、地区、甚至城乡之间从互联网红利中受益的差异。"不难发现，从"资产"到"红利差异"无疑是包含了比较长的逻辑链条的。

在这一逻辑链条中，"市场进入机会获得"是《红利差异》一文所重点关注的环节。作者借用了索托有关资本的概念。索托（2001：24）强调过"表述所有权和创造资本的过程"（或者说权利的凭证化）对于资本的重要性。"市场进入机会获得"无疑是"创造资本的过程"的重要组成部分，它有助于盘活"僵化"的资产，令其转化为资本。具体与互联网相联系，"市场进入机会获得"的核心概念是连通性（邱泽奇等，2015）。在作者看来，互联网只不过是"连通性"的一种表达形态。从直觉来看，连通性对"市场进入机会获得"有所助益，"互联网红利"因此可以界定为是"把地域产品声誉、产品规格、配送配置，以及定价策略等在互联网技术应用中组合起来"而"产生的超额收益"。

正是围绕"市场进入机会获得"，论文提出了"互联网资本"框架。互联网资本"一方面实现了对可转化资产种类和规模的扩展；另一方面，经由连通性提高了资产的资本化程度，即提高了转化率，进而在互联网上形成了不同于既往的资本"。

作者认为，互联网资本发挥效用的条件有两个：一个是互联网平台；另一个是因连通性带来的两个"乘数效应"，即"市场规模乘数效应和潜在需求差异规模乘数效应"。所谓"市场规模乘数效应"，是指在接入互联网之后，售卖者售卖任意产品所面对的市场规模不因时间而波动，且面对的需求之和是一个趋于无穷大的集。所谓"需求差异规模乘数效应"，是指买卖双方在差异化产品需求与满足之间的相互强化，亦即售卖者"对差异化产品需求的满足，会刺激潜在的差异化需求的进一步扩大

---

① 本文的引文，如无特别注明，均来自《红利差异》一文。

和显性化"，而这又会进一步带来售卖者"对差异化产品需求的满足"。在接入互联网之后，需求的差异化虽然受到可类别化参数和"随时间波动的市场容量参数"的调节，但差异化的市场规模依然是一个趋于无穷大的集。这么看来，接入互联网之后的市场售卖获利，应当大于从局部市场中的获利。故而，理论上"网络红利"总是存在的。

"网络红利"本身就已经非常复杂，"网络红利差异"的复杂性就更不用说了。正如作者所言，人力资本、知识经济、技术因素、平台因素和连通性，都扮演了重要角色。此外，"网络红利差异"所指向的主体，除了"个人之间"之外，还涉及"村与村之间"、"地区之间"，甚至"城乡之间"。这些复杂性让"网络红利差异的成因"这个议题变得几乎难以言说。

不过，作者认为，个体、群体、地区、城乡之间的网络红利的差异，正是互联网资本的差异，以及对互联网资本运用的差异。"互联网资本如果不是决定性地，至少是直接地并主要地影响了用户从互联网受益或获取互联网红利的差异。"

于是，在纷繁的逻辑中，作者提纲挈领地指出了一个重要机制："不管是互联网资本的内涵性增长还是外延性增长，都必然会面对互联网平台的影响、面对市场规模乘数效应和潜在需求差异乘数效应的影响。"所谓"内涵性增长"，指的是"资产的资本化"；所谓"外延性增长"，指的是"增加资产数量"。作者认为，市场规模乘数效应和潜在需求差异乘数效应会让互联网资产差异也呈现乘数效应，进而放大从互联网中获益的差异性，甚至让"网络红利差异"也出现乘数效应。简单地说，"网络红利差异"是互联网资本与市场规模乘数效应和潜在需求差异乘数效应的函数。

《红利差异》认为，从理论上看，"每个用户从互联网红利中的受益不可能自然地形成垄断，进而也意味着为所有人群提供了机会，即新的机会分配形态，权且称之为'新平等主义'"。不难发现，受社会分层研究传统的影响，"网络红利差异"是《红利差异》一文的最后落脚点。"网络红利差异"与"数字鸿沟"类似，指向的都是新时代的社会不平等问题。就作者的论述来看，"网络红利差异"在理论上似乎有望导向"新平等主义"。

二　局限性条件

尽管《红利差异》一文的长逻辑链条有助于增进我们对网络社会的

理解，但也正是因为长逻辑链条，其一些推导过程和在理论上的一些结论性说法，非常值得进一步思考和推敲，特别是去辨析其每一步逻辑推演和实例呈现所面临的局限条件。

　　首先要问的是，就"资产—市场进入机会获得—资本—红利—红利差异"这个长逻辑链条而言，它的分析单位是什么？答案似乎应该是"资产"。无论是"互联网资本"还是两个"乘数效应"，指向的分析单位似乎都应该是"资产"。但是，正如前文所述，在谈及"红利差异"时，作者的分析单位显然变了，变成了"个体、群体、地区、城乡之间"，而不再是（不同性质的）"资产"。一篇文章出现分析单位如此巨大的跨越，可能会导致文章的逻辑脉络不清晰。尽管《红利差异》一文对这一"跨越"有所论述，尽管可以设想将"资产"处理成中介变量，但是在从理论"对话"事实时，仍然不免显得"步幅"过大，一些该控制的影响因素无法得到有效控制，以致可能会出现"层次谬误"。

　　其次要问的是，在这个长逻辑链条中，作者一步步的推导过程和案例数据，带入了哪些（针对"理论探讨'对话'经验事实"中的"理论探讨"而言的）"前提条件"，以及哪些（针对"经验事实"而言的）"环境或外部约束条件"？

　　当聚焦于"资产"这个分析单位，分析"互联网资本"逻辑链条时，作者强调互联网资本"一方面，实现了对可转化资产种类和规模的扩展；另一方面，提高了资产的资本化程度，即提高了转化率"。但是，无论是"种类和规模的扩展"（"外延性增长"）还是"提高了转化率"（"内涵性增长"），其实都意味着增加了市场中资产的供给。只要实质性需求没变，只要这一资产不具独特性，只要这一资产的所有权利为 A 所享用就不能再为 B 所享用，那么即便是面对着连通性所带来的巨大的市场规模，其在市场中能够获得的收益也将是非常有限的，这样的一个单位资产的市场价格甚至会比过去更低。

　　如果围绕索托的资本概念，特别是科斯有关"生产要素"在本质上是"基于物的、人的行使一定实在行为的权利"的思想（Coase，1960：43；王水雄，2016：129），展开思考，会发现互联网对"资产"的真正影响，指向的是针对"资产"一系列特定权利的细分、拓展、汇聚和增生。比如说一个山清水秀但名不见经传的村庄，在某个网络平台上被作为旅游景点推广，上载了一些照片和视频，这个村庄作为一份资产也就一定程度上让渡了其"肖像权"（影像信息）给网络平台。如果网络平台吸引了大量的类似村庄上载此类信息，它在拥有大量村庄"肖像权"的基础上，能在这些照片和视频基础上附加网络平台自身的信息，或为更多其他旅游服务和产品做广告，甚至就网络平台首页或某些关键词搜索显示的头几页形成拓展、汇聚和增生性权利。《红利差异》强调的两个"乘数效应"让这些拓展、汇聚和增生性权利显得弥足珍贵，因而能在市场中获得价值可观的收益，乃至最后带来互联网平台针对村庄的权力。

这么看来，所谓两个"乘数效应"的逻辑其实是有特定前提条件的，只有特定性质的资产，比如说，可重复出售的创意新颖的视频内容或文字内容，接入互联网，才可能真正"享用到"这两个"乘数效应"，这里"享用到"加引号是因为这对于资产原来的拥有者未必都有利。而网络红利最直接的"享用者"，乃是归属于互联网平台的那部分"资产权利"。

当聚焦于"个体、群体、地区、城乡之间"这些分析单位时，作者列举了一些涉及"淘宝商户"、"淘宝村"、"县市"、"省"和"东中西部地区"的数据作为"经验事实"。作者将这些数据定义为"网络红利差异"，并用"互联网资本"和两个"乘数效应"来解释，似乎也就在其理论的"环境或外部约束条件"中否定了不同行为主体间相互"剥夺"的可能性。非常重要的不同性质资产"权利"的区分和增生、网络平台提供者之间的差异、网络平台与商户之间的不平等被忽略了。

最后要问的是，以"红利差异"作结，或者说观照可能的"新平等主义"作为《红利差异》一文理论探讨的落脚点，对这一长逻辑链条而言是否"大材小用"了？

对于不同的社会行为主体而言，一项新的技术在一处给一部分人或行为主体带来利益，势必会在另一处给另一部分人或行为主体带来损失。互联网技术也不例外。在京东商城兴起和日益显赫的背后，是中关村电子市场的衰落；视频网站兴起的背后，是电视台收视率的一蹶不振；以全球连通性为基础的演艺市场带来国际影星日进斗金的背后，是地方性、草根性艺人生计的日益窘迫。这些当然都是在"红利差异"之外，特别值得关注的"社会不平等"问题，甚至是更大的社会结构调整问题。"红利差异"的落脚点，可能会掩盖对这一社会结构调整过程加以研究的重要性和紧迫性。

互联网平台在汇聚了某些资产所离析出来的部分权利之后，不仅能基于两个"乘数效应"进行权利拓展、汇聚和增生，还能借助其中的人气和注意力的运作机制，产生更多宏观层面的新经济和社会现象。比如，一个积极正面的上市公司资产增值的消息，经由互联网平台的连通性，可能形成某种"乘数效应"，带来其股价在短期内的大幅度上扬，这当然对某些人而言是"红利"。不过"红利"具体的落实，却也不免会伴随着某些人的"噩耗"——随着股价在未来某个时点的断崖式下跌，不少人因资金被套牢而深陷其中。连接"微观动机与宏观行为"（Schelling，1978）的机制和规律可能因为互联网的连通性而展现出不同于以往的特征。

三 未来的主题

如果上文的理解没有错误的话，作为一篇文章来看，《红利差异》可能存在一点问题；但从思想层面来看，瑕不掩瑜。这篇文章着眼于互联网连通性和两个"乘数效应"带来的经济社会影响，从资本的内涵性增长和外延性增长的角度，分析了"互联网资本"的条件与意义。文章强调"红利差异"正在成为新时期"数字鸿沟"的表现形态。站在这篇文章所提供的框架之上，进一步展开延伸性探讨，对于理解互联网背景下的国家公共政策未来应该重点关注哪些问题，也许是很有启发的。

在我看来，基于《红利差异》的框架，加上本文的上述评论，未来的相关研究可以努力的主题大概有如下四个方面。

（1）互联网背景下，资产权利的组合、分割及其社会制约问题。《红利差异》一文强调了互联网背景下，资产组合创新的重要意义，比如日本和韩国就试图通过将农产品艺术化来增加农产品的创意价值。互联网的连通性给了市场细分以更为广阔的空间，而资产组合则有助于形成创意产品，在市场细分中规避大规模价格战的恶果。既然资产组合是有价值的，那么资产权利的分割当然也就是更有价值的。不仅仅在于由此可以实现更多更新的组合性资产，更在于某些分割出来的权利有助于推进互联网平台的建设。无论是权利的组合还是分割，都需要注意它们受到一定的社会文化、观念、制度的制约。

（2）什么样的制度文化，有助于互联网推进形成潜在的需求差异化、规模化；互联网推进的需求差异化、规模化，反过来又对社会制度文化有何影响的问题。需求有趋异的可能，也有趋同的可能，很大程度上受制度文化的影响。互联网的连通性可能会通过"乘数效应"放大需求的趋同性或趋异性。这可能会带来一系列新的与传统连通性的作用不同的社会经济现象。这些问题需要从需求差异化、规模化的互联网平台的推进路径中去求解。

（3）关注互联网资本发挥效用的现实过程和实际案例。互联网资本的形成和兑现过程，也就是互联网助推某些资产或"非资产"实现"市场进入机会获得"的过程。这应当是一个相当复杂的社会过程，而且并非所有人都能从中受益。在这个过程中，一些值得关注的问题是：权利结构以及权力结构是如何变化的？在何种程度上构成对传统社会制度的冲击？资本兑现如何反过来对资产向资本的转变构成限制和约束？这种限制和约束在总体上的好坏如何评估？

（4）以更多的宏观行为为输出变量，开展探讨。连通性和两个"乘数效应"和其他可能的"乘数效应"，能够给经济和社会的"宏观行为"以新的特征。这些宏观行为包括金融波动、人口聚集、经济周期、社会观念变动等。

参考文献

赫南多·德·索托，2001，《资本的秘密：为什么资本主义在西方成功，在其他地方失败?》，王晓冬译，台湾：经济新潮社。

邱泽奇、范志英、张樹沁，2015，《回到连通性——社会网络研究的历史转向》，《社会发展研究》第 3 期。

邱泽奇、张樹沁、刘世定、许英康，2016，《从数字鸿沟到红利差异——互联网资本的视角》，《中国社会科学》第 10 期。

王水雄，2016，《"产权明晰"的迷思：科斯的权利观》，《中国研究》总第 21 期。

Coase，Ronald. 1960. "The Problem of Social Cost. " *Journal of Law and Economics*，Vol. 3.

Schelling，Thomas C. 1978. *Mircomotives and Macrobehavior*. New York and London：W. W. Norton & Company.

《经济社会学研究》征稿启事

为反映经济社会学领域的最新研究成果，推动中国经济社会学研究的发展，拟组织出版《经济社会学研究》（*Chinese Economic Sociology Research*）集刊，每年一辑，每辑字数在 25 万左右，拟收录和发表 10 篇左右的论文。

一 出版宗旨

（1）倡导经济社会学研究的问题意识和理论取向。希望投稿论文具有明确的问题意识，特别是基于中国经验提出具有重要理论意义和现实关怀的问题。同时，希望投稿论文立足中国经验，反思西方经济社会学的现有理论，推动中国经济社会学的理论创新。

（2）促进中国经济社会学研究学术共同体的交流。《经济社会学研究》是一个平等开放的学术交流平台，真诚欢迎各大专院校和研究机构的学者积极投稿、踊跃参与，共同推动中国经济社会学研究的深入发展。

（3）反映国内经济社会学领域的研究进展，积累本土知识。《经济社会学研究》既收录已发表的学术论文，也发表高质量的新作，借此一方面积累中国经济社会学研究的本土知识，另一方面反映中国经济社会学研究的最新动态。

二 来稿要求

（1）《经济社会学研究》的内容定位于对经济社会学不同议题和方法的研究与讨论。

（2）投稿论文以 1.5 万字左右为宜（包括注释和参考文献），最长不要超过 2.5 万字。

（3）《经济社会学研究》既收录已在学术期刊上发表过的高质量学术论文，也刊登尚未公开发表的高质量学术论文，但不接收已在著作或论文集中出版过的稿件。如果投稿的是已在学术期刊上发表过的学术论文，请作者自己征得原发期刊的许可。

（4）来稿必须遵循国际公认的学术规范，内容应包括：中英文标题、作者姓名、工作单位和联系方式、摘要、关键词、正文、参考文献。引文注释必须清楚准确，论述言之有据，论证逻辑全文一致，使用的研究方法和分析工具清楚、准确。

（5）来稿要求以中文写作，并请附中英文的论文题目（不超过 20 字）、摘要（不超过 300 字）和关键词（3~5 个）。

（6）来稿中出现外国人名时，一律按商务印书馆出版的《英文姓名译名手册》翻译，并在第一次出现时用圆括号附原文，以后出现时不再附原文。

（7）作者的说明和注释采用脚注的方式，序号一律采用"①、②、③……"每页重新编号。引文采用文内注，在引文后加括号注明作者、出版年份，如原文直接引用则必须注明页码。详细文献出处作为参考文献列于文后，以作者、书（或文章）名、出版单位（或期刊名）、出版年份（期刊的卷期）、页码排序。文献按作者姓氏的第一个字母顺序排列，中文在前、英文在后。

（8）图和表的规范：统计表、统计图或其他示意图等，也用阿拉伯数字连续编号，并注明图、表名称；表号及表题须标注于表的上方，图号及图题须标注于图的下方；"注"须标注于图表下方，以句号结尾；"资料来源"须标注于"注"的下方。

（9）《经济社会学研究》随时接受投稿，来稿请自备副本，概不退稿；采用编委会审稿制度，以质取文。采用与否，编辑部均在 2 个月内通知作者。一经发表，即送作者当辑集刊 2 册。稿件请发至电子邮箱：qinqi11@ vip. sina. com（刘玉照收）或 leeguowu@126. com（李国武收）。

三　文献征引规范

为保护著作权、版权，投稿文章如有征引他人文献，必须注明出处。

本书遵循如下文中夹注和参考文献格式规范。

（1）文中夹注格式示例

（周雪光，2005）；（科尔曼，1990：52～58）；（Sugden，1986）；（Barzel，1997：3－6）。

（2）中文参考文献格式示例

曹正汉，2008，《产权的社会建构逻辑——从博弈论的观点评中国社会学家的产权研究》，《社会学研究》第 1 期，第 200～216 页。

朱晓阳，2008，《面向"法律的语言混乱"》，中央民族大学出版社。

詹姆斯·科尔曼，1990，《社会理论的基础》，邓方译，社会科学文献出版社。

阿尔多·贝特鲁奇，2001，《罗马自起源到共和末期的土地法制概览》，载徐国栋主编《罗马法与现代民法》（第 2 卷），中国法制出版社。

（3）英文参考文献格式示例

North，D. and Robert Thomas. 1971. "The Rise and Fall of the Manorial System: A Theoretical Model." *The Journal of Economic History*，31（4），777－803.

Coase，R. 1988. *The Firm, the Market, and the Law.* Chicago: Chicago University Press.

Nee，V. and Sijin Su. 1996. "Institutions, Social Ties, and Commitment in China's Corporatist Transformation." In McMillan J. and B. Naughton（eds.），*Reforming Asian Socialism: The Growth of Market Institutions.* Ann Arbor: The University of Michigan Press.

诚邀各位学界同人积极参与，不吝赐稿，共同推动中国经济社会学研究的发展。

Chinese Economic Sociology Research
2017 Vol. 4

Table of Contents & Abstracts

Money Rights and Social Change: Based on a Brief History of Western Thoughts

Abstract: There is a correlation between social concept on the severability or allocability of scarce resources, and the social operation, development, adjustment and change. In this logic chain, money rights play a very important role as one segment. As to the human rights upon money, which include banking business related rights, such as taking advantage of money, and rights as currency function, thinkers in different age had different opinions, according to the diverse materials of money, social structures, living conditions, and fair ideas. Some of those opinions such as "money rights should be constrained" realized as social institutions and social concepts, which have given human social development a great influence. Taking a look at the brief history of western thoughts on money rightswould be helpful for people to understand the origin of money governance system in today's world, and to hold the direction of social development in the future.

Keywords: rights upon money; materials of money; social change; brief history of western thoughts

The Transformation and Challenge of Globalization: A Study of Financial Sociology

Benray Jai / 21

Abstract: Globalization has resulted in a comprehensive adjustment of the industrial structure totally. Since the 1970s, there has been a growing global expansion of financial capitalism because of the extreme expansion of credit, excessive leverage operation, and the advance consumption of US people, plus the demographic dividend has not been exhausted yet. Financial capitalism, therefore, becomes the leading element governs the direction of global social and economic development.

However, the past and the current generations expend in advance disposable incomes of the future generations. Borrowed prosperity can no longer continue at the eve of the 2008 financial turmoil. Lacking of global aggregate demand, deleveraging, deglobalization, regulatory strengthening constitute the "New Normal" tone.

Pension funds and other financial capital commodities were designed to solve the extended life after the elderly population retirement, but because of insufficient funding, the sovereign debt crisis, the aging of the population and the structural problems caused by low birth rate, we will face serious problem of the "generation struggle" in the near future.

Keywords: capitalism; Karl Marx; pension fund; sociology of finance; generations struggling

Review   *Ai Yun / 52*

On Social Mechanisms That Underlying the Transmission of Economic Crisis in Chinese Context

Liu Shi-ding / 56

Abstract: The spread of international economic crisis has made its way into Chinese society, and profound socio-economic impacts are now greatly felt within and across its border. To adopt swift and effective coping strategy and to take responsive measures has become Chinese government's top priority. Economic stimulating actions and confidence-saving initiatives are now in the center of

Chinese social life. Using sociological concepts and theoretical tools, this article aims to launch a serious academic discussion on three interrelated topics: 1) social mechanisms that help accelerate the transmission of economic crisis; 2) social mechanisms that functioning in the transformation of an economic crisis into a social crisis; and 3) governmental policy choices in combating this economic crisis.

Keywords: financial crisis; social mechanism in the transmission of crisis; unintended consequences

Review   *Fu Ping* / 70

Social Indicators and Social Norms in the Process of Loan Investigaiton and Review

Chen Yi-hao / 79

Abstract: In the process of credit investigation and review, some indicators or singals are found in the regulations of state-owned banks, which are designed to screen and reduce the loan risks, to determine whether to lend the enterprises and manage the lending activities after loan. However, the operations of loan are impacted by various social norms inevitablely.

The author details one case HY branch of bank that is very special for its "dual" loan structure. The phenomenon of its formation is mainly due to the transferring of "industry indicator" to the "ownership indicator", which mainly affected by the mechanism of "shirking responsibily". In an ideal type of credit investigation and review, the financial statements as the core of the indicator are widely questioned, but it does not shape a similar "lemon market" for adverse selection, because each bank has the different ability of analyzing financial statements, the impact of various social norms, the weaker banks will find alternative "character indicator" and other informal indicators to prevent loan risks, those honest borrowers will not be completely expelled from the credit market.

In this paper, the author describes the process of state-owned bank credit investigation and loan review process, describes the transformation of formal indicators, analyzed the emerge of alternative informal Indicator in the various social norms, and discusses the mechanism of shirking responsibility and the stability of micro-instituions simply.

Keywords: social indicator; social norms; loafing

Social Capital, Networking Component and Interfirm Risk Contagion: Case Study from Zhejiang Province

Wu Bao, Li Zheng-wei, & Chi Ren-yong ∕ 108

Abstract: The popular view portrays social capital as wholly beneficial with no significant downside. Based on case studies of Shaoxing and Tiazhou in Zhejiang Province, the paper explores relationships among social capital, structure of inter-firm financial network and inter-firm risk contagion, and provides empirical evidence for downsides of social capital. The paper suggests social capital, used to seeking financial supports by firms, is positively linked with mean value of degree centrality in the financial network, leading to less fragmented network structure, and is positively linked with clustering coefficient of the network. Then, Social capital exacerbates inter-firm risk contagion by adversely influencing structure of inter-firm financial network.

Keywords: social capital; downside; network structure; risk contagion

The Dual-promoting Mechanism in debt Financing of Local Governments

Zhang Hui-qiang ∕ 133

Abstract: Under the current institutional framework, local governmentsshowed obvious soft constraint tendency in debt financing. To deal with this tendency, central government introduced many policies to regulate the debt financing of local government. There was a "loose-tightening" process between central government and local governments. After the financial crisis in 2009, the economic stimulus plan that central government taken had broken the swing pattern. Central government and local governments promoted debt financing together. This paper takes the perspective of the relationship between the central government and local governments. Through collecting relative economic policy of the central government and the debt information of the local governments, we will try to reveal how the central and local governments promote debt financing together.

Keywords: government behavior; soft-budge of debt financing; dual-promote

Review   *Cao Zheng-han* / 148

Production of Innovative Public Goods and the Choice of Organizational Form: A Case study of Wenzhou Private Lending Service Center

Xiang Jing-lin & Zhang Xiang / 149

Abstract: In this paper, we take the Wenzhou Private Lending Service Center, which was founded in the comprehensive financial reform in Wenzhou in 2012, as an example to discuss the choice of organizational form in the productionof innovative public goods. We found that while the local government outsourced the private lending registration system, which was a kind of innovative public goods to a company to produce, the company itself showed certain organizational characteristics of government departments. Our study shows that production of innovative public goods is constrained by high degree of uncertainty of technical environmentor institutional environment. Local governments will try to reduce the possible loss due to high uncertainty form both environments, an important strategy of whom is to choose the organizational form which can reduce the risk to produce, and to grasp the control rights of the operation of the organization. This paper provides a possible framework for the analysis of choice of organizational form in multidimensional environments.

Keywords: production of innovative public goods; technical environment; institutional environment; uncertainty; choice of organizational form

Review   *Zhong Pei* / 176

Politicalize Bailout: An Analysis of the Economic Sociology in the Negotiation Process of Chinese Stock Market

Xiang Yu / 178

Abstract: The stock market is a typical representative under the market economic system, as well as a kind of complex mixture of the politics, economy, culture and institution. Crash can also be regarded as an ideal model of the experimental research of sick society. The study found that the government is not only a regulator, but also a participant. The stock market has both economic attribute and "Group commitment" attribute at the same time. Economic attribute means that the stock market is related with the national macro economy and industrial reform. The "Group commitment" attribute means that under the centralized system and stock market audit system, the national credit is responsible for the stabilization of the stock market. Under the circumstances, when a stock crash occurs, through a series of game and negotiations, the market would exit spontaneously and show its "loyalty", to integrate and mobilize to make the government involved in. The market gradually formed a "focal point", and a system of political discourse. Politicization is the characteristics of governmental intervention to the market under centralized system, as well as the results of an unclear rights structure.

Keywords: bailout; game; politicization

Review

Liu Chang-xi / 215

Secrets in Capital of Connectivity: Changes from Digital Divide to Dividend Differences

Qiu Ze-qi, Zhang Shu-qin, Liu Shi-ding, & Xu Ying-kang / 219

Abstract: Access obstacles used to be the major form of digital divide. It has been changed while infrastructure for information and communication technology that access become universal and usage turns to differentiated. Thus, benefits got from connectivity comes to be different. We initiate a term and framework for analyzing the mechanism in dividend differences, that is capital of connectivity. With this framework, we find out that dividend is differentiated while the opportunities become diversified for users to transfer their assets accumulated in their lifetime into composable capital on highly connected networks- by their practices as connectivity penetrated and platforms developed. Both size and rate of transformation are the key variables in the process while connected platforms played a role of manipulator for multiplier effects.

Keywords：capital of connectivity；dividend of connectivity；multiplier effects；digital divide

图书在版编目（CIP）数据

经济社会学研究. 第四辑 / 刘世定主编. -- 北京：
社会科学文献出版社，2017.5
ISBN 978 - 7 - 5201 - 0730 - 3

Ⅰ. ①经… Ⅱ. ①刘… Ⅲ. ①经济社会学 - 文集
Ⅳ. ①F069. 9 - 53

中国版本图书馆 CIP 数据核字（2017）第 088071 号

经济社会学研究　第四辑

主　　编／刘世定
执行主编／王水雄　张　翔

出 版 人／谢寿光
项目统筹／杨桂凤　佟英磊
责任编辑／杨桂凤　吴良良　杨鑫磊 等

出　　版／社会科学文献出版社·社会学编辑部（010）59367159
　　　　　地址：北京市北三环中路甲 29 号院华龙大厦　邮编：100029
　　　　　网址：www. ssap. com. cn
发　　行／市场营销中心（010）59367081　59367018
印　　装／三河市尚艺印装有限公司

规　　格／开 本：787mm×1092mm　1/16
　　　　　印 张：17.75　字 数：295 千字
版　　次／2017 年 5 月第 1 版　2017 年 5 月第 1 次印刷
书　　号／ISBN 978 - 7 - 5201 - 0730 - 3
定　　价／59.00 元